花嫁は
なぜ顔を隠すのか

増田美子✣編

悠書館

はじめに

二十一世紀の今日にあっても、洋の東西を問わず儀礼の際には、何らかのかぶりものを被ることが多い。これらのかぶりものの中でも、特に女性の婚礼時のかぶりものは、世界的規模でその事例をみることができる。

日本で婚礼時にみられる一般的な花嫁のかぶりものとしては、和装の際の角隠しや綿帽子、洋装の際のヴェールがあるが、当の花嫁たちの中に、なぜ角隠しやヴェールを被るのか考えた人がいるであろうか。おそらく大多数の花嫁は、慣習という社会的規制の中で、それを規制と考えることもなく、和装には角隠しを、洋装にはヴェールをと、従順に、いやむしろ喜んで装っているとさえ思えるのである。現代の角隠しやヴェールには、「はじらい」という花嫁にのみ求められる心象の表出としての意味が込められていると考えられるが、この角隠しやヴェールで顔を隠すことにより表現される「はじらい」の背景にあるものは何であろうか。

今日の花嫁衣裳の象徴的アイテムとなっている角隠しやヴェールの「はじらい」の背景には、日本およびヨーロッパの「男社会」において生きてきた女性の歴史があることは間違いない。日本でもヨーロッパでも、過去において、女性が顔や頭、髪、さらには全身を隠すことが求められていたし、イスラム世界では、現在でも日常的にこれが求められている。

これらの女性にのみ課された顔や頭、髪さらには全身を隠すという社会的規制は、いつどのような経緯で始まったのであろうか。そして、それが歴史の中でどのように変遷し、今日の婚礼衣裳へと繋がっていったのだろうか。

本書は、この点を明らかにすることにより、日本、ヨーロッパにおいてそれぞれの地域における女性の置かれてきた位置を浮き彫りにするとともに、両者に共通する部分と日本独特の部分を明確にして、日本文化の特徴を探ることを目的としたものである。

かかる研究は、ひとりでは到底なしえないものであり、日本、ヨーロッパの服飾研究者が歩調を揃えて研究を進めてゆくことが求められる。幸い、二〇〇四年、二〇〇五年、二〇〇六年と三年間にわたって日本学術振興会の科学研究費助成金研究基盤研究Cの形で助成金を頂き、「かぶりものの文化誌——儀礼におけるかぶりものの意味——」のタイトルで、日本服飾史・西洋服飾史の研究者が共同研究する機会に恵まれた。この共同研究の研究成果の上に、更に各自のその後の研究成果を重ねてまとめたのが本書である。

各研究者が専門分野別にテーマを分担して調べた結果を持ち寄って、ひとつにまとめたものであるが、本書は論文集ではない。一冊の本として、また、読み物として興味深くまとまったものとなるべく努力したつもりである。

現在も婚礼時に被られ続けている角隠しやヴェールは、過去に女性が置かれていた社会的地位の残骸といっても過言ではない。今日も日本のどこかで、その一生にとってもっとも華やかな儀礼のひとつである婚礼という場において、女性たちは、角隠しやヴェールの本来の意味に考えを及ぼすこともなく、ただただ慣習という名の下に、この残骸を装い続けているであろうし、今後も装い続けるのであろう。

『花嫁はなぜ顔を隠すのか』――目次

第二章　花嫁はなぜヴェールを被るのか

本書は二〇〇四年～二〇〇六年度の日本学術振興会科学研究費助成金研究基盤研究C
による研究成果の一部である。

第一章

花嫁はなぜ角隠しをつけるのか

第一節　日本女性の顔隠しのはじまりと被衣

増田　美子

一・顔隠しの始まり

日本の伝統的な結婚式では、花嫁は儀礼の式が終わるまで角隠《つのかく》しや綿帽子《わたぼうし》等で顔を隠しているが、今日まで継承されている角隠しや綿帽子の前身としては、主として近世・近代の嫁入り装束としての被衣《かずき》がある。

婚礼時になぜこのようなかぶりものが被られるようになったのかを明らかにするに当たっては、まず、その背景にあるものとしてのわが国における女性の顔隠しの風習を無視することはできないであろう。特に平安文学に顕著にみられる日本におけるこの女性の顔隠しの風習は、いつ、どのような経緯で始まり、そして定着していったのであろうか。

本節では、日本における顔隠しの始まりおよびその背景を探るとともに、中世において、女性の大半が外出時には頭から被るようになる被衣の実態とその意味について明らかにし、花嫁のかぶりものとのつながりを考察する。

(1) 初期の顔隠しの事例

日本における女性の顔隠し事例の初見は、管見では『竹取物語』(1)である。かぐや姫が貴公子たちにも帝にも会うことを拒否しているので、帝は狩にかこつけて何の予告もなくかぐや姫の家を訪れた。

「これならん」とおぼして(思って)近く寄らせ給ふに、逃げて入る袖をとらへ給へば、面《おもて》(顔)をふたぎて候へど(覆っていらっしゃるけど)、初めよく御覧《ごらん》じつれば、類《たぐい》なくめでたくおぼえさせ給ひて(他に例がなくすばらしいとお思いになって)……。(八　帝の求婚)

帝に不意打ちされて逃げようとするかぐや姫は、袖を帝につかまえられたので、「面をふたぎて候ふ」と岩波新日本古典文学大系本には記されている。新日本古典文学大系本が底本としている流布本系の武藤本は、上記のように単に「顔を覆っていた」としか記していないが、古本には「おもてをふたぎてにげあへで、おもてに袖をおいてさぶらひければ」とみえる。(2)このように古本では袖で顔を隠したことになっているが、『竹取物語』の場合は後世の加筆が多々ある可能性もあり、袖で覆ったかどうかは不明である。しかし、流布本系も古本系もいずれも、顔を覆ったことは記されており、『竹取物語』の成立のころには、高貴な女性は男性に顔を見せないのが礼儀とされていたことがうかがえる。ところで、この『竹取物語』の成立時期であるが、一九五七年刊の日本古典文学大系本（岩波書店）の解説では、弘仁年間（八一〇〜二三）から天暦年間（九四七〜五六）までと幅広くとらえている。しかし、一九九四年刊の新編日本古典文学全集本（小学館）の解説では、九世紀末〜十世紀初頭としており、本論ではこちらの新しい説に依拠することとする。

『竹取物語』と同様にその成立時期が明確ではなく、新日本古典文学大系本（一九九七年刊）では、九八〇年代半ば〜九九〇年代初めとし、新編日本古典文学全集本（二〇〇〇年刊）では九八六年〜一〇〇〇年ごろとしている『落窪物語《おちくぼものがたり》』(3)には、

少納言浅《あさ》ましくなりて（意外なことに驚いて）、扇さしかくしたりつるも、うちおきて（顔を隠していた扇を思わず下に置いて）、……。（巻之二）

とある。上流貴族の女房である少納言が中将邸に参上したのであるが、そこの女房に対面する時も、扇で顔を隠していることがうかがえる。

前半の「沖つ白波」の巻あたりまでが円融《えんゆう》朝(4)（九六九〜八四）、「蔵開」の巻以降の後半部分は一条天皇（九八六〜一〇一一）の初期ごろの成立とされる『宇津保物語』(5)で、顔を隠すことが具体的にみられるのは、

後半部分の「楼上」の巻である。犬宮が車から降りる時、三尺の几帳《きちょう》を張りめぐらして外から見えないようにしているのであるが、

「いな、宮の御やうに下りむ」とのたまひて（おっしゃって）、小さき御扇さし隠したまひて、静にいざりおはするさま、いとうつくしくゆゆしく覚えたまふ（大層かわいらしく、縁起でもないくらいにお感じになられる）。（楼上　上）

のように、犬宮は扇で顔を隠して降り立っている。この姿は、母の女一宮を真似たものであり、高貴な女性は几帳で隠したうえに、さらに扇で顔を隠しているのである。同じく、車（輦車《れんしゃ》）から犬宮を降ろすシーンが「楼上　下」の巻に記されているが、この時も犬宮は同様に扇で顔を隠している。

小さき扇さし隠したまひて、いざり入りたまふを……。

このほか、一〇〇〇年ごろの成立とされる『枕草子』や、『栄華物語』の寛弘六年（一〇〇九）条にも、清少納言や女房達が扇で顔を隠している様子が描かれている。

このような貴人の家の女性たちが、外の人に顔を見られることを嫌い、扇などで顔を隠すという風習は、以降も継承されてゆく。『十訓抄《じっきんしょう》』(6)には、へたな走り方が原因で、中宮の女房の車がひっくり返っ

てしまい、怪我人も出たという騒ぎの最中でも、なお上品ぶっている女房の話が記されている。

美作といふ人の、衣着ながら落ちて、扇をさしかくして、いみじげに（上品めかしく気取って）居たるだにあさましきに（あきれることなのに）……。（一－五五）

美作という女房は、車から転がり落ちたのであるが、それでもなお、扇をさしかけて顔を隠し、格好をつけているという話である。『十訓抄』の成立は一二五二年であるが、先行の『今昔物語』や『宇治拾遺物語』等に記載されている話も載せられているため、この話がいつのものかははっきりしない。ただ、皇嘉門院《こうかもんいん》藤原聖子（一一二二～八一）の女房の話とされているので、平安後期以降のものと考えて間違いないであろう。

このように、わが国では遅くとも十世紀初頭ごろには、上流の女性は外の人に対して顔を隠すことが行なわれるようになっており、その後これが常態化していったことがうかがえる。

一方、九世紀末以前に女性が顔を隠す風習があったかどうかという問題であるが、管見では『竹取物語』以前の文献に顔隠しの事例は見いだせなかった。また、埴輪や絵画等の古代人物像資料を見ても、顔を隠した姿は見当たらない。これらのことから、日本における女性の顔隠しの始まりは平安時代前期と考えて間違いないであろう。

(2) 中国・朝鮮半島における女性の顔隠しと日本への影響について

次に、日本が影響を受けた可能性が考えられる中国・朝鮮半島における女性の顔隠しの事例を見てゆきたい。

《中国》

前漢（紀元前二〇二〜八）に成立したとされる『礼記』(7) 内則編十二に、

女子門を出ずるには、必ず其の面を擁蔽《ようへい》す。

のように、女子は門を出る時は、必ず面を覆うべきであると記されている。また同書同編には、

礼は夫婦を謹《つつし》むに始まる。宮室の為《つく》り（家の造り方からして）、外内《がいだい》を弁ず（外内に二分する）。男子は外に居り、女子は内に居り、宮《きゅう》を深くし、門を固くし、閽寺《こんじ》（門番）之を守る。男は入らず、女は出でず。

のごとく、女は内にいて門番が門を固く守り、みだりに内から出ないことを善しとし、さらに、

> 女子は十年まで出でず、姆《ぼ》（女師）は、婉《えん》（言語がしとやか）娩《ばん》（容貌が貞静）聴従《ていじゅう》（目上や年上に従う）を教う。

と、十歳までは内にいて、女師によってしとやかなことばと柔らかい態度、そして目上や年上の人に従うことを教えられるのである。

この『礼記』の教えは実際に守られていたようで、周汎《しゅうじん》・高春明著『中国五千年女性装飾史』によれば、

> 顔を隠すには、帛巾がもっとも早く用いられていたようで、それは面衣《めんい》と呼ばれる。およそ魏晋南北朝に至るまで、この帛巾は発展していき、やがて比較的薄い羅縠《らこく》を用いて、頭部全体を覆ってしまうようになった。そして、他人に顔をはっきりと見られないために、黒色の羅縠が主として用いられた(8)。

ということである。宋の高承（一〇七八～八五ごろの人）撰『事物起源』(9)帷帽《いぼう》の項に、

> 西京雑記にいう。趙飛鷰は皇后女弟を昭儀と為し、三十五条を上襚《じょうすい》す。金花紫羅の面衣《めんい》有り。則ち、漢すでに面衣有り。

とある。『西京雑記』は、漢代撰とも晋代撰とも梁代撰とも言われて、その成立時期は明確ではないが、趙飛燕は前漢の孝成帝の皇后である。よって、高承は漢代に既に面衣が存在したと記しているのである。皇后飛燕や昭儀（高位の女官の名称）となった妹が本当に面衣をつけたかどうかについては、『西京雑記』の成立時期が漢代と言い切れないので、事実かどうかの問題は残るが、遅くとも、魏晋南北朝期にはその話が伝わっていたと考えることはできる。

『舊唐書』輿服志[10]には、

貞観の時、宮人の騎馬は、斉隋の旧制に依りて、多く冪羅《べきり》を著ける。戎夷《じゅうい》（野蛮な異民族）より発すると雖も、全身を障蔽《しょうへい》す（覆い隠す）。途路（路行の途中）にこれを窺《うかが》うを欲せず。王公の家、また此の制に同じくす。永徽《えいき》の後は、皆帷帽を用う。

と記されている。唐の貞観（六二七〜四九）のころには、ほとんどの宮人は騎馬で外出する時には冪羅を着けて全身を覆い隠した。この冪羅は斉・隋の制度を継承したもので、路行の途中で姿をのぞかれないようにするためのものであり、王公の女性も同様であった。その後、永徽年間（六五〇〜五五）になると、冪羅に代わって帷帽《いぼう》が用いられるようになったとある。帷帽は、沈従文著『中国古代の服飾研究』によれば、帽子のようなものから布を垂らした形態で、布の丈は肩くらいまでのものが多い[11]ということである。これが、開元（七一三〜四一）の初めになると、開元の初め、従駕の宮人の騎馬は、皆胡帽《こぼう》を著ける。靚粧《かんしょう》（化粧）し、面を露《あらわ》にし、また障蔽《しょうへい》すること無し。士庶の家、また相倣效《ほうこう》（見習）し、帷帽之制は、絶て行用せず。（『舊唐書』輿服志）

のように、皇帝の駕にしたがう騎馬の宮人はみな胡帽を被って、お化粧をした顔をあらわし、覆うこともなくなった。士庶もこれを見習ったため、帷帽はついに被られなくなったと記されている。

すなわち中国では、八世紀前半には女性は外出にあたって顔を隠すという風習は見られなくなっているのである。

《朝鮮半島》

朝鮮半島における女性の顔隠しについては、柳喜卿・朴京子著『韓国服飾文化史』に、

高麗の婦人達は、外出の時、黒い羅で作った蒙首《もうしゅ》を頭から被った。蒙首は一名蓋頭《がいとう》とも言った。三幅で作り、長さは八尺もあった。頭から被り、顔の目だけを出して、全身をおおい、地にひいたという。……この蒙首は、中国の隋と唐に伝承されていたものが高麗にも受け入れられたという。(12)

と記されており、高麗王朝（九一八～一三九二）時代には、女性たちは蒙首と称する大きな布を頭から被り、

顔を隠して外出したことがわかる。しかもこれは隋・唐から伝わったものであるとしているが、高麗以前の朝鮮半島における外出の際の女性の顔隠しについては記していないのでわからない。しかし、この上流女性の外出時の顔隠しの風習は、その後朝鮮王朝時代まで続いたようである。[13]

以上のように、中国では八世紀前半ごろまでは、上流の女性は外出時には何らかの形で顔を隠していたが、以降はみられなくなる。一方で、朝鮮半島では、逆に唐初の顔隠しの影響を受けて十世紀には顔隠しが行なわれるようになり、儒教の隆盛もあってか、近世まで長く続いた。

遣隋使・遣唐使を送っていた当時の日本の状況からして、中国において唐初までみられた女性の顔隠しの風習が、日本にも影響を及ぼした可能性は充分考えられる。服飾の唐風化が始まる天武朝（六七二〜八六八）においては、女性に対しても、髪型や乗馬方法に関しては唐風に変えるようにとの詔が出されている。しかし、このような唐風志向の詔が発布されているにもかかわらず、顔を隠す云々の記事は全く見当たらない。[14] 以降も、奈良時代から平安初期までの間に、顔隠し云々の記事を見つけることができなかった。[15]

以上のことから、日本が、中国で唐初まで続いていた女性の顔隠しの風習の影響を、直接受けたという可能性は低いと考えて間違いないと思われる。

（3）なぜ日本女性は顔を隠すようになったのか

では、中国ではその風習が廃れた時期になって、なぜ日本女性は顔を隠しはじめたのであろうか。その要因としては、次の二点が考えられる。

①男女の区別が行なわれるようになる

八世紀末～九世紀初めにかけて、男女を区別しようとする動きが見えはじめる。西野悠紀子氏は、「桓武朝と後宮――女性授位による一考察――」の中で、八世紀半ばのころまでは男女の叙位は同日に行なわれていたが、光仁朝（七七〇～八一）の半ばごろより定例の叙位は男女別々に行なわれるようになり、桓武朝（七八一～八〇六）になると、一月七日男叙位・一月九日女叙位が定着するようになると述べておられる(16)。また、延暦一六（七九七）年には、

会集の時男女の混雑を禁断の事

男女は別あり。……公私の会集の、男女の混淆《こんこう》（混じり乱れる）は、俗を敗《そこな》い、風を傷《そこな》うこと、斯《こ》の甚しきを過ぎたるはなし。宜しく厳しく禁断し、さらに然らしめることなかれ。知りて違いあるは、故に刑し宥《ゆる》すこと無し。路頭に牓示《ほうじ》（札で示）し、普《あまね》く知見すべし。（『類聚三代格』(17)延暦一六年七月十一日条）

のごとく、会集の際の男女混在を身分の上下なく禁止している。しかも、違反した場合は刑罰を科すことも記されている。

このように、八世紀末~九世紀初頭にかけて男女を区別しようとする動きが顕著になるが、これは当時の儒学の隆盛とかかわってのものと思われる。平安初期は唐風文化の全盛期であり、儒学と漢詩文の教養が貴族社会に定着する時期である。大学は盛時を迎え、儒学が盛んに学ばれた。また、藤原氏の勧学院等、私的な教育施設も設けられ、ここでの教育内容も儒学が中心であった(18)。

先に記したように、儒学の教典のひとつである『礼記』には、女性は家の奥にいてみだりに外に出ることなく、しとやかで、目上や年上の人によく従い、外出する時は、必ず顔を隠すべきであると説かれている。

また一方で仏教の教えの影響も見逃すことはできない。平安前期は、密教が皇族や貴族の間に浸透していく時期である。「法華経」では、「女身垢穢《にょしんくえ》」とし、女性には「五障《ごしょう》(梵天王・帝釈天・魔王・転輪聖王・仏の地位につけない)」があると説き(19)、「涅槃経《ねはんきょう》」では、「三千世界にある男の煩悩《ぼんのう》(心身を煩わし悩ませる妄念)の全てを集めたものが一人の女性の業障《ごうしょう》(悪業の障り)に等しいほどに女性の煩悩と成仏への障りは深く重い」と説かれている(20)。この「法華経」精神の神髄を受け継いだのが天台宗である。したがって、九世紀になると尼の社会的地位も低下し、公式の法会には尼の参加はみられなくなり、諸大寺では、堂内に女性が立ち入ることを禁止する所も出てくる(21)。

すなわち、平安初期~前期は、儒教と密教の教えが上流層に浸透していった時期であり、女性は奥にあって、みだりに人前に顔をあらわにすべきではないという儒教の教えと、仏教の女性の五障が説かれるようになった時期と重なるのである。

②女性の専制権が男性に奪われる

八一〇年、嵯峨天皇即位後に平城天皇の尚侍《しょうじ》であった藤原薬子《くすこ》は、兄の仲成とはかって平城上皇の復位をもくろんだが失敗に終わった。この薬子の変とその後の女性の地位について、服藤早苗氏は「内侍司の長官尚侍は、九世紀初頭には国政にかかわる尚侍宣《せん》を出すなど重要な政治的役割を担っていた。ところが尚侍藤原薬子の変後に設置された蔵人所《くろうどどころ》に尚侍の任務が漸次移行するに従い、政治的任務は少なくなり、行事の奉仕や『神璽《しんじ》』の管理へと変化する(22)」と述べている。

蔵人所の設置は、薬子の変以前ともいわれるが、結局、従来女官が担っていた奏請伝宣《そうせいでんせん》(天皇に奏上して裁可を請うたり、勅旨を伝達すること)などの役割は男性の蔵人に移行して、宮中における女性の地位はしだいに低下し、女性は奥にいる存在となってゆくのである。

以上のように、文献に女性の顔隠し事例がみえはじめる九世紀末から十世紀初頭という時期は、儒教・密教の影響により、女性は奥にいるのを善しとする規範の誕生時期であるとともに、宮中における女性の地位が低下した時期とも重なるのである。十一世紀になると、さらにこの傾向は加速され、宮中の女性たちは、「中期になり後宮官司の整理・統合が行なわれると、他の宮人も従来の実務的・政治的役割は減少し、天皇の私的生活に奉仕するだけになっていく」[23]のである。

こうして、『宇津保物語』『落窪物語』そして、『枕草子』『栄華物語』『源氏物語』にみえるように、上流女性の顔隠しは、常態化した形で表現されるようになってゆく。

二 被衣と顔隠し

次に、平安後期からみえはじめ、鎌倉・室町時代にかけて多く見受けられるようになり、近世まで花嫁のかぶりものとなる被衣《かずき》と、顔隠しとのかかわりについてみてゆきたい。

(1) 平安後期〜鎌倉・室町時代の被衣と顔隠しの事例

被衣と顔隠しの事例を、文献史料と絵画資料でみてゆくと次のようである。

①文献史料

一一九〇〜一二四二年ごろの成立とされる『宇治拾遺物語』では、女房クラス以上は顔を隠しているが、一般女性は何も被っていないのが一般的な姿である。しかし、一二四六〜五二年までの記録である『弁内侍日記《べんのないしにっき》』[24]には、卯の日（二十四日）は清暑堂《せいそどう》の御神楽《みかぐら》なり。……清涼殿の方へ立ち出でたれば、職事《しきじ》（蔵人）ども立ち並びたり。また、衣被《きぬかずき》かさなりて、更に道なし（まるで道がない）。（一二四六年十一月二十四日条）

十九日、節会・露台の乱舞など果てて、……経忠は、衣被並び居たるを見て「ここの程はしろしろ」、又束帯《そくたい》の人人見やりて「あしこの程はくろくろ」とぞ言ひし。……物見（見物）の衣被の中に、両貫首《かんず》（左右の蔵人の頭）を見て、「ちうのばんはしとぞ見ゆる両貫首（双六盤の両端の駒が一目進んでいるように、一歩踏み出しておられる両貫首であることよ）」といふ連歌をしたりけん、いとをかし（面白い）。（一二五〇年十一月十九日条）

のように、一般の見物人の被衣姿が記されている。大嘗祭を見物に来ているこれらの女性たちの階層であるが、十九日の条では、見物人である被衣の女性が連歌をしかけている。したがって、貴女ではないが、ある程度教養のある人々であったことは間違いないであろう。

『十訓抄《じっきんしょう》』には、絵仏師の妻子も被衣をすることが日常的となっている記述が見える。

絵仏師良秀といふ僧ありけり。家隣より火出で来たりぬ。おしおほひてければ（炎が家を覆ったので）、大路へ出でにけり。人の書かする仏もおはしけり。また、ものもうちかづかぬ妻子なども、さながらありけり（すべて家の中にいた）。（六－三五）

絵仏師良秀は隣家から火が出、家の中には、まだ「ものもうちかづかぬ妻子」が取り残されていたにもかかわらず、自分の家が燃えていくのを道路の向かい側で見物し、火炎の描き方を会得したという話である。ここでは、絵仏師クラスの妻女も外に出るときは被衣をするのがマナーであったことがわかるが、同じ話が『宇治拾遺物語』にも記載されている。ただし、『宇治拾遺物語』(25)の方は、

これも今は昔、絵仏師良秀といふありけり。家の隣より火いできて、風おしおほひて、せめければ、逃出でて大路へ出でにけり。人に書かする仏もおはしけり。又、衣着ぬ妻子なども、さながら内に有りけり。(三八)

と「衣着ぬ妻子」と記されている。『十訓抄』では、「衣着ぬ妻子」を「ものもうちかづかぬ妻子」としているということは、『十訓抄』成立の十三世紀半ばごろには、絵仏師クラスの妻女も外出する時は、顔を隠すのが一般的であったことをうかがわせてくれる。

この時代には、貴人の家における女房クラスの女性が、顔を人前にさらすということは相当の屈辱であったようで、『古今著聞集《ここんちょもんじゅう》』(26)に次のような話がみえる。検非違使《けびいし》(現在の警察官と裁判官を兼ねたような役職)の長官であった隆房の家の上臈女房《じょうろうにょうぼう》(身分の高い女官)が強盗の首領であったことが露顕し、白昼に投獄されることとなった。

きぬかづきをぬがせて、おもてをあらはにして出されけり。諸人みなあさまずといふことなし（皆驚きあきれた）。二十七・八ばかりなる女の、ほそやかにて、長だち（背かっこう）・かみのかかり（髪の毛の垂れ下がりぐあい）、すべてわろき所もなく、優なる女房にてぞ侍ける。（四三三）

多くの者が見物に集まっている時に、犯人である上臈女房は被衣を脱がされて、顔をあらわにした形で外に出されている。人前で顔をあらわにすることが、貴人女性にとっての辱め的行為であることがうかがえる。これがいつの話かということであるが、隆房は一二〇六年に出家しており、それ以前のことであることは確かである。

②絵画資料

次に、平安末からは絵巻物等の絵画資料が多々あるので、これらによって被衣と顔隠しの事例をみてゆきたい。

《平安時代末期》

まず、一一六〇年代の作とされる「年中行事絵巻」であるが、朝覲行幸《ちょうきんぎょうこう》(27)を見物している重袿《かさねうちき》を壺装束《つぼしょうぞく》（歩行しやすいようにからげた姿）にした女性たちのうち二人は、深めの市女笠《いちめがさ》を被っており、その従者と思われる女性は被衣である。この集団の中の一人の男性が、扇で顔を隠し要《かなめ》からのぞいていることからして、この女性たちは上流クラスの女性であろうか。市女笠を被って立っている女性は、見物のために市女笠の前を少し上げているが、顔は袖で隠している。また、別の見物人の集団を見ると、壺装束ではあるが袿の重ねが少なく、貴人の下女クラスと思われる女性たちも、皆市女笠を被っている。他の中流と思われる女性たちは何も被っていない。

射遺《いのこし》(28)の会場近くを歩いている旅姿と思われる女性たち四人は、いずれも簡単な壺装束に広袖の被衣姿であり、下級貴人クラスかと思われる。一方、騎射の馬場末近くを歩いている賀茂社参詣の女性たち十数人がみえるが、彼女たちのうちの八割近くは、いずれも袿の重ねの少ない壺装束に深めの市女笠であり、中には懸帯《かけおび》（神社仏閣に詣でる時に胸から背中に向けて掛けた赤紐）を掛けている者もいる。残りの二割が被衣姿であるが、広袖の被衣とともに、小袖の被衣もみえる。袿の重ねが少ないのは、季節が五月ということも考えられなくはないが、その様子からして、上流の下程度の女性とその侍女たちであろうか。その他のシーンでも、上流クラスと思われる女性は市女笠を被り、侍女クラスは被衣というパターンが多い。庶民と考えられる女性は何も被っていない。

次に、一一七八年ごろの作とされる「伴大納言絵詞」であるが、宮中から応天門の火事見物に出た、下女と思われる重ねの薄い袿を壺折った女性二名は、何も被っていない。また、舎人が引き立てられていくところを見物している女性は、高足駄《あしだ》をはいて広袖の被衣をしている。

「粉河寺縁起」は、一一八〇年代の作とされるものである。旅に出る長者一家を描いているシーンで、長者の家の女性は、枲垂衣《むしのたれぎぬ》（笠から垂らした布）のついた市女笠を被って、馬に乗っている。ただし、この枲垂衣は薄く、顔や姿形は透けてみえている。この場合の枲垂衣は隠す目的というより、旅のほこりや虫除けなのであろう。これに対して、長者の家の侍女や話を聞きつけて集まった近所の者は、全員何も被っていない。千手観音の前に群がる男女が描かれているが、尼と一名の女性が被衣をしているだけで、あとの五名の一般女性は何も被っていない。

ほぼこれらの絵巻物と同時期の、十二世紀後半の作とされる「扇面古写経」の下絵であるが、かずけものを頭に載せている下女風の女性の前を歩行している高足駄の女性は被衣であるが、被衣の下はすぐに小袖と袴になっており、おそらく自分の着ていた重袿を被衣にしたものであろう。下女のうしろの女性は袿を壺折り、市女笠を被っている。また別の場面に、袴をからげて水の中を歩いている三名の女性が描かれているが、先頭の女性は有紋《うもん》（地紋のある絹）の袿姿に扇を持っており、上流クラスの女性と思われる。真ん中の女性は薄物の被衣をしており、この薄物も有紋であるところから、上流クラスと考えてよいであろう。最後の女性は、髪は長いが、侍女であろうか。顔は隠していない。一方、井戸端のシーンでは、水を求める旅姿の女性たちのうち三名は、壺装束に市女笠である。懸帯をしており、物詣での途中であろう。中でも袿の重ねが多く、貴人層かと思われる女性は、深めの市女笠を被った上にさらに扇で顔を隠している。そのうしろの侍女風の女性は、やはり深めの市女笠を被り、袖で顔を隠しているが、さらにうしろにいる同じく侍女かと思われる女性は市女笠を脱ぎ、顔をあらわしている。水を求めている下女風女性は何も被っていない。水を汲む手無し姿の庶民女性も何も被っていない（図1―1―1）。

図 1-1-1 「扇面古写経下絵」より模写

以上みてきたように、平安時代には、貴女やその女房クラスは車で外出するのが通例であり、車から外に出る時は、扇で顔を隠すのが一般的である。基本的にこのクラスの女性たちは、平安前期以降、顔を人前に見せるということは考えられないことであり、外に出る時や急な来訪者などの時は、扇や袖で顔を隠すのを常としている。

神社仏閣に詣でるために徒歩で外出する上流層の女性たちも、顔を隠すことが常態となっているが、その最たるものが市女笠に厚めの枲垂衣を垂らしたもので、これは顔のみならず全身を隠している。これに次ぐ姿が深めの市女笠であり、すっぽり被って顔を見せないようにし、何かを見るときは市女笠の前を少し上げるが、その際は扇または袖で顔を隠す。上流層に付きしたがう侍女クラスの中には市女笠ではなく被衣姿もみられるが、この被衣は広袖である。

一方、中流クラスの女性たちであるが、平安末期になると、外出時に被衣姿が多くみられるようになる。しかし、貴人の下女クラスの場合は、何も被らない姿もかなり多く見受けられた。庶民クラスの女性は、平安末期の時点では、ほぼ全員何も被っていない。

これらの絵画資料にみられる事例は、先にみた文献史料とも一致している。

《鎌倉時代》

まず、一二一九年ごろの作とされる「北野天神縁起」であるが、弓場を見物する女性は全員広袖被衣姿である。しかも白被衣が多いことは、先にみた『弁内侍日記』の記述とも一致する。ただ、被衣をした女性は顔を見せており、隠す場合は袖で顔を隠している。吉祥院での菅原道真の五十賀を修する法会に集まった貴人一族の女性たちは、全員が広袖被衣姿である。また、難波の津で左遷される道真の船出を見送り、嘆き悲しんでいる女性たちは、市女笠と広袖被衣姿であるが、おそらく道真の一族の女性たちであろう。背負われて港にかけつけている女性も、すっぽりと被衣で全身を覆っている。この女性も一族の者であろう。

「住吉物語絵巻」は十三世紀後半の作とされるものであるが、中納言の姫君たちが嵯峨野で子《ね》の日の遊び（正月の初子の日に、野に出て小松を根引きする行事）をするシーンが描かれている。貴女たちが、それぞれ網代車から降り立つ。三名の姫君とその女房たちは、子の日の遊びのせいか、唐衣裳《からぎぬも》装束という正装で描かれている。彼女たちは顔を袖で覆っているのみで、何も被っていない。これに対して、この女房たちより少し下のクラスと思われる女房たちは、広袖被衣姿である。彼女たちは歩行で供をしてきたのであろうか。

「住吉物語絵巻」より少し遅れて、十三世紀末ごろの作とされる「小野雪見行幸絵巻」では、上皇が、皇太后宮御所へ行幸した時、女院近侍の汗衫《かざみ》姿の童女が金の杯を持って出てくる場面が描かれているが、彼女は扇で顔を隠している。

「一遍上人絵伝」は、一二九九年ごろの作とされるものである。熊野詣での山伏姿と思われる貴人女性たちは市女笠に透けない生地の長い枲垂衣姿で、顔を隠した形で描かれている。三輩九品の道場に集まっている女性たちは、全員小袖被衣姿であるが、顔は出したり被衣を脱いでいたりする。福岡の市における屋外の女性たちは、全員が市女笠か被衣であるが、被衣の上に市女笠を被っていると思われる者もいる。いずれの被衣も小袖風で、掘っ立て長屋の店の奥にいる庶民風の女性たちは、丸見えであるにもかかわらず、何も被っていない。三島社参詣の場面では、女性たちのうちで、山伏姿に市女笠・枲垂衣の高貴な身分と思われる女性の枲垂衣の生地は透けないものであり、完全に顔および全身を隠している。広袖被衣の女性たちは、被衣からは顔を出しており、袖で顔を隠している。広袖あるいは小袖の被衣の上にさらに浅い市女笠を被った女性たちも、袖で顔を隠している。熱心に祈っている小袖被衣の女性と下女風女性は、被衣を脱いで顔も髪も出している。四条通りの群集の描写場面では、広袖被衣姿の女性たちの中には、顔を見せている者も袖で隠している者もいる。庶民風の女性たちは、被衣を脱ぎ、髪も顔も見せている。天王寺の金堂のまわりに集まっている広袖被衣の女性たちであるが、ほとんどの者が袖で顔を隠している。一遍の臨終シーンで、集まって悲しんでいる女性たちのうちで、広袖被衣（白が多い）の女性は被衣をしたままが多いが、小袖被衣の女性たちは、ほとんど全員被衣を脱いで顔をあらわにしている。

十四世紀に入って間もなくの一三〇九年ごろの製作とされる「春日権現験記絵」では、嵯峨の清涼寺本堂の堂上で参拝する女性たちのうち、中央の二名の広袖被衣姿の女性も、その侍女かと思われる小袖被衣姿の三名も、いずれも被衣を被ったままであるが、顔は見せている。また、他の五名の中には小袖被衣を脱いで、顔も髪もあらわにしているものもいる（図1－1－2）。また、東山あたりの寺での僧の説法に集まった女性たちは、一人を除いて全員が小袖被衣姿であり、十三名描かれている中の十名は、被衣のままで顔を出しているが、その中の三名は袖で顔を隠している。他の三名は、被衣や深めの市女笠を脱いで、顔も髪もあらわにしている。

「法然上人絵伝」は、一三〇七年に製作が開始され、一三一七年に完成したものである。山吉水の法然の新居に高僧の噂を聞いて集まった群集が描かれている場面であるが、広袖被衣姿の三名の女性は、貴女とその女房であろうか、全員袖で顔を隠している。そのうしろにしたがう侍女風の二名は小袖被衣で、やはり袖で顔を隠そうとしている。また後白河法皇の押小路御所で催された、法皇の如法経《にょほうきょう》供養に集まった貴人たちのうち、簀子《すのこ》（縁側）に控えている三名の女性は、法皇に仕える女房たちであろう。いずれも広袖被衣姿で、袖で顔を隠している。階の下に立っている女性も、いずれも広袖被衣姿で、袖で顔を隠している（被衣は白が多い）。階の下に座っている小袖被衣の三名も、いずれも袖で顔を隠している（図1－1－3）。図1－1－3の左の方に遠巻きにしている尼と二名の女性が描かれているのであるが、

図 1-1-2 「春日権現験記絵」巻 8（宮内庁三の丸尚蔵館所蔵）

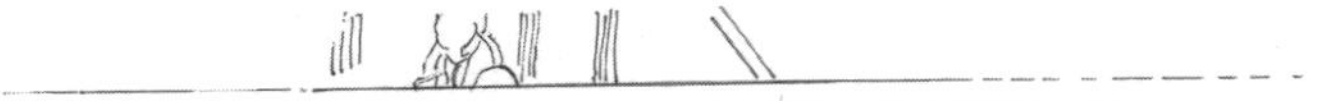

図 1-1-3 「法然上人絵伝」より模写

いずれも小袖被衣であり、被衣のまま顔を見せている者と、被衣を脱いで顔も髪もあらわにしている者とがいる。尼は髪を隠すべく、布を頭から被っている。一方、後鳥羽院の受戒の場面であるが、簀子に控える束帯・直衣（闕腋袍？）姿の貴人たちと並んで控えている女房と思われる女性四名は、いずれも広袖被衣姿で基本的に袖で顔を隠している。簀子の下に立つ侍女らしき広袖被衣の女性二名も袖で顔を隠している。階の下の左右の小袖被衣の女性四名は、袖で隠す者も隠さない者もいる。これらの場面の被衣は、その丈が長く、下の袿や小袖をすっぽりと覆っているものが多い。法然の配流のシーンであるが、その報を聞いてかけつけている人々のうち、広袖被衣の女性は、走りながらも袖で顔を隠しているが、小袖被衣の人は顔を隠さず、被衣を脱いでいる者もいる。他のシーンでも、小袖被衣の人は顔を隠していないか、被衣を脱いでいるものが多く描かれている。これに対して広袖被衣の者は、基本的に袖で顔を隠している。

以上のように、鎌倉時代になると、上流クラスの中にも被衣姿が多く見受けられるようになる。十三世紀初めごろの「北野天神縁起絵巻」では、菅原道真一族の女性たちは全員広袖被衣姿で法会に集まっており、十四世紀初頭製作とされる「法然上人絵伝」では、法皇の女房たちも皆広袖被衣姿で侍っている。しかし、被衣の場合は顔が見えやすいので、袖で顔を隠すのが通例となっている（図1-1-3参照）。このころに上流層の女性が顔を人前で見せるということは、相当の辱めであったことは、先の『古今著聞集』の話で記したが、これらの風習は、以降も継承されてゆく。

この時代になると、中流層と思われる女性たちもその大半は被衣をするようになるが、その被衣は、公家とかかわる女性のものは広袖で、付き人クラスのは小袖である。そして、公家以外の中流女性の被衣は小袖がほとんどである。この傾向は特に、一二四〇〜五〇年ごろから顕著になってくる。十三世紀末ごろからは、被衣の上に市女笠を被る姿も散見されるようになる。

一方、庶民クラスの女性であるが、平安末期には、ほぼ全員何も被っていなかったが、鎌倉時代になると、外出の時は小袖被衣が多くみられるようになる。ただ、被衣を脱いで顔や髪をあらわにしている例も多い。

外で労働をしている女性の場合は、平安時代と変わらず、まったく何も被らないのが一般的である。

《室町時代》

「慕帰絵詞《ぼきえことば》」は、観応二年（一三五二）の作であるが、一巻・七巻は文明十三年（一四八一）の補写とされ、本願寺三世覚如上人の一代記を描いたものである。永仁三年（一二九五）十月の京の町における女性三名と尼一名が描かれているが、いずれも市女笠を被っている。尼は顔をあらわしているが、尼の前を歩く小袖姿の二名は、市女笠から手拭い状の布を垂らして顔の大半を覆っている。うち一人が手に経文と数珠を持っていることからして、これから寺に行くところであろうか。尼のうしろの女性は、小袖に深い市女笠を被っている。正和四年（一三一五）のところでは、宗昭（覚如上人）の住居周辺の鄙びたところで、暴れ馬に驚いて転び、市女笠が脱げてしまった母親の姿が描かれており（図1-1-4）、母親が小

図 1-1-4 「慕帰絵詞」巻 8（浄土真宗本願寺派所蔵）

袖被衣の上に市女笠を被っていたことを明確に教えてくれる。しかも、この母親は裸足であることからして、遠くへ出かける姿ではなさそうである。子供を抱いた場合、被衣だけでは顔が隠せないので、被衣の上から市女笠を被って外出したのであろうか。

永和元年（一三七五）ごろの作とされる「石山寺縁起」の第三巻において、東三条院（円融天皇女御）の石山寺参詣の牛車行列を観ている群集が描かれているが、女性二七名のうち一名を除いて残り全員が被衣姿か市女笠を被っている。市女笠の六名は被衣の上に市女笠の姿である。全員が広袖被衣であるが、懸帯をした市女笠の女性ともう一名の市女笠の女性以外は、どうも被衣の下は袿ではなく小袖風である。これは、時代設定が平安時代なので、絵師が被衣をすべて広袖に描いたことによって生じた不整合ではないかと思われる。見物の女性の中で何も被っていないただ一人の女性は、袿風の服装で扇を持っているが、顔は手をかざして隠している。被衣の女性は顔を隠していない者もいるが、大半は袖で顔を覆っている。同じく永和元年ごろの作とされる第五巻では、式部少輔《しきぶのしょうすけ》藤原国能の妻と娘が描かれており、彼女たちは両名とも重袿を壺折り、懸帯を掛けて深い市女笠を被っている。彼女たちにしたがう侍女は小袖被衣姿で、袖で顔を隠して歩行している。また、明応六年（一四九七）ごろの作とされる第四巻では、石山寺に参籠している女性たちがみえるが、その四名全員が小袖被衣である。ただし、うち二名は被衣を脱いで祈っている。

このように十三世紀末ごろから被衣の上に市女笠を被る姿も散見されるようになったが、室町時代になるとさらにこの傾向は強まり、上流・中流層における外出時の女性の顔隠しは顕著になってゆく。

（2）鎌倉時代に被衣が流行した理由

以上の事例で明らかなように、上流女性の顔隠しは中世以降も行なわれ続けるが、鎌倉時代になると、彼女たちも被衣姿が一般的となる。また、この時代には中流層や庶民層も外出時には被衣姿が多くなる。では、なぜ鎌倉時代に女性の被衣が普及したのであろうか。次にこの問題について考えてみたい。

A．上流層の女性

この時代になると、上流女性に対しての教訓書が散見されるようになる。一二五二年成立とされる『十訓抄』は、古今の説話を集めたものであるが、宗尊親王《むねたかしんのう》の皇族将軍としての鎌倉下着に伴って、親王家

に仕える子女のために書かれたものとの説もある。[29]この中には、

女はよく進み、退き、身のほどを案ずべし。すべて父母のはからひに従ふべきなり。（五―十二）

『妻は斉なり』いふ心は、上一人より下庶人にいたるまで、夫の心にひとしきがゆえなり。その心、もし背く時は、家亡ぶといへり。（五―十四）

などのように、女は父母や夫にしたがうのを旨とする教えが記されており、さらには、夫の死に殉ずる妻をたたえる内容のものもみられる（六―十八）。ほぼ同時代、阿仏尼《あぶつに》（〜一二八三）が娘の紀内侍《きのないし》に訓《おしえ》を記したとされる『庭《にわ》の訓《おしえ》』[30]には、

かしづかれて、親の掟《おきて》に従ひて世をすぐす程は、心安く候ぞ。

と、同様に親にしたがうことを善しとすることが説かれている。

また、室町時代の成立とされる『乳母《めのと》の草紙』[31]は、堂上《とうしょう》（公家）女子の心得から、化粧・遊芸・有職故実などを記したものであるが、その中の「二二一　御娘育て候事」には、

十ばかりにもなり候はば、奥深く人に見せられ候まじ。心持ちうらやかに声低く御育て候へ。

のごとく、娘は十歳ごろになると、家の奥深くに居させて、人に見られないようにすべきことが記されている。天理本の『女訓抄《にょくんしょう》』(32)は、十五世紀末から十六世紀初めごろに成立したとされているものであるが、『乳母の草紙』はこの『女訓抄』の省略本の可能性が大きく(33)、本文の多くは『乳母の草紙』と重なる。しかし、『乳母の草紙』には記されていない序の後の第一項に、

をんなは、まつ上下によらす、のとかにて、らうらうしく(上品で)、おもふ事をしのひ、あらまほしきことをかんにんにして……

と、女のあるべき姿が記されている。

これらの史料から、鎌倉・室町時代の上流女性は、十歳にもなれば人には見られないように家の奥深くに住まい、嫁ぐ前は父母にしたがい、結婚した後は夫にしたがい、従順で何事にも我慢すべく育てられることを善しとしていたことがうかがえるのである。これらの訓蒙書の内容は儒教と重なるものであり、おそらく平安前期から営々と継承され、かつ深められていったものではなかろうか。したがって、上流女性は平安・鎌倉・室町時代を通して、顔を人に見られないようにすることがマナーとされ続け、貴女は基本的には車で外出し、降りる時等には扇で顔を隠すが、徒歩等で外出する場合は、市女笠や透

けない虫垂絹で顔を覆うか、広袖被衣を深く被り、かつ袖で顔を隠すこととなったのであろう。この広袖被衣は袿をかずいているのではなく、袖つけが身頃から離れ、頭に被りやすい形に特別に仕立てられた形のものと思われる。

B．一般の女性

鎌倉時代になると、外で労働をしているごく一部の庶民女性を除いて、大半の女性は屋外では被衣をするようになるが、次にこの被衣の普及の理由について考えてみたい。

絵画資料を追ってみると、中流以下の女性たちは、顔を隠す目的で被衣をしているとは言いがたい。被衣をして顔はそのままあらわしているものが多く、中には、被衣を脱いで顔や髪をあらわにしているものも多い。すなわち、上流女性の被衣は、顔を隠す目的が大きいかと思われるが、中流以下の女性の被衣は、その意味が少々異なると思われる。

一―(3)で記したように、仏教では「女身垢穢《にょしんくえ》」とし、女性の「五障《ごしょう》」が説かれている。しかし、延暦寺で形成された極楽往生への道が、しだいに巷の男女の中にも浸透してゆく平安中期ごろの教えでは、往生に男女の差別はなく、功徳の積み重ねにより極楽往生を実現できると考えられていた。[34]源信の『往生要集《おうじょうようしゅう》』[35]でも、

「鼓音声（陀羅尼）経」には、もし、僧・尼や在家信者の男女で、よく正しくかの仏のみ名を教え

られて忘れないなら、この功徳によって、臨終の時には、阿弥陀仏がただちに多くのひとたちと一緒にこのひとのところに来て、そのひとにご自身のおすがたを見させ、見るとすぐに浄土に生れさせられる。

と説かれている。

ところが鎌倉時代になり、仏教が大衆に浸透してゆくとともに、「女身垢穢」や女性の「五障」が強調されるようになる。比叡山の僧であった法然（一一三三〜一二一二）は浄土宗を開き、その教えを武士・農民・貴族に説いてまわり、貴族から貧民にいたるまでその信者は広がっていった。この法然の教えについて、「女性と仏教」には、「女性は過ち多く、障りが深いから、全ての仏国土で嫌われ、往生を拒否されていると言っている。そして、法然は、このことばにつづいて女性の罪悪深重《ざいあくしんちょう》・煩悩熾盛《ぼんのうしせい》・五障・三従の障《さわ》りなどについて詳細に述べている。……その女人往生論は女性が女性のままの姿で極楽往生できるのではなく、『変成男子《へんじょうなんし》』『転女成男《てんにょせいなん》』の形での往生であった」[36]とある。すなわち、法然は、女性は障りが大きいので女性のままでは往生できないが、死の直前に男子に姿を変えるという形で往生できると説いている。

法然の弟子であり浄土真宗の開祖である親鸞（一一七三〜一二六二）も、各地で教えを説いてまわったが、その女人往生論も法然と同じ「変成男子」によるものであった。その著『教行信証《きょうぎょうしんしょう》』[37]（一二二四〜四七）では、大王国をたもちてよりこのかた、罪きはめておもしといへども女人におよばず。

と性悪で殺戮《さつりく》をくりかえす大王よりも女の罪は重いとしている。この論理からすると、悪人正機《あんにんしょうき》（煩悩にとらわれた悪人は、仏の救いに頼る度合いが大きいので阿弥陀仏に救われる）の親鸞としては、当然女人正機であるはずであるが、『浄土和讃《じょうどわさん》』の中で「変成男子」による女人成仏を説いているのである。(38)

一方、日蓮（一二二二～八二）は『千日尼御前御返事《せんにちにごぜんおんへんじ》』(39)の中で、

日本の全ての女人は、たとえ「法華経」外の一切経から女人は成仏できないと嫌われても、「法華経」にさえ女人の成仏が許されているのであれば、女人は成仏できないと苦しむ必要は何もないのである。

と記している。佐渡の千日尼からの「女人はその罪障《ざいしょう》によって成仏できないものかとおもっていましたが、『法華経』は女人の成仏を第一としているという教えを懸命に憑《たの》んでおります」という手紙に答えるという形で記されたものであり、女人は法華経によって救われると説いている。

以上みてきたように、鎌倉時代に仏教が大衆に広まるとともに、女性の「五障」が強調され、女性は千日尼の手紙にみられるように「その罪障によって成仏できない」と思わされていたことがうかがえる。したがって、大衆女性も「女性の象徴である髪を隠す——出家すると髪を下ろし、髪を隠すのと同

じ意味で——すなわち、女性であることを隠す」ことを求めるようになっていったのではないであろうか。絵巻物に描かれた尼は、髪は布で覆うが顔は見せている。被衣の普及・大衆化はこの意味からのものであり、大衆女性の被衣は顔を隠す目的のものではなく、髪すなわち女性を隠す目的で装われたものと思われるのである。

三．古代から中世における女性の顔隠しと被衣

日本における女性の顔隠し事例の初見は、先に述べたように管見では『竹取物語』である。その成立時期とされる九世紀末から十世紀初頭には、貴女は外の人に対して顔を隠すことがマナーとされていたことがうかがえる。この日本における貴女の顔隠しの風習の始源は、八世紀前半ごろまで行なわれていた中国女性の顔隠し風習の直接の影響によるものではなく、当時の日本における社会情勢の変化によるものと考えられる。文献に顔隠しの事例がみえはじめる九世紀末から十世紀初頭は、儒教・仏教の影響で男女が区別され、女性の地位は低下し、女は奥にいることを旨とする時期と重なる。この貴女の顔隠しのマナーは、十一世紀にはいるとさらに加速されて常態化し、鎌倉・室町時代へと継承されてゆく。

平安中期から室町時代にかけて、貴女たちは基本的には車で外出し、その姿は他人には見せず、下車の際は顔を扇等で隠すのを常とした。神社仏閣等に参詣するための歩行での外出の際は、市女笠から透けない生地の長い枲垂衣を垂らして全身を覆い隠すか、深い市女笠を被って顔を隠した。貴女や貴人に

したがう侍女クラスの女性の中には、市女笠ではなく被衣姿もみられるが、この傾向は鎌倉時代になると顕著になってゆく。この場合の被衣は広袖被衣であり、しかも被衣は、顔を隠すというよりも髪や全身を隠す目的でかずかれており、基本的に顔隠しは袖でなされている。

一方、中流層の女性であるが、平安時代には彼女たちの被衣姿も散見されるが、むしろ何も被らない姿の方が多く見受けられる。しかし鎌倉時代になると、この層の女性たちの大部分は被衣をするようになる。公家およびその関係者以外は小袖被衣がほとんどであり、この傾向は特に十三世紀半ばごろより顕著になる。しかし、このクラスの女性の中には、被衣を脱いで顔を完全に見せている者も多々いる。十三世紀末ごろからは、被衣の上に深めの市女笠を被る姿もみられるようになるが、この市女笠の方は顔隠しの目的が大きかったのではないかと思われる。室町時代には、市女笠の下を手拭いのような布で覆って顔を隠す姿もみられる。

庶民クラスになると、平安後期の絵画資料ではほとんどの人が何も被っていないが、鎌倉時代になると、外出時には小袖被衣が一般的となる。ただし、被衣を脱いで顔をあらわにしている例も多い。外で労働をしている女性は、一貫して何も被っていない。

以上のことから、被衣と顔隠しとは別のジャンルのものの可能性がうかがえる。貴女たちの中にも、鎌倉時代になると被衣をする者が多く見受けられるようになるが、しかし被衣では髪や全身は隠せても、顔を完全に隠すことはできない。したがって、袖で顔を隠しているのである。また中流以下の女性たちも、被衣はしているが、顔を見せている例が多く、中流以下の女性の被衣の主たる目的が顔隠しでないことは明らかである。

貴女は平安前期から鎌倉・室町時代を通して家の奥深くにいることが旨とされ、外の人に対しては顔を見せないことがマナーとされ続けた。この思想の元になっているのは、中世の女性教養書からうかがえるように、儒教の影響が大きいであろう。これは一見、女性の自由を奪う人権無視のようにもみえるが、実は、貴女たちの置かれていた環境からして、むしろ女性保護の意味が大きかったのではなかろうか。通い婚が中心であった当時にあっては、良き婿と添わせるまでは、好色家から身を守るために娘を奥深く隠しておく必要があったと考えられる。美女であればその噂を聞いて、かぐや姫のように多くの男性が目をつけるであろうし、『源氏物語』の女三宮のように過ちを犯す結果にもなりかねない。また、末摘花《すえつむはな》のように醜女に近い貴女の場合も、実体を知らないがゆえに噂だけで通ってくる男性もおり、三日も通うと情もわいて通い続ける男もいたであろうし、光源氏のように庇護だけはしっかりとするという誠実な男性に巡り会うこともあったわけである。

一方で、貴女たちは十歳ごろから化粧をするようになるが、水銀の白粉は高価であり、上流女性でも、多くは鉛白粉を使っていたと考えられる。長年鉛化粧をし続けると、その肌は冒されていった可能性が高く、中年以降の貴女の中には、この理由から人目に顔を見せることを避けるようになった可能性も考えられるであろう。

いずれにしても、貴女の顔隠しが一般的となると、隠すことが高貴の象徴となる。これが上流層の風習として定着してゆき、近世まで受け継がれていったと考えられるのである。

図 1-1-5 「花見屏風」

一方で中流以下の女性たちにも、中世の女性教養書にみられるような儒教的思考の影響は多少はあったであろう。しかしむしろ、彼女たちに大きな影響を与えたのは仏教と思われる。不安定な時代に生き、現世での幸があまり望めなかったであろう多くのこの階層の女性たちにとって、極楽浄土への転生は強い願望だったのではなかろうか。しかし中世になると、「変成男子」になって初めて極楽浄土に往生できると説かれる。すなわち、女性を否定することが往生の要件となるのである。したがって、被衣を被って女性の象徴である髪を隠し、さらには全身をも隠したのではなかろうか。出家した女性が隠したのも髪であり、顔は隠していない。中流以下の女性たちの被衣は、顔を隠す目的というよりも、むしろ女性を隠す目的で被られた可能性が大きいと考えられるのである。

貴人女性が深く被った被衣には顔隠しの意味もあったであろうが、絵画資料をみた限りでは、被衣では顔の大半は見えており、顔隠しは袖や扇で行なわれていた。

図1―1―5は桃山時代の「花見屏風」で、庶民女性と共に五名の貴女とその侍女たちが描かれている。貴女たちは全員小袖被衣であり、その上に市女笠を被っている者といない者がいるが、うち三名の顔は完全に見えており、他の二名は扇で顔を隠している。右端の少女と思われる女性は布を頭に掛けて、髪だけを覆っている。左端の庶民女性は何も被っていない。この絵からしても、桃山時代になっても、被衣のその主たる目的が顔隠しでないことは明らかであろう。

以上のことから、貴女は平安前期から近世初期まで営々と顔隠しがマナーとされ続けたが、他の女性たちの被衣姿は、顔隠しの意味としてのものではなく、女性の象徴としての髪、そしてさらには女性の姿である全身を隠すという意味が大きかったと考えられるのである。

註

1　本稿の『竹取物語』は、堀内碑秀晃校注、新日本古典文学大系本（岩波書店、一九九七年）による。

2　註1前掲書、「八　帝の求婚」条の脚注。

3　本稿の『落窪物語』は藤井貞和校注、新日本古典文学大系本（岩波書店、一九九七年）による。

4　中島尚「うつほ物語の成立年代」（宇津保物語研究会編『宇津保物語論集』古典文庫、一九七三年）、中野幸一校注・訳、新編日本古典文学全集『うつほ物語』（小学館、二〇〇二年）の解説による。

5 本稿の『宇津保物語』は、注4の新編日本古典文学全集本による。

6 本稿の『十訓抄』は、浅見和彦注釈、新編古典文学全集本（小学館、一九九七年）による。

7 本稿の『礼記』は、竹内照夫著、新釈漢文大系本（明治書院、一九七七年）による。

8 周汛・高春明著、栗城延江訳『中国五千年女性装飾史』（京都書院、一九九三年）一〇〇頁。

9 本稿の『事物起源』は、台湾各大書局刊行本『事物起源集類』（一九六九年）による。

10 本稿の『舊唐書』は、台湾藝文印書館刊行本による。

11 沈従文著、古田真一・栗城延江訳『中国古代の服飾研究』（京都書院、一九九四年）二四三頁。

12 柳喜卿・朴京子『韓国服飾文化史』（源流社、一九八三年）一五五頁。

13 註12前掲書、一五六頁。

14 「詔曰、自今以後、男女悉結髪。……婦女乗馬、如男夫、其起于是日也。」（『日本書紀』天武十一年四月条）。しかし二年後には、「女年四十以上、髪之結不結、及乗馬縦横、並任意也。」（『日本書紀』天武十三年閏四月条）と、四〇歳以上の女性に対しては、結髪と馬の乗り方についての規制を緩めている。

15 『延喜式』弾正台に、親王以下の車馬の従者についてその服色・人数は記されているが、ここでも顔隠し云々に係わる文言は全く見当たらない。

16 西野悠紀子「桓武朝と後宮――女性授位による一考察――」（『日本女性史論集2 政治と女性』吉川弘文館、一九九七年）三一～三二頁。

17. 本稿の『類聚三代格』は、国史大系編集会編、国史大系本（吉川弘文館、一九七七年）による。

18. 王家驊「日中儒学の比較」(『東アジアの中の日本歴史5』六興出版、一九八八年)一〇一～一〇三頁。
19 勝浦令子「女人禁制と女人成仏」(脇田春子・林令子・永原和子編『日本女性史』吉川弘文館、一九八七年)八二頁。中村元監修『新仏教辞典』(誠信書房、一九六二年)。
20 「女性と仏教」(笠原一男編『日本宗教史I』世界宗教史叢書11 山川出版社、一九七七年)三四九頁。
21 勝浦、註19前掲書、八〇頁。
22 服藤早苗「王朝文化とその背景」(脇田春子他編『日本女性史』吉川弘文館、一九八七年)四四頁。吉川真司氏も「律令国家の女官」(女性史総合研究会編『日本女性生活史1 原始・古代』東京大学出版会、一九九〇年)一三八～一三九頁で同様のことを述べておられる。
23 服藤、註22前掲書、同頁。
24 後深草院女房弁内侍(藤原信実の女)の日記。本稿の『弁内侍日記』は全て岩佐美代子校注・訳、新編日本古典文学全集本『中世日記紀行集』(小学館、一九九四年)による。
25 十三世紀初めごろの成立とされる。本稿の『宇治拾遺物語』は、渡邊綱也、西尾光一校注、日本古典文学大系本(岩波書店、一九六〇年)による。
26 本稿の『古今著聞集』は、永積安明、島田勇雄校注、日本古典文学大系本(岩波書店、一九六六年)による。
27 天皇が正月に、太政天皇・皇太后の宮に新年の挨拶に行くこと。
28 宮中の年中行事のひとつである正月十七に行なわれる射礼《じゃらい》(公卿・官人たちが弓を射る儀礼)で、射残った人たちにより翌日の十八日に行なわれる行事。

29　註6『十訓抄』解説、五〇二頁。
30　本稿の『庭の訓』は、『近世女子教育思想第1』所収、日本教育思想大系本（日本図書センター、一九八〇年）による。
31　本稿の『乳母の草紙』は、『近世女子教育思想第1』所収、日本教育思想大系本（日本図書センター、一九八〇年）による。
32　本稿の美濃部重克著、天理本『女訓抄』は、伝承文学資料集成第十七輯、三弥井書店本を使用。
33　註32前掲書解説。二〇六頁。
34　註20前掲書、三五一～三五三頁。
35　本稿の『往生要集』は、石田瑞麿訳、東洋文庫本（平凡社、一九六三年）による。
36　註20前掲書、三五五～三五六頁。
37　本稿の『教行信証』は、金子大榮校訂、岩波文庫本（岩波書店、一九五七年）による。
38　註20前掲書、三五七頁。
39　本稿の『千日尼御前御返事』は、藤井学訳『大乗仏典　二四　日蓮』（中央公論社、一九九三年）による。

図版出典一覧

図1-1-1　「扇面古写経」（『日本風俗画大成』中央美術社、一九二九年）より模写
図1-1-2　「春日権現験記絵」巻八第一段（部分）、宮内庁三の丸尚蔵館所蔵
図1-1-3　「法然上人絵伝」（知恩院所蔵）より模写

図1-1-4 「慕帰絵詞」(『続日本の絵巻』九、中央公論社、一九九〇年、浄土真宗本願寺派所蔵)
図1-1-5 「花見屏風」(『日本風俗画大成』中央美術社、一九二九年、下村氏所蔵)

第二節　近世における女性の顔隠しとかぶりもの

梅谷　知世

江戸時代における女性の外出時の装いには、被衣《かづき》や各種の笠、帽子などのさまざまなかぶりものが用いられた。これらのかぶりものは、平安時代以来受け継がれた顔隠しの風習を背景に展開したものと考えられる。ただし、その種類や被り方、そしてかぶりものをめぐる意識は、時期、地域、着用者の社会的地位や服飾意識などによってさまざまな様相を呈している。ここではこのようなかぶりものの多様な様相について、上方と江戸との違いを視野にいれながら年代を追って考察するとともに、江戸前期から後期にかけてかぶりもののもつ意味がどのように変化していったかについて検討してゆきたい。あわせて、江戸時代の婚礼に用いられた花嫁のかぶりものについても考察する。

一．江戸時代前期のかぶりもの

江戸時代初期から前期にかけての風俗画や絵本などを見ると、従者をともなって徒歩で外出する女性のほとんどは何らかのかぶりものを着用しており、中流層以上の女性が外出する際にはかぶりものをつけるという慣習が定着していた様子がうかがわれる。供を連れない女性は初期風俗画ではかぶりものをつけない例が多いが、寛文年間（一六六一～七三）以降は物見遊山などの晴れ着姿には、かぶりものをつけることも多くなる。一方従者は、主人が乗物に乗って外出する際にはかぶりものを被るが、主人が徒歩の場合は、初期の一部の例を除いてかぶりものはつけていない。

（1）かぶりものの種類

初期から前期までのかぶりものの種類には、次のように江戸と上方で異なる展開がみられる。

《江戸》

まず江戸初期については、寛永年間（一六二四～四四）に描かれた『江戸名所図屏風』（図1−2−1）や『江戸図屏風』では従者をともなう女性はもっぱら被衣で、従者や単独の女性の一部に円錐形の笠を被ったり頭上に布を垂らす例がみられる。

寛文年間になると、従者をともなう女性にも被衣以外のかぶりものがみられるようになる。寛文二年

図 1-2-1 「江戸名所図屏風」（寛永年間）より模写

（一六六二）刊の地誌『江戸名所記[1]』（浅井了意著）の挿絵では、従者をともなう女性は半数が被衣で、そのうちの三分の一はさらに深い笠を被って顔のほとんどを覆っている。その他の女性には深い笠や、頭全体を覆う布をつけたり、布を垂らした上にやや浅めの笠を被る姿がみられ、深い笠の女性は扇や袖で顔を隠す場合もある。供を連れない女性にも、同様の姿がみられる。このほか延宝三年（一六七五）ごろの『中村座舞台図屏風』には、桟敷の観客の中に覆面頭巾の一種である奇特頭巾《きどくずきん》で顔を覆い隠す女性がみられる。

天和年間（一六八一～八四）以降の江戸風俗を描いた浮世絵や絵本には被衣姿の女性はほとんどみられなくなり、被衣が江戸で用いられたのは寛文前後までであったと考えられる。被衣衰退の理由については、承応元年（一六五二）に増上寺で行なわれた徳川秀忠夫人崇源院の法会の際に、被衣をつけて女装した浪人が参詣人にまぎれて松平伊豆守を襲うという事件が起こり、それがきっかけとなって被衣の着用が禁止されたという俗説がある。この被衣禁止のいきさつについては、『古今沿革考[2]』（享保元年〈一七一六〉刊、柏崎永以著）、『貞丈雑記[3]』（天保十四年〈一八四三〉刊、伊勢貞丈著）、『神代餘波《かみよのなごり》[4]』（弘化四年〈一八四七〉自序、斉藤彦麿著）、『嬉遊笑覧《きゆうしようらん》[5]』（文化十三年〈一八一六〉自序、喜多村信節著）、『賤《しず》のをだ巻[6]』（享和二年〈一八〇二〉自序、森山孝盛著）、『卯花園漫録《うのはなえんまんろく》[7]』（江戸後期、石上宣續著）など、随筆類を中心にいくつかの書に取りあげ

図 1-2-2 『千代の友鶴』〔『新編稀書複製会叢書 34 絵本・雛形本』（臨川書店、1990 年）〕

られている。ただし、前述のように『江戸名所記』には被衣姿の女性が多く描かれており、実際に被衣が廃れたのは寛文から延宝（一六六一～八一）にかけてのことと考えられる。

被衣が行なわれなくなった天和から元禄ごろ（一六八一～一七〇四）にかけての江戸の絵師菱川師宣やその弟子の作品には、従来からの浅い円錐形の笠に加えて、新たに顔の周囲を細長くした真綿《まわた》で包む手細《てぼそ》または古今綿《こきんわた》と称される綿帽子や、振袖姿の若い女性には円形の編笠を二つ折りにした一文字笠がみられるようになる（図1‐2‐2）。綿帽子は、真綿を薄くのばして袋状に整えたものを古くから年配の女性が防寒用に用いていたが、手細は幅広い年齢層の女性が通常の外出に用いた。また同時期の西鶴の浮世草子には奇特頭巾を被る江戸の女性が登場する。

《上方》

江戸初期の元和・寛永年間（一六一五～四四）の風俗

を描いた『洛中洛外図』や『四条河原遊楽図』では、従者をともなう女性はみな被衣をつけ、ごく一部の女性はその上に浅い円錐形の笠を被る。また乗物に付き添う奉公人女性も被衣をしており、単独女性には被衣の者とかぶりものをつけない者がともに多くみられる。明暦四年（一六五八）刊の京都の地誌『京童《きょうわらべ》』[8]（中川喜雲著）や、ほぼ同じ時期に成立した『京童跡追《きょうわらべあとおい》』[9]（中川喜雲著、寛文七年〈一六六七〉刊）でも、従者をともなう女性はもっぱら被衣で、遠出の装いにのみ円錐形の編笠がみられる。寛文年間（一六六一～七三）に描かれた『四条河原遊楽図』では、供を連れる女性も単独女性もみな被衣である。

このように上方女性のかぶりものは寛文年間ごろまではもっぱら被衣であったと考えられるが、延宝年間（一六七三～八一）ごろから被衣は主に上流層の女性が着用するものとなり、流行の風俗として浅い笠や奇特頭巾《きどくずきん》が広く用いられるようになる。延宝八年（一六八〇）刊の仮名草子『杉楊子《すぎようじ》』[10]（野本道元作）には、若い女性が憧れる流行の服飾品として「きどく頭巾につゞらがさ」が挙げられ、延宝九年（一六八一）刊の仮名草子『都風俗鑑《みやこふうぞくかがみ》』[11]（作者未詳）には、都女の当世風俗の描写の中に「さて笠はなるほど浅き葛笠」とあり、挿絵には二種の浅い笠が描かれる。これに続く天和から元禄年間（一六八一～一七〇四）の西鶴の浮世草子の挿絵や、元禄ごろに制作された『嵐山・清水寺図』や『都鄙《とひ》図』などの風俗画では、供を連れる女性に被衣や浅い円錐形の笠（塗笠、葛笠、菅笠）、奇特頭巾、額際に細長いきれを当てる帽子がみられ、供のない女性の一部には円錐形の笠をつける例がある。

以上のように、江戸初期には前代以来の被衣が中心であったが、寛文・延宝・天和ごろから、江戸と上方のいずれにおいても、かぶりものの種類が多様化した様子がうかがわれる。

（2）かぶりものの意味――顔隠しの慣習の継承――

江戸前期の女性たちはなぜこのように外出時にかぶりものを着用したのだろうか。

第一節で増田美子氏が述べておられるように、わが国では平安時代前期から貴族女性は人前で顔を隠すことが礼儀とされ、鎌倉・室町時代には上・中流層の女性に外出時には顔を隠すという風習が広まった。このような顔を隠すことについての意識が江戸時代にも受け継がれたと考えられる。

ここでは、公家女性、武家女性、庶民女性にこのような意識がそれぞれどのように継承され、かぶりもの着用とどのように関わっていたかについて検討したい。

《公家女性》

後水尾天皇の第十六皇女で関白近衛基熙《もとひろ》の正室であった品宮《しなのみや》常子内親王の『无上法院殿御日記《むじょうほういんどのごにっき》』(12)は、江戸前期の公家女性の生活文化を伝える貴重な日記である。この日記には物見遊山や他家への訪問など、折々の外出の様子が記されている。

たとえば元禄三年（一六九〇）十月二十六日の日記には、嵯峨で紅葉狩りを楽しんだ様子が次のように記されている。

紅葉見にさがへ行。日出にこゝもとを出る。道すから遠山の紅葉色ゝに染、おもしろき風景とも也。

先天りう寺へ行、輿をたてさせ寺のうちの紅葉を見物す。さてさてみ事さみ事さ、しはらくなかめ、枝しよもうさせもたせて……

天竜寺境内では、邸から嵯峨への遠出用の乗物とは別の、わざわざ用意させた輿に乗って紅葉の美しさを愛でている。また、元禄六年（一六九三）七月二七日、青蓮院に招かれた品宮は、粟田天王社氏子連《あわたてんのうしゃうじこれん》の雨乞い成就を祝う踊りを「みすのうちよりけん物」した。

一方、貞享二年（一六八五）一月十六日の日記には、宮中における踏歌《とうか》の節会《せちえ》（正月の祝儀として舞妓が群集舞踏を行なう宮中の行事）を霊元天皇や嫁の一の宮（霊元天皇の皇女）とともに見物した際に、被衣をつけていたことが記されている。

女一の宮、我身も御所へまいり、小袖被衣にて始め終わりみなけん物す。上にも御忍びにて女房ニまきれ、被衣にて御らんゆへ、女中いつれも御ともして残らずみる。

品宮や一の宮だけでなく、天皇もお忍びのために被衣をして女房に紛れていたようである。女房の被衣については宝永七年（一七一〇）刊の浮世草子『野白内証鑑《やはくないしょうかがみ》』[13]（江島其磧作）に、御所の女房が知恩院への参詣の帰り道、「乗物よりおりて御所かづき目の下迄覆ひて」歌祭文《うたざいもん》（世俗事件を三味線の伴奏で語る大道芸能）を見物する様子が描写される。
このように公家女性は、宮中においても公の行事などで人前に出る際には被衣を着用し、外出する際には最上流の女性は常に乗物に乗って姿を見せず、女房たちは被衣で深く顔を覆い隠した。公家女性には顔を隠すという平安時代以来の風習がかなり厳格に受け継がれていたのである。

《武家女性》

江戸前期の世相風俗についての見聞を記した随筆『八十翁疇昔物語《はちじゅうおうむかしばなし》』[14]（享保十七または十八年〈一七三二または三三〉成立　新見正朝または財津種莢著）に、武家女性の外出姿について次のような記述がある。

むかしは小身二三百石、四五百石位の衆、奥方、母儀、息女、遠方は不レ及申に。近所へも、歩行にてありく事なし。皆乗物なり。……神社仏閣詣、野遊山にも、先にて乗物より下り、歩行の時は、ふく面、かぶり物して、眼ばかり出し候故、御旗本の奥方、息女等の顔見る事なし。息女は、七才以後は人にまみえず。召仕も、腰元位までは、覆面して、又は綿にてかほをかくし、明暦の比《ころ》迄は、針めう、腰元、かつぎ（被衣・筆者註）いたゞきてありきし。万治の比、江戸中かつぎ止む。

小身の旗本の妻や娘は必ず乗物で外出し、乗物から降りる場合には覆面頭巾などのかぶりものをつけて顔を覆い隠したことや、針妙《しんみょう》・腰元などの上級の奉公人女性も明暦（一六五五～五八）ごろまでは外出時に被衣をつけ、被衣衰退後は覆面頭巾や綿帽子などで顔を隠したことが伝えられる。また、天和二年（一六八二）成立の江戸の地誌『紫《むらさき》の一本《ひともと》』(15)（戸田茂睡著）には、市谷八幡の祭を紹介する記述の中に次のような一節がある。

見物の桟敷《さじき》、みな旗本衆より打ち、御内儀、嫁子、娘子はみな乗物から直《ただ》に御簾《みす》の中へ入らるれば知らず。

旗本の妻や娘は桟敷の中から祭りを見物し、姿をみせることはなかったのである。武家社会においても女性は人前に顔や姿をみせるべきではないという意識が浸透し、徒歩での外出の際にはかぶりもので顔を隠すという慣習が定着していたことがわかる。室町時代に武家女性の躾や身だしなみに関する教育が公家文化の影響を受けて発展する中で、人前で顔をあらわにすることを恥とする意識が武家女性にも徐々に浸透し、江戸時代にも継承されたと考えられる。

一方、江戸時代前期には儒教にもとづく新たな女子教育思想が中国から移入され、仏教思想を色濃く反映した江戸初期の教訓書に代わって、明暦（一六五五〜五八）ごろから儒教的男女観にもとづくさまざまな教訓書が上流女性を対象に刊行された。これらの書には、男性の前に姿をあらわすことを戒める教えがしばしばみられる。たとえば、「女孝経《おんなこうきょう》」「女論語《おんなろんご》」など中国の四つの女訓書の大意を和訳した辻原元甫著『女四書《おんなししょ》』(16)（明暦二年〈一六五六〉刊）には、「女論語」の次のような教えが紹介される。

立身といふは。……我身の行儀さほうを、正しくおさむる事、肝要也。……おとこのゐる座に、うちまじはるべからす、つねに。おくふかき所、女のすむべきところにのみ、ありて。中門よりほかへ、いづべからず。もし、いてずしてかなはざる事あらば。わがすがたをかくしゆくべし。

また板本『女郎花物語《おみなえしものがたり》』(17)(万治四年〈一六六一〉刊 北村季吟著か)では、ある姫君の姿を垣間見た若い殿上人がその姿に憧れて歌をおくったという例をあげて、「女ハ、いかにも、おくふかくありて。かろくしく、人にミゆまじき也」と戒めている。女子の儒教倫理的な啓蒙を目指す『女五経《おんなごきょう》』(18)(寛文十一年〈一六七一〉刊、小亀益英著)でも、

まことに、道をまもる女ハ、かりそめにも、おとこのかたに、目をかけず、もし、人きたれバ、はしちかく、いても、おくに、かくれ、男に、あはぬやうに、するこそ、めやすけれ

と説いている。人前に、特に男性の前に姿をみせないことを武家女性の重要な規範とすることは、新たな儒教思想の導入によって、より明確に意識されるようになったのではないだろうか。

《庶民女性》

江戸後期に執筆された山東京伝の考証随筆『骨董集《こっとうしゅう》』(19)（文化十二年〈一八一五〉自序）「女の編笠、塗笠」の項に、前期の江戸の庶民女性のかぶりものについて、次のような記述がある。

近古《ちかきむかし》も、女は面《おもて》をあらはすを耻《はぢ》とし、道を行に深き笠を戴き、又は覆面などしたり。賤《しづ》の女も面をあらはにして歩行《ありきし》はまれなり。寛文の比《ころ》までは、女の編笠塗笠いと深くて、少しも面をあらはす事なし。寛文二年の印本〔江戸名所記〕などの絵を見ても、考へおもふべし。〔独語〕に云、江戸の婦女、外に出るに昔はきまゝとて、黒き絹にて頭面《づめん》をつゝみ、目ばかりをあらはしけるが、其後綿《わた》にて頭面をつゝみしは、宝永のころまでしかなりき」といへり。〔礼〕の内則《だいそくに》、女子《ぢょし》出《いずるとき》レ門《もんを》必《かならず》擁二蔽《ようへいす》其《その》面《をもてを》一」といへるに、おのづからかなへり。

ここでは、江戸前期には顔をあらわにすることを恥とする意識が庶民女性にも浸透し、笠や奇特頭巾、手細などのかぶりもので顔を隠していたことを、前出の『江戸名所記』や江戸中期の儒学者、太宰春台（一六八〇～一七四七）の随筆『独語《どくご》』を引用しながら述べており、顔を隠すことが『礼記』に記される儒教の教えの影響によることを示唆している。

平安時代以来の顔隠しの風習は、江戸時代前期には庶民層にも女性の嗜《たしな》み・規範として広く定着し、かぶりものは外出時の女性の装いに欠かせないものとなっていたのである。

（3）「隠す」ことをめぐる意識の多様化

ここまでに見てきたように、顔をあらわにすることを恥とする伝統的な意識を背景に、江戸時代前期には公家・武家女性から庶民女性にいたるまで、徒歩での外出時にかぶりものを被ることが慣習となっていた。しかし文学作品の服飾描写や同時期の女性用教養書などの記述からは、伝統的な慣習や規範意識にはとどまらない「隠す」ことをめぐる多様な意識が浮かび上がってくる。ここではそのような意識について、江戸前期を代表する作家井原西鶴の作品を中心に検討してゆきたい。

《上流層への憧れ》

元禄五年（一六九二）刊の『女重宝記』(20)（苗村丈伯著）には、かぶりものによって顔を隠す姿がどのような印象を与えるものであったかをうかがわせる記述がある。この書は、主に武家女性や中流以上の町人女性を対象に著わされた教養書である。

われより上《かみ》ざまの人の心ばへ・風俗を見ならひ給ふべし。……都風といふは御所の上代風・上京の町風、さげ髪・打掛のはづれ〳〵みへて、こし・のり物の内もゆかしく、伽羅《きゃら》のかほりのほの〴〵とかづき・ぬり笠の下もなまめかしきを、女中はよく〳〵まねび給ふべし。

ここでは古典的な御所風と御所風の影響を受けた裕福な上京の町風を理想的な「都風」の風俗として

取り上げ、公家女性や上京の上層町人女性が乗物に乗って姿を隠す「ゆかし」い姿や、あるいは被衣や塗笠で顔を隠す「なまめかしき」姿を見習うようにと述べている。かぶりものによって顔を隠す伝統的な姿は、上流層の女性を象徴する上品な印象の優美な姿ととらえられていたことがわかる。

なかでも被衣が御所風と結びついていたことは、西鶴作品にでてくる被衣のほとんどが「御所かづき」（『好色五人女』[21] 巻三、『嵐無常物語《あらしむじょうものがたり》』[22] 巻下、『本朝桜陰比事《ほんちょうおういんひじ》』[23] 巻五、『西鶴置土産《さいかくおきみやげ》』[24] 巻四、『西鶴俗つれぐ』[25] 巻四）であることからもうかがわれる。御所被衣には「御所染の被衣」という意味と「御所風の被衣」という意味があったと考えられる。前者については、西鶴の『好色盛衰記《こうしょくせいすいき》』[26]（貞享五年〈一六八八〉刊）巻四に「御所染のかづき」という例がある。御所染がどのようなものであったかを考える上で、『西鶴俗つれぐ』巻四（元禄八年〈一六九五〉刊）「御所染の袖色ふかし」にでてくる美しい娘の服飾が参考になる。娘の上品な薄玉子色の小袖の文様は、「肩より壱尺程あを〱と御簾《みす》のもやう、唐織の縁、くれな井の房をさげ、さりとは〱至りたる物ずき、すそはみだれ萩まことの男鹿も是にはこかれ鳴くへき」と描写される。御簾と萩をとり合わせた文様は王朝風の雅びを表現したもので、[27] 表題の「御所染」は公家文化を連想させるこの文様の主題を指していると考えられる。また享保年間（一七一六〜三六）に書かれた『万金《ばんきん》産業袋《すぎわいぶくろ》』[28]（三宅也来著）には、御所染について「地しろにて惣地《そうじ》はな色がたにてり柿、黒かき、もへきなどの小色を所々にいれ染る。ひがきに菊・竜田川等の形」という説明がある。これらの記述から、色については具体的に限定することはできないものの、御所染の被衣とは公家文化の伝統を背景とした多彩で品格ある意匠をあらわすものであったと考えられる。一方、御所風の被衣とは、王朝風の上品な印象を与える被衣姿という意味であろう。当時の上方の富裕な町人女性にとって、公家風の雅びな雰囲気の装いや立ち居振る舞いはひとつの憧れであったと考えられる。(29) 被衣にはそのような伝統的な王朝文化への憧れの気持ちが託されていたのではないだろうか。

ここで、西鶴の『好色五人女』（貞享三年〈一六八六〉刊）巻三にでてくる「御所かづき」をとりあげてみたい。この巻の冒頭の「姿の関守」には、藤見帰りの京の人々の中でとくに目立ったという美しい五人の女性が登場する。この五人の描写については、すでに小池三枝氏が『服飾の表情』(30) の中で詳細に考察され、服飾の趣向によってそれぞれの女性の生き方のタイプが描き分けられていることを指摘されている。この小池氏の論考に依りながら五人の女性の服飾描写を見てゆくと、かぶりものについての細かい記述も人物表現において重要な役割を果たしていることに気づかされる。五人の女性の中で被衣をつけて描かれるのは、大勢の供を連れる三十四、五歳の年増の上層町人女性である。

年の程三十四五と見えて、首筋立のび、目のはりりんとして、額のはへぎは自然とうるはしく、鼻おもふにはすこし高けれども、それも堪忍比《かんにんごろ》なり。下に白ぬめのひつかへし、中に浅黄《あさぎ》ぬめのひつかへし、上に椛《かば》つめのひつかへしに、本絵にかゝせて、左の袖に吉田の法師が面影、ひとり燈《ともしび》のもとにふるき文《ふみ》など見てのもんだん、さりとは子細《しさい》らしき物好《ものごのみ》、帯は敷瓦《しきがはら》の折びろうど、御所《ごしよ》かづきの取まはし、薄色の絹足袋、三筋緒《みすじお》の雪踏《せつだ》、音もせずありきて、わざとならぬ腰のすわり、……

この女性は、絖《ぬめ》の引返し（小袖の表と裏を同じきれを使って仕立てたもの）という贅沢な仕立ての小袖を三枚重ね、その上に被衣を格好良く着こなしている。一番上の小袖には、『徒然草』を綴る兼好法師の姿を描絵であらわしている。(31)

この描絵小袖は、小池氏が「分知り風のもっともらしい趣向の文様」と指摘されているように、一般的な贅沢さとは異なるひねった趣向の意匠である。描絵小袖は元禄前後から好まれるようになったが、西鶴作品ではほかに遊女の装いに出てくるなど、かなり趣味的な装いであったと考えられる。御所風の品のある被衣姿の下にこのような描絵小袖が見え隠れするとき、この女性の装いは一見上品そうではあるけれども何か訳のありそうな、一筋縄ではいかない女性像を演出することになったと考えられる。

《顔をあらわす女性たち》

西鶴の『好色五人女』巻三「姿の関守」には、かぶりものをつけつつも顔をあらわにする女性も登場する。

廿七八の女、さりとは花車《きやしや》に仕出し、三つ重たる小袖、皆くろはぶたへに、裾取《すそとり》の紅《もみ》うら、金のかくし紋、帯は唐織寄嶋《よりしま》の大幅前にむすびて、髪はなげ嶋田に平髷《ひらもとゆひ》かけて、対《つい》のさし櫛、はきかけの置手拭、吉弥笠に四つかはりのくけ紐をつけて、皃《かほ》自慢にあさくかづき、ぬきあし、中びねりのありきすがた……

裾廻りに紅裏をつけた黒羽二重小袖の三枚重ねや、大幅の帯を前で結ぶ風俗、櫛を二枚さすことなどは遊女の装いを真似たものであり、投げ島田は、遊女から始まり、この作品の書かれた貞享ごろには一般女性にも流行した髪形である。歩き方も遊女のそれを模したものであろう。かぶりものは頭上に手拭を垂らし、その上に吉弥笠《きちやがさ》を被るが、これは寛文延宝期に人気を誇った歌舞伎の女形、上村吉弥の工夫による笠と考えられる。この笠を、顔の美しさを自慢しようとあえて顔があらわになるよう浅く被っている。この女性の装いに見られるような遊女や歌舞伎の女形の風を真似た風俗が当時の流行であったことは、『女重宝記』や西鶴の作品などに伝えられる。

○近年は人の嫁子もおとなしからずして、遊女かぶき者のなりさまを移し、……居腰蹴出《すへこしけだ》しの道中……（井原西鶴『好色一代女』[32]貞享三年〈一六八六〉刊）

○今時の女、見るを見まねに、よき色姿に風俗をうつしける。都の呉服棚の奥さまといはるゝ程の人、皆遊女に取違へる仕出しなり。又手代あがりの内儀は、おしなべて風呂屋ものに生移《いきうつ》し、それより横町の仕たて物屋・縫はく屋の女房は、其まゝ茶屋者の風義にて、それぐに身躰ほどの色を作りておかし。（井原西鶴『世間胸算用』[33]元禄五年〈一六九二〉刊）

○都のふうぞく、上人はかくべつ、中より下は衣装のそめやう・とりなり・帯のむすびやうまで、時行風《はやりふう》といふはみな歌舞伎の女がた風をまなびて極て破手《はで》なり。よき人の艶にやさしき風にあらず。

此風は下女・はしたの風にて、よき人はこれをあざけりあさみてかりにもまねばず。(『女重宝記』)

遊女風の流行については、一般女性が直接遊女の姿を目にする機会は限られていたと考えられるが、女形が演じる舞台上の遊女の姿を通して多くの女性がその風俗に憧れたのではないだろうか。遊女や歌舞伎役者は容姿の美しさを人に見せることを職業とする。そのような人々の風俗の模倣は、女性が自らの存在を積極的に表現しようとする意識の表われであり、顔をあらわにし容姿を誇示しようとすることも同様の意識によるものだったのではないだろうか。現世を享楽的な「浮世」として認識し、精神の自由の確保を求める前期上方町人の世界観を背景に、このような女性の意識が育まれ広がりつつあったと考えられる。

前出の仮名草子『都風俗鑑』でも、被衣は本来「顔形を隠さん物」であるにもかかわらず、被衣を被りながらも「顔晴れやかにして顕《あらは》」な都女の姿を取り上げ、顔を深く隠す女性は「上臈らしく心にくゝ」見えるが、実際には器量の悪い女性でなければ顔を隠すことはない、としている。かぶりものをつけながらも顔をあらわにして自己表現を試みることは、当世風の庶民女性から始まり、上流層にも及びつつあったのである。

《奇特頭巾《きどくずきん》》

次に覆面頭巾の一種である奇特頭巾に、「隠す」ことをめぐるどのような意識が託されていたのかについて考えてみたい。

この頭巾についてはすでに青木もゆる氏が、『江戸時代の頭巾に関する一考察――覆面頭巾について』[34]の中で、顔を隠すものである一方で美的な装いでもある被衣の性格を受け継いだ奇特頭巾は、隠すと同時に「伊達な装いとして美的表現の一端を担うという両面性」をもつ服飾品であることを指摘され、この頭巾を身につけた女性の姿に「奥ゆかしさをともなう美」が見いだされていたと述べておられる。ここでは青木氏の論考をふまえながら、西鶴作品に出てくる奇特頭巾の多くの例が武家屋敷に奉公する女性である点に注目し、奇特頭巾のもつ独自の表現について考えてみたい。

『好色一代男』[35]（天和二年〈一六八二〉刊）巻四「替つた物は男傾城」は、さる大名家の奥方に仕える茶の間女（腰元と下女との中間の奉公人）が主人の使いで外出した際に密かに浄瑠璃芝居を見物し、そこで主人公世之介を誘惑する話である。芝居小屋の観客席を描いた挿絵（図1―2―3）には、奇特頭巾で顔を覆った茶の間女と扇で口元を隠す世之介が視線を交し合う様子が描かれる。茶の間女は目だけをあらわにしているがゆえに、その視線のもつ魅力が強調されているようである。また『好色一代女』巻四「屋敷琢渋皮《やしきみがきのしぶかわ》」では、武家屋敷に茶の間女として奉公する主人公が、薮入りに男との逢瀬を楽しみに外出する際の装いに奇特頭巾がみられる。


黄無垢《むく》の紋嶋をひとつ前にかさね、紺地の今織後帯、それがうへをことりましに（取り回しよく：筆者註）、紫の抱帯《かかへおび》して、髪は引下て匕髻結《はねもとゆひ》を掛、額際《ひたひぎは》を火塔《くはとう》に取て置墨こく、きどく頭巾より目斗《ばかり》あらはし……

ふだんの粗末な服装とは異なり、髪形や化粧にも流行を取り入れた洒落た装いである。挿絵では、黒い奇特頭巾で顔を覆い中間を供に連れたこの女性を、四人の通行人男性がふりかえって眺めている。また『色里三所《いろざとみところ》世帯《せたい》』(36)（貞享五年〈一六八八〉刊）下巻「恋に隙あり女奉公」の浅草雷門前の街頭風景の挿絵には、黒い奇特頭巾を被り派手な模様の小袖を着た三人の女性と、その女性たちに関心を向ける男性たちが描かれる。この女性たちは、本文にある「やしきさがりのまれ女」（武家奉公の稀に見る美女）であろう。

図 1-2-3　『好色一代男』〔『日本古典文学大系 47』（岩波書店、1957 年）〕

　このような武家奉公女性に特徴的にみられる奇特頭巾姿は、被衣や綿帽子、笠などのかぶりものと比べてやや異彩をはなっている。武家奉公人として顔をあらわにすべきでないという規範を守るためにはもっとも適したかぶりものといえるが、装いを凝らした武家奉公女性の奇特頭巾姿は、隠すことによってかえって人目に立ち男性の視線をひきつけているのである。このような両面性が、被り手である奉公人女性の両面性──主人に従う奉公人としての生活と奉公先を離れた際の奔放な行動──と重なり合い、奇特頭巾は一種の怪しげな魅力を表現するものとなったのではないだろうか。

江戸前期にはかぶりものをつけて外出することが一般的な慣習として定着していたが、どのような意識でどのようにかぶりものをつけるかについては、被り手によってさまざまな様相を呈していたのである。

二　江戸時代中期から後期のかぶりもの

(1) 帽子の流行

江戸中期には、従来のかぶりものに加えて、上方、江戸いずれにおいてもきれで作った帽子が流行風俗としてあらわれ、単独で、あるいは笠の下に着用されるようになる。はじめに細長いきれを額から顔の両脇に垂らす帽子が用いられ、次いで輪状のきれを二つ折りにして額にかける帽子が流行した。いずれも「帽子」と称されることが多いが、享保十四年（一七二九）刊の女性用教養書『女蒙牛艶詞《おんなもうぎゅうやさことば》』[37]（広沢嘉兵衛著）の「帽子被綿《かづきわた》の図」では、前者を「ひらりほうし・とんびほうし」、後者を「あけほうし・京ほうし」と紹介する。『近世女風俗考』[38]（生川春明著　天保六年〈一八三五〉刊）、『守貞漫稿』[39]（喜多川守貞著　嘉永六年〈一八五三〉概略）などによると、後者は「輪《わ》帽子」「びらり帽子」とも称された。本稿では、

図 1-2-4　『江戸風俗図巻』（享保 5、6 年）より模写

図 1-2-5　西川祐信画「きのこ狩図」より模写

前者を「ひらり帽子」、後者を「輪帽子」と呼ぶこととする。

ひらり帽子が武家女性や町人女性に好まれるようになったのは、上方、江戸ともに元禄（一六八八〜一七〇四）末ごろからである。上方では享保（一七一六〜三六）半ばごろからこれに代わって輪帽子が流行した。江戸では元文（一七三六〜四一）ごろから輪帽子が流行するとともに、寛延（一七四八〜五一）ごろまではひらり帽子も用いられた。

これらの流行は、当世風俗を取り上げた浮世絵などの絵画作品、絵本、八文字屋本（浮世草子）などにあらわされている。たとえば正徳から享保（一七一一〜三六）年間の制作と推定される「婦女遊楽図屏風」（作者不詳・麻布美術工芸館旧蔵）では、清水寺の花見に興じる女性たちの華やかな装いに、被衣や笠とともに縞や格子や円形模様を表わした赤や紫のひらり帽子がみられる。また、享保ごろの上野と浅草の風俗を描いた『江戸風俗図巻』（享保五、六年〈一七二〇、二一〉制作）では、留袖の女性が笠や綿帽子をつけるのに対し、複数の供を連れる上流層の若い娘が赤や紫のひらり帽子をつけている（図1―2―4）。浮世絵美人画では、元禄末ごろの鳥居清信の作品で、当時流行の反古染《ほうぐぞめ》模様の振袖にひらり帽子を被る品のある女性の姿を描いた「立美人図」や、西村重長が種々の階層の女性と四季の花を組み合わせて描いた享保半ばころの揃い物の一枚に、赤いひらり帽子を被る武家奉公人を描いた「春花見おやしき風」がある。

輪帽子については、中期の上方を代表する浮世絵師西川祐信《すけのぶ》の享保・元文ごろの肉筆画で、供を連れて郊外の行楽を楽しむ女性を主題とした作品に、紫や白の輪帽子をつけている姿が描かれている（「きのこ狩り図」図1―2―5、「四季風俗図巻　田園行楽」「行楽図」など）。元文から寛保（一七三六〜四四）ごろの制作とされる川又常正筆「八坂社頭図屏風」には、京都の八坂神社で供を連れて花見を楽しむ多くの女性が描かれており、一部の女性が被衣をするほかはいずれも輪帽子をつけ、そのうち約半数が笠を被る。帽子の色は少数が薄い赤で残りは白である。また延享年間（一七四四〜四八）以前の作とされる江戸の絵師古山師政《ふるやまもろまさ》の「見立絵巻」には、一粒鹿の子を表わした萌黄地輪帽子の女性と白地紅裏の輪帽子をつけた娘の二人連れが描かれる。これらの絵画作品からは、華やかな色や模様の装飾的な帽子が、女性たちの装いに華麗さを添えている様子がうかがわれる。

それでは江戸中期にあらわれたこれらの帽子は、どのような意味をもっていたのだろうか。

前出の『女蒙牛艶詞』「帽子被綿の図」の冒頭に次のような記述がある。

女のかたちハ人にしのひてあらハにみられさるやうにせんとする也。故にかつきといふものを用ゆる。并《ならび》に帽子綿ほうしも是にるいする事也。

この記述から、帽子も女性は人前では顔をあらわにしないという風習の延長線上にあらわれたものであったことがわかる。その一方で享保十八年（一七三三）刊の浮世草子『那智御山手管滝《なちみやまてくだのたき》』(40)では、藤見帰りの贅を尽した装いの十三、四歳の娘の帽子が「当世の美人帽子紫の色ふかく」と描かれている。また元文二年（一七三七）刊の浮世草子『刈萱二面鏡《かるかやにめんかがみ》』(41)では、八坂神社の花見に集う人々の描写に次のような一節がある。

洛中洛外の貴賤。袖をつらねて花見の遊興。浅黄ぼうしの色ふかく。当世風の染小袖。人の女房小娘まで。田舎にはまれ成風俗。……世を遁《のが》れたるばゝ様の妙閑も。花の帽子に昔の俤《おもかげ》を残し。

これらの描写から、帽子は顔を隠すものであると同時に、それを身につける女性を美しく見せるという美的効果が重視されていた様子がうかがわれる。

すなわち、他のかぶりものにはない帽子の特徴のひとつとして、被り手の顔や体の動きにつれてともに揺れ動くということがある。顔を隠すという点からは不都合と思われるこのような帽子が流行したことは、前述したような、かぶりもの着用の慣習に則りつつも顔をあらわにして自己表現しようとする女性が増えたことと表裏の関係にあったのではないだろうか。また、帽子の動きにともなって顔があらわになったり隠れたりすることは、見る人の注意をひき、女性の顔の表情や動きをより豊かに美しく見せる上で大変効果的であったと考えられる。帽子を被る女性たちは、思い思いに顔を見せたり隠したりしながら、自らの美しさを表現したのではないだろうか。

（２）歌舞伎女形の帽子

ここまで見てきた帽子の流行は、歌舞伎の女形が用いた帽子の影響が背景にあると考えられる。帽子はもともと、女形が月代《さかやき》を剃った野郎頭《やろうあたま》をかくすために用いたもので、『古今役者大全』[42]（寛延三年〈一七五〇〉刊）巻之四や『役者全書』[43]（安永三年〈一七七四〉刊　八文字屋自笑編）巻三では、鳥居庄七という女形が「びらりとさげ」た帽子を用いたことに始まるとしている。延宝年間（一六七三～八一）にはかつらが用いられるようになるものの、生え際が不自然であったことから、その後もかつらをつけた上に帽子を掛けることが一般的であった。延宝年間以降の役者絵、絵入狂言本、役者評判記の挿絵などをみると、ほとんどの女形が、月代部分を丸く覆う一定の形の帽子をつけている。この帽子は野郎帽子と呼ばれ、紫が多かったようである。

一般的な野郎帽子のほかに、役者個人が独自に工夫を凝らした帽子を用いることもあった。『役者全書』巻三には、元禄歌舞伎を代表する上方出身の女形荻野沢之丞（一六五六～一七〇四）、水木辰之助（一六七三～一七四五）、芳沢あやめ（一六七三～一七二九）と、享保年間（一七一六～三六）を中心に活躍した初代瀬川菊之丞の工夫した帽子が次のように紹介される。

○沢之丞帽子　元禄の始、沢之丞といふ女形かつき始たり。左右に鉛のおもりを付たるよし。よつておもりぼうしともいふ。
○水木帽子　是、水木辰之介はじむ。其比専はやりし也。
○菖蒲《あやめ》帽子　元祖よし沢あやめよりはじむ。
○瀬川帽子　先瀬川菊之丞、享保十九寅年中村座にて、生肝《いきぎも》の狂言の節、屋敷女中の風俗にて切落しより出し時はじめてかぶれり。其比より専《もつぱら》はやる。大坂町にて是を製す。今にあり。

このうち沢之丞帽子、水木帽子、瀬川帽子は一般女性にも広まったことが知られている。沢之丞帽子については随筆『筠庭雑考《いんていざつこう》』(44)（喜多村筠庭著、天保十四年〈一八四三〉序）に、「ばうしの左右に鉛を入れて、下にさがる様にしたり。……ひらりばうしのかへりやすければしそめたるなり」と説明があり、ひらり帽子に工夫を加えたものであることがわかる。江戸の俳諧師其角《きかく》の『類柑子《るいこうじ》』(45)（宝永四年〈一七〇七〉刊）には、奉公人女性の薮入り《やぶい》に関わる句や文章とともに「沢之丞か帽子は菊宴の紫に匂ひて、二度のやぶいりをかさらすといふ事なし」とあり、江戸における紫の沢之丞帽子の流行がうかがわれる。奉公人女性が薮入りの際にできるかぎりの装いを凝らしたことは浮世草子にもしばしば描写される。

沢之丞は元禄三年（一六九〇）に京都で名声を得て元禄五年（一六九二）以降は主に江戸で活躍した役

者である。ひらり帽子が一般女性に用いられるようになったのは元禄末ごろであるが、すでに元禄四年（一六九一）に京の都万太夫座で上演された『かしまのかなめ石』の絵入狂言本(46)に、ひらり帽子をつけた娘おそめ役の荻野左馬之丞（改名前の荻野沢之丞）が描かれている。沢之丞がひらり帽子におもりを入れるという工夫をし、紫を主に用いるようになったのは、江戸に下って元禄六年に改名して以降のことかと考えられるが、江戸ではこのような沢之丞の舞台姿がきっかけとなり、ひらり帽子が女性のかぶりものとして大いに流行したのではないかと推察される。

水木帽子については、元禄十二年（一六九九）に京の早雲座で上演された『冨貴大王』の絵入狂言本(47)の挿絵に、浅い塗笠の下にひらり帽子をつけた酒屋おきく役の辰之助が描かれており、水木帽子もひらり帽子の一種であった可能性が考えられる。色や模様などに何らかの特徴があったのかもしれない。水木辰之助は元禄二年（一六八九）から宝永元年（一七〇四）にかけて主に京都で活躍した役者である。水木帽子の流行は、上方でのひらり帽子流行の拡大に大きな影響を与えたのではないだろうか。

瀬川帽子は、『役者全書』によると、初代瀬川菊之丞が享保十九年（一七三四）、江戸中村座の「十八公《じゅうはちこう》時勢《いまよう》曽我《そが》」で屋敷女中の扮装に初めて用いたもので、この舞台をきっかけに一般女性にも用いられるようになり、その後しばらくその流行が続いたという。菊之丞は享保七年（一七二二）ごろから京で一、二を争う人気を得て、同十五年江戸に下り、寛延元年（一七四八）まで活躍した。

江戸における菊之丞の人気を背景とした瀬川帽子の流行ぶりは、当時の江戸の風俗を伝えるいくつかの随筆にも取りあげられている。たとえば、随筆『塵塚談《ちりづかばなし》』(48)（小川顕道著、文化十一年〈一八一四〉筆）には「綿帽子売の事、我等若年の頃は、瀬川帽子、船わた帽子、其外流行の帽子を売歩行ける」と記されている。著者の小川顕道は元文二年（一七三七）生まれで、ここで言う若年のころとは延享（一七四四〜四七）から宝暦（一七五一〜六四）半ばごろであろうか。また元文（一七三六〜一七四一）から延享ごろにかけての江戸市中の風俗を記した『寛保延享江府風俗志《かんぽうえんきょうこうふふうぞくし》』[49]（著者未詳　寛政四年〈一七九二〉奥書）には、「瀬川帽子抔《など》より出て、染模様も役者をまね、佐野川市松市松小紋、…市村亀蔵小紋……」と記され、寛保（一七四一〜四四）年間から流行した市松模様や亀蔵小紋などの歌舞伎から発生した流行の先駆けとして瀬川帽子をあげている。初代菊之丞の「十八公時勢曽我《じゅうはちこういまようそが》」の舞台姿を描いた役者絵や、この狂言を取りあげた評判記『享保十九年江戸・大坂評判記』には帽子は描かれていないが、江戸の女性の間で輪帽子が流行したのが元文年間ごろからであることを考えると、瀬川帽子は輪帽子に相当するものであったと考えられる。

前述したように、輪帽子は上方ではすでに享保半ばごろから広く用いられていた。これを上方から江戸に下った菊之丞が舞台に取り上げたことによってその流行が江戸に伝わり、江戸では瀬川帽子として流行することになったのではないだろうか。上方における輪帽子流行の発端については明らかではないが、一般女性に輪帽子が広がる少し前から舞台上で輪帽子を用いる女形があらわれている[50]ことから、その影響によるものではないかと考えられる。

額際の不自然さを隠す女形の帽子は、舞台上で男性である役者が女性へと変身するために有効な服飾品であった。その中でも顔の両脇にさがる形状のひらり帽子や輪帽子は、役者の身のこなしに応じて揺れ動き、役者の魅力を効果的に演出したのではないだろうか。明和八年（一七七一）刊の『役者名物袖日記』[51]は、初代菊之丞の始めた帽子について「面色《めんしょく》を一《ト》しほうるハしくミせる拵《こしらへ》なり」としている。帽子をつける女形の姿に舞台や役者絵を通して憧れた女性たちは、さまざまな魅力的な表情を作り出す役者の帽子と同様の美的表現効果を求めて、ひらり帽子や輪帽子を身につけたのではないだろうか。

ここまでみてきたように、歌舞伎の女形が女性の美しさを演ずる工夫として用いた帽子の影響をうけて、一般女性の服飾にも帽子の流行が拡大していった。このような帽子の流行は、人前で顔をあらわにすべきではないという意識が、前期までに比べてかなり後退してきたことを物語っているのではないだろうか。

（3）かぶりものの衰退

江戸中期には、かぶりものの流行に新たな様相がみられる一方で、かぶりものをつける習慣そのものにも変化があらわれる。かぶりものを被らず、顔をあらわにして外出する女性がしだいに増えてゆくのである。このような変化は江戸から始まった。

江戸時代の随筆には、十八世紀半ば以降の江戸の風俗全体の変化を伝える記述がしばしばみられる。たとえば太宰春台（一六八〇〜一七四七）が晩年に著わしたとされる随筆『独語《どくご》』[52]には次のような記述がある。

江戸の婦女の外に出づるに、……今はちひさき綿を頭上にいたゞきたるのみにて、面をば打ちさらし、はれやかなる顔にて道を往くさま、おもはゆげにも見えず。男は面をあらはすべきものなるに、此の頃は、あみがさの肩の上まで、か〻るをかぶるはめづらしからず。冑の如くなる帽子をかぶりて面をかくすもあり、常の頭巾に覆面の如くなる物をつくり付けて、目ばかりをあらはして道をゆくもあり、昔の女の如し。人目をしのぶ者の多くなりたるにや。また此の比《ごろ》の男は、小袖の裏を紅にし、或は紅のはだ著を袖口ながにして、腕を纏ふばかりにひらめかす者多く見ゆ。女はかへりて縹《はなだ》の白き裏などきるめり。此等は男女所を易《か》ふと云ふべし。

ここには執筆時の風俗として、女性が恥ずかしそうなそぶりも見せず晴れ晴れと顔をあらわにして外出するようになったのに対して、男性は昔の女性のように顔を隠すようになったことが伝えられている。また、このような顔を隠すことについての変化とともに、男性の小袖に紅裏が好まれ、女性には落ち着いた色目が好まれるなど、従来の男女の衣服の好みが入れ替わっていると述べられている。このような風俗の変化は江戸町人の間に生まれた好みであった(53)。

女性のかぶりものの衰退については、随筆『反古染《ほうぐぞめ》』(54)(越智為久著、江戸後期)のかぶりものの変遷を伝える記事にも、「元文の頃迄は、女のかぶり物なしに出ありく事なかりしに、いつとなくかぶり物は止む」とあり、随筆『賤のをだ巻』(森山孝盛著、享和二年〈一八〇二〉序)には、青紙張りの日傘が流行しはじめた宝暦年間(一七五一〜六四)ごろから女性の笠や帽子が廃れはじめ、執筆時にはこれらを着用する女性はみられなくなったと記されている。

図 1-2-6　『絵本続江戸土産下』「堺町芝居」〔『新編稀書複製会叢書 36　絵本・雛形本』（臨川書店、1991 年）〕

このようなかぶりものの衰退は、江戸市中の風俗を描いた絵画資料からもうかがわれる。前出の享保五・六年（一七二〇・二一）制作と推定される『江戸風俗図巻』には、従者をともなう女性が約三十人描かれ、そのうちかぶりものをつけない女性が七人、その他は手細、笠、ひらり帽子をつける。従者をともなわない女性はいずれもかぶりものを被っていない。また江戸市中の名所を取り上げた宝暦三年（一七五三）刊『絵本江戸土産』[55]（西村重長画）にもほぼ同様の様相がみられるが、明和五年（一七六八）刊の鈴木春信画『絵本続江戸土産』[56]ではかぶりものを着用しない女性が増えている（図1–2–6）。

また明和年間（一七六四～一七七二）の春信の美人画では、外出姿の女性のほとんどはかぶりものをつけておらず、武家女性や上流層の町人と思われる女性の一部に輪帽子がみられるのみである。この輪帽子はすべて白であること、また顔の両脇に垂らすのではなく、十八世紀半ばごろから横に張り出し始めた鬢《びん》の上に載せるようにつけ、顔をほとんど覆っていないことが注目される。

安永年間（一七七二〜八〇）になると、武家女性や上層町人女性以外はかぶりものをつけず、顔をあらわにする姿が一般的となる様子が、浮世絵美人画や絵本からうかがわれる。武家女性と上層町人女性には、後述するように頭の上に載せて髪のみを覆うかぶりものが広く用いられるようになるが、これらのかぶりものも顔を隠すものではなかった。なお宝暦（一七五一〜六四）年間に、歌舞伎の女形中村富十郎が防寒用に考案した袖型の大明頭巾《だいみんずきん》が若い女性を中心に流行し、その後もお高祖《こそ》頭巾と呼ばれて明治時代まで続くが、この頭巾も一部の女性が用いるのみにとどまるものであった。

上方においても江戸より少し遅れて顔を隠すという習慣に変化が見られるようになる。随筆『翁草《おきなぐさ》』(57)（神沢貞幹著　安永ごろの成立）には安永ごろの「京大坂の風俗」について次のように記される。

> 京は男女の風俗段々と野《いや》しく成り、……近頃に至ては羽織を着たる婦人多く、衣服も模様は廃《すたり》て、無地の結構を好、紅裏抔は当時着る事稀《まれ》なり。男子は髪を太たぶさにして髻《つと》を出し、少壮《わか》き輩は大方紅裏なり、女は顔をあらはにし、男は眼計《めばか》り出る頭巾を着て顔を隠す、女は専ら男子のすなる芸を嗜み、男子は女工を嗜む、爰《ここ》に於て男女一変せりと見ゆ。此後いかなる変体をやなさん、これ京大坂、一統の今の風俗なり。

ここには男女の風俗が「一変」し、女性が従来は男性の衣服であった羽織や無地を好んで用いるとと

図 1-2-7　鳥居清長画「風俗東之錦　武家の息女と侍女と若党」より模写

もに顔をあらわにし、男性は紅裏の衣服を身につけて覆面頭巾で顔を隠すなど、江戸と同様の好みがみられるようになったことが伝えられる。

江戸中期後半は、男女それぞれの風俗全般において従来の規範や慣習がしだいに崩れつつあった時期であり、そのような風俗全般の変化の中で、顔を隠すことについての意識も変化したのである。このような意識の変化に加え、女性の髪形に安永ごろから顔の左右に大きく張り出す燈籠鬢《とうろうびん》が流行したことも、帽子の衰退を促す要因となったと考えられる。

（4）上流女性と帽子

女性が外出時にかぶりものをつけて顔を隠すという慣習は、江戸中期後半には衰退していったが、武家女性や上層町人女性には帽子の着用は引き続き行なわれた。ただしこの帽子は頭上に置いて髪のみを覆う形式のもので、顔を隠すためのものではなかった。

その帽子には四種の形がある。江戸の風俗を描いた浮世絵や絵本、黄表紙の挿絵などには、袋状のものを頭の上に持ち上げたような形状の帽子と（①）、帯状の布を輪に仕立てた帽子（②・図1-2-7）が安永ごろから見られるようになり、寛政年間（一七八九〜一八〇一）には帯状の布を前髪から髷の上または後ろにまわしてとめる帽子（③）も見られるようになる。上方の浮世絵や女性用教養書の挿絵などには、これらの帽子に加えて頭をすっぽり覆う丸い袋状の帽子（④）が見られる。これらの帽子の中で最も広く用いられたのは②と③である。色はいずれも白で、②③は紅裏のつくことが多い。いずれも「帽子」と称されることが多かったが、京都で刊行された『都風俗化粧伝《みやこふうぞくけわいでん》』[58]（文化十年〈一八一三〉刊　佐山半七著　速水春暁画）では、②は「丸輪あげぼうし」、③は「揚《あ》げぼうし」、④は「ねり帽子」と称されている。

これらの帽子は着用した際に顔にやや影ができるとはいえ、その形状から従来の綿帽子や笠や輪帽子などのように顔を隠すという効果はほとんど期待できない。それではこれらの帽子はどのような意味を持っていたのであろうか。平戸藩主であった松浦静山（一七六〇〜一八四一）の随筆『甲子夜話』[59]正編（文政四年〜文政十年〈一八二一〜二七〉執筆）巻六に次のような興味深い記述がある。

予が若年の頃迄は、いづ方も奥の女の外行するには、総じて帽子を戴ことなりき。相互に縁家の夫人、年始其余の往来にも、侍女の歩行する者は皆これを冒《かぶり》たり。晴の時ゆゑさも有べし。其頃は今と違ひ、所々の奥方など戯場にも構《かまひ》なく往《ゆき》たるに、其供に従るもの、皆帽子をして桟鋪《さじき》に並居る体《てい》

> なり。……これ武家のみならず、町人も身を持たる輩は、晴の時帽子を用たり。夫《それ》ゆゑ今帯解《おびとき》の祝儀とて、霜月に少女の社詣するとき、必帽子を冒る。是のみ世に遺りて、武家の女中、貴家と雖もこれを不用《もちひず》。況《いわ》んや小侯、御旗本衆の婦女、絶て其体を見ず。

ここではまず松浦静山の若いころ（明和・安永ごろか）のこととして、武家女性が外出する際には帽子を被るのが一般的で、親戚間の年頭挨拶など「晴れ」の場合には供の女性がみな帽子を被っていたことや、上層町人女性も「晴れ」の折には帽子を着用していたことを伝えている。これらの記述から、頭上に載せる帽子には礼儀を正す、礼儀にかなった姿を整えるという意味があったと推察される。色がもっぱら白であるのもそのためではないだろうか。明和年間の春信の美人画にみられる白の輪帽子も、すでにこのような性格を備えていた可能性も考えられる。

しかし礼儀を整えるために欠かすことのできなかった帽子も、右の記述によると文政年間（一八一八〜三〇）にはすでに大名家や旗本の女性でさえも被ることはなくなっていたという。浮世絵などの風俗画では、文政年間までは帽子を被る武家女性の例もいくつかみられるが[60]、文久二年（一八六二）に描かれた歌川広近の「東都男女風俗図巻」には、かぶりをものを何も被らず日傘をさす御殿女中が取り上げられており、十九世紀半ばごろにはかぶりものをつけずに外出することが一般的になっていたと考えられる。ただし公家女性については、『守貞漫稿』に幕末にいたるまで御所女中が被衣をしていたことが伝えられている。

図1-2-8　鳥居清長画「風俗東之錦　帯解」より模写

また、松浦静山も述べているように、帯解の儀礼用としては、武家や町人にも幕末まで帽子が用いられた。帯解は、女児が七歳になった十一月に幼児用の小袖につけていた紐を取り去り、初めて帯を締めて成長を願う祝いの儀式である。少女は丈の長い華やかな振袖を着て供の男の肩に載せられ、家族とともに神社に詣でた。その際に少女が大人の女性と同じ帽子をつけることは、明和年間（一七六四～七二）にはすでに定着していたようで、鈴木春信の「風俗四季哥仙　神楽月」（明和年間）には輪帽子の少女をともなう帯解の宮詣での一行が描かれる。その後は成人女性と同様に揚帽子が用いられるようになった（図1‐2‐8）。

婚礼の儀式においても江戸時代を通してかぶりものは欠かすことのできない服飾品として続いた。次節で述べるように、花嫁のかぶりものとしては武家には被衣が用いられ、庶民には綿帽子が用いられたが、花嫁に付き添う女性たちには、顔を隠すための帽子が廃れた後は揚帽子が用いられるようになり、明治以降も継承された。一般風俗での揚帽子は上流層に限られていたが、婚礼においては中流層以下の付き添いの女性も被っており、揚帽子の儀礼的な性格がうかがわれる。

以上みてきたように、江戸時代前期には、人前では顔を隠すべきであるという意識が公家や武家から庶民にいたるまで幅広い層の女性に浸透し、外出時にかぶりものをつける慣習が定着していた。かぶりものの本来の意味は顔を隠すことであるが、その一方で、人目をひきつけるという両面性をもっている。それゆえに、顔を隠すことをめぐる女性たちの意識は実に多様であった。中期以降は美的表現を重視した帽子が広く好まれるようになったが、この帽子の流行は、顔をあらわにすることによって自己表現しようという女性たちの意識のあらわれであり、平安時代以来続いた顔隠しの慣習の衰退へとつながっていったのである。後期には一般風俗におけるかぶりものは姿を消すが、格式を整える服飾品としてかぶりもの着用の慣習は受け継がれ、近代以降も花嫁の装いにおいてその長い歴史は継承されるのである。

三．江戸時代における花嫁のかぶりもの

女性が人前で顔を隠すという慣習が幅広い層に浸透した江戸時代には、婚礼儀式における花嫁の装いにも、かぶりものは欠かせないものとなった。武家の婚礼儀式は室町時代には種々のしきたりが確立されており、[61]その内容は、室町将軍家の政所執事・御供衆をつとめ、武家故実に精通していた伊勢貞陸（一五二一年没）の著わした『嫁入記』や『よめむかへの事』に詳しく記されている。後者によると花嫁

の装いは白装束で、「かづきは、しろをりもの。是もさいはいびし。うきをりもの（幸菱を織り出した白の浮織物の被衣）」[62]であった。武家の婚礼における花嫁の被衣は江戸時代にも継承されていった。一方、江戸時代には一般庶民の間でも身分や経済状況に応じた婚礼儀式が行なわれるようになり、花嫁のかぶりものとして、武家の婚礼にはみられなかった綿帽子が広く用いられるようになる。ここでは、被衣と綿帽子がそれぞれ婚礼儀式においてどのように着用され、どのような意味をもっていたのか考察する。

（1）武家の婚礼におけるかぶりもの──被衣──

江戸時代の武家の婚礼儀式は、室町時代に定まったさまざまな作法を受け継ぎつつ、身分階層に応じた格式が整えられていった。花嫁の装いについては、室町時代から武家の礼法を扱う伊勢家や小笠原家の婚礼に関する書、あるいは将軍家や大名家の婚礼関係の記録によると、被衣が武家の嫁入り装束に欠かせないものとして定着していた様子がうかがえる。

まず伊勢流の婚礼については、江戸中期の武家故実家である伊勢貞丈（一七一八〜八四）の著わした『婚礼法式』[63]と『貞丈雑記』が参考になる。伊勢貞丈は室町時代以来の武家故実の継承を信条としており、これらの書には、江戸時代に入ってから新たに取り入れられた作法に対する批判的な内容も多い。[64]『婚礼法式』には大名家などの花嫁の衣裳について次のような記述がある。

婚礼の当日、御料人（花嫁：筆者註）の衣装の事、……大名などの娘は肌に白練の袷《あはせ》、うらも白き絹也、其上に白練にうら白絹の小袖二ツほど重ね着て、其上に紅梅にても、縫にてもはくにても、此内一ツめし、扨《さて》白き細帯をして、緋の袴をめして、さてうちかけには、さいはひ菱を浮織にしたる白綾の小袖をめすなり、うらも白き絹也、右何れもかづきをめし候、此かづきも幸菱《さいはひひし》の浮織にしたる白き綾のひとへ也、かづきは女の顔をかくす為也、御輿よりおり給ひ御座鋪《ざしき》迄いらせらるゝ時にかづき給ふ也、……かづき着やう、右の袖を頭の上へおりかけ、其上へ左の袖を折かけ候也、見えぬ様に針をさしても不レ苦候、仕立やうは常の小袖のごとし、ひとへなり、えりを広く、ひたひへふかくかゝるやうにする、両袖を頭の上へさげ重ねて、針にてさし置也、かづきは御こしより御出候て座鋪までめして、座敷へ御なほり候時、かづきは御ぬぎ候也。少しの間かりそめにかづくときは、そでもあげず針もささぬ也、

この記述によると上流武家の花嫁の婚礼衣裳は、白小袖を重ねた上に紅梅織の小袖あるいは刺繍か箔で文様を表わした小袖を着て緋の袴をはき、その上に幸菱を織り出した白の打掛をはおり、同じく幸菱を浮織にした白綾の被衣をつける。この衣裳は伊勢貞陸の『よめむかへの事』に伝えられる内容をそのまま受け継いだものである。また被衣を着用する場面については、輿を降りてから「座鋪」に入り着座するまでの間とある。同書によると、輿は建物の中まで運び入れられ、花嫁は「二の間か三の間」で輿を降りて、最初に「御休息所」へ案内される。「座鋪」とはこの休息所のことであると思われる。被衣を着用する理由については「顔をかくす為」であるとし、顔をしっかり覆うために一般の小袖より襟を

広く仕立てると記されている。

また、この記述に続けて、

昔のかづきはひろ袖なり、今は丸袖にする也、又今はもやうを染て、京都にては着る也、白を用べき也、

とあり、京都では文様を染め出した白以外の被衣が行なわれていたことがうかがえる。

次に小笠原流については、江戸時代の小笠原家は譜代大名となった総領家、旗本として将軍家の礼法に関与した赤沢家（平兵衛家）と京都小笠原家（縫殿助家）とがあったが、このうち積極的な活動を行なったのは、今日の家元につながる赤沢家と総領家の系統で在野で礼法の指導を行なったいわゆる小笠原庶流である。

赤沢家は将軍家や将軍家姫君の婚礼の多くを取り仕切っていたようで、その一つに、享保二十年（一七三五）に行なわれた、後に仙台藩六代藩主となる伊達宗村と紀州徳川宗直の娘で八代将軍吉宗の養女となった利根姫の婚礼がある。(65) 婚礼当日の姫の衣裳については、「白綾の御小袖、紅之御引袴」との記録がある。この他の衣裳については明らかではないが、この婚礼の模範となった五代将軍綱吉の養女竹姫の婚礼で白練の被衣を用いていることから、利根姫も同様であったと考えられる。

小笠原庶流は一般武家を対象とする礼法を確立して指導を行ない、その婚礼法は幅広い層の武家に広まった。(66) この流派を創立したのは寛永年間ごろから江戸で礼法家として活動した水嶋卜也《みずしまぼくや》（一六〇八〜

一六九八）で、このため水嶋流とも呼ばれた。水嶋流の婚礼法は江戸前期以来盛んに刊行された女性用教養書の婚礼関係の記述に摂取され、庶民の婚礼にも影響を及ぼした。(67) 水嶋卜也およびその弟子たちが伝授した婚礼法を伝える伝書のひとつに『婚礼推陳記《こんれいすいとうき》』(68)がある。この書には花嫁の衣裳について次のように記されている。

> 嫁の出立の事、肌にねりの白小袖一ツも二ツも着候て、其上に綾の白小袖、帯も白き菱の綾、其上に白幸菱の小袖をかいどりに着るなり、……かづきは、ねりの袷も有、ひとへも有、地によるべし、……祝言には練を本とす、おちつかたは紗綾《さや》を染て用ゆ、年比によりて丸袖ふり袖の替有《かえあり》、かづきは輿の中より着し出候て着座の所にて御かいぞへとりてまゐらするもあり、又待上臈《まちじょうろう》御出向の所にてもとりてまゐらする也、

小笠原庶流の婚礼儀式においても、花嫁は白の小袖に白幸菱の打掛をはおり、被衣をつけていたことがわかる。被衣を着用する場については、輿の中から着用して「着座の所」で取るか、あるいは「待上臈出向の所」で取るとしている。「着座の所」とは同書で「化粧の間」と称される控えの間であろう。待上臈とは婚礼儀式において重要な役割を担う介添え役の女性で、婿方の親類または身分の高い女中がつとめる。(69) 待上臈は花嫁が輿から降りる所か、輿からやや離れた所まで迎えに出向き、化粧の間へと案内した。

右の記述に続いて、花嫁が輿から降りる際の作法について「輿の廻りに屏風を立て、姿の下座へ見えざる様にさすべし」としており、被衣の着用も、婿の家の人々の視線から花嫁の姿を隠すことに重要な意味があったと考えられる。婚礼前の花嫁の姿は周囲の目から幾重にも隠されていたのである。

被衣の色については明記されていないが、「おちつかたは紗綾を染めて用ゆ」とあることから、一般的には白で、身分の高くない者は白に限らず他の色を用いることもあったと考えられる。伊勢貞丈の『貞丈雑記』には「近世小笠原流の婚礼式」の項があり、故実を重んじる伊勢流にはない小笠原庶流の婚礼作法の数々を取り上げ、「近世水島卜也と云う浪人、小笠原流と名のりて故実にもなき作り事をして弟子に教え世間にはやらかす。世間にも亦これを用いもてはやす。今は江戸皆これを用いる事になり来れり」と、小笠原庶流によって故実にはない作法が広まっていることを憂慮している。そのひとつが白以外の被衣をつけることであったと考えられる。

以上みてきたように、江戸時代の武家の婚礼では、室町時代に定まった白装束に白の被衣という嫁入り姿が受け継がれた。このような花嫁衣裳の成立については、第四節で増田氏が詳しく述べられるように、白は神の加護を受けるための神聖な装いとして用いられ、被衣の着用は、女性は成仏できないという仏教思想に則って行なわれた女性の象徴としての髪を隠す行為と、平安時代以来の高貴な女性の顔隠しの慣習とが重なって行なわれるようになったと考えられる。

しかし、室町時代には神の降臨する夜間に行なわれていた花嫁行列が、『貞丈雑記』に「今大名などの婚礼専ら午の中刻（正午ごろ：筆者註）などを用いる事、古法にそむきたる事なり」とあるように、江戸時代には昼間に行なわれるようになっており、神の加護と結びついた花嫁の白装束の意味も人びとの意識の中で薄れていったと考えられる。小袖や打掛は伝統的な白装束が守られたものの、被衣には白以外のものも用いられるようになったのは、このような意識の変化によると考えられる。

その一方で、右に述べたように伊勢貞丈の『婚礼方式』や水嶋流の『婚礼推陳記』の記述からは被衣の着用と顔隠しの風習との結びつきが強くなっていた様子がうかがわれる。既述のとおり江戸時代前期には、前代以来の顔隠しの風習に加えて儒学の教えを取り入れた女子教育の影響もあって、女性はできる限り人前に姿を見せず顔をあらわにしないということが、武家女性にとっての重要な規範として定着していた。このような規範意識を背景に花嫁の被衣も顔を隠すことにより重点が置かれるようになり、一般風俗においてかぶりものが後退した江戸中期後半以降も、花嫁には伝統的な姿が求められ続けたのである。

(2) 町人の婚礼におけるかぶりもの——綿帽子——

江戸時代には、武家の婚礼儀式の影響を受けて一般庶民にも身分に応じた婚礼儀式が形成されていった。ここでは、上方を中心に刊行された女性用教養書の婚礼関係の記事を中心に、庶民の婚礼における花嫁のかぶりものについて考察したい。

一般庶民がいつごろから形式の整った婚礼儀式を行なうようになったか明らかではないが、江戸前期、十七世紀半ばごろから婚礼関係の記事を含む女性用教養書が出版されるようになる。その最も早いものは慶安三年(一六五〇)刊の『女鏡秘伝書《おんなかがみひでんしょ》』で、続いて万治三年(一六六〇)には『女諸礼集《おんなしょれいしゅう》』が刊行された。『女諸礼集』の著者は小笠原流の総領家もしくは小笠原庶流の指導を受けた人物であろうと推測されている。(70) 両書ともに中流以上の武家の婚礼について詳しく紹介しており、いずれも版を重ねて出版された。『女鏡秘伝書』(71)には花嫁の衣裳について、「下より白き袷、その上に色の小袖、其の上にまた白き小袖を着給ひ、被衣を召していで給ふなり」という記述があり、被衣については、乗物から降りる際に「嫁の被衣なと引き直」すことや、婚礼儀式を行なう座敷の「しきいのきわにて被衣を取」るといった詳細な説明がなされている。十七世紀半ばごろには、一部の富裕な上層庶民はこれらの書を参考にしながら武家の作法に倣った婚礼儀式を行なうようになり、花嫁の装いについても、武家にならって白装束に被衣が取り入れられたのではないかと考えられる。

元禄ごろになると、女性用教養書に庶民の婚礼に関する内容がみられるようになり、その中には前述の武家の婚礼儀式の記述にはあらわれていなかった花嫁のかぶりもの——綿帽子——がみられるようになる。綿帽子は真綿を薄く引き延ばして袋状に整えたものである。たとえば、元禄五年(一六九二)刊の『女重宝記《おんなちょうほうき》』二之巻「しうげんの巻」はその内容の多くを『女諸礼集』の婚礼関係の記述によっているが、結納、嫁入り道具、盃事の項では簡略ながら中流以下の町人の作法についての独自の説明がある。挿絵にも中流より下の町人の婚礼を描いた「草の祝言」の図があり、文様のある小袖姿に綿帽子を被った花嫁と小袖袴姿の婿とが、土間続きの座敷で簡略な盃事を行なう様子が描かれている。

また、元禄十年(一六九七)に大坂で刊行された『嫁娶調宝記《よめとりちょうほうき》』(72)には、上層町人の婚礼儀式の様子が、

図 1-2-9 『嫁娶調宝記』（元禄 10 年）巻一之二より模写

結納から婚礼後の行事にいたるまで、挿絵とともに詳細に紹介されており、盃事の挿絵には、白小袖に白打掛をはおって綿帽子を目深に被る花嫁が描かれている（図1－2－9）。白装束は武家の婚礼衣裳と同様であるが、この書では本文挿絵ともに被衣についての記述はみられない。

これらの資料から、元禄ごろには上層庶民から中流より下の庶民にいたるまで、それぞれの分限に応じた婚礼儀式が行なわれ、花嫁のかぶりものとして被衣ではなく綿帽子が幅広い層の婚礼に用いられていた様子がうかがわれる。富裕な町人は婚礼用に整えた白装束とともに綿帽子を用いたが、『女重宝記』の挿絵からもわかるように、花嫁衣裳を特別に仕度することが難しい場合でも綿帽子だけは用いたようで、嫁入りの装いとして欠かせないものとなっていたことがうかがえる。

それでは、花嫁は婚礼儀式のどの場面で綿帽子を着用したのだろうか。『嫁娶調宝記』によると、婿の家に向う乗物の中では「さきにてかぶり候綿帽子たたみ置」き、被っていない。婿の家に到着後、乗物から降りた花嫁はまず化粧所と称する控えの間に案内され、ここで化粧を直すなど身なりを整えるとともに綿帽子をつけるのである。そこから祝言の座敷に入り、盃事を行なう。その後、色直しといって、白装束から地赤や地黒の小袖や打掛に着替えるが、この際に綿帽子を取るのである。つまり、祝言の盃事の場でのみ綿帽子を被っており、武家の婚礼で被衣を着用する場面とはまったく異なっている。盃事の場には、花嫁と婿のほかは儀礼の進行役である待上臈と花嫁の介添役の女性、酌や給仕をつとめる数人の侍女がいるだけである。婿の両親や兄弟と花嫁が対面するのは色直しの後である。

このような綿帽子着用の風習は、江戸前期の武家の婚礼について記した書には見出せず、庶民独自のものと考えられる。『女鏡秘伝書』『女諸礼集』が江戸前期に何度も版を重ねていることや、『女諸礼集』の影響が色濃い『女重宝記』の婚礼関係の記述内容が、以後のさまざまな女性用教養書に影響をあたえていることなどからもわかるように、庶民の婚礼儀式そのものについては、武家の婚礼の影響をうけて、これを簡略化した形で整えられていったと考えられ、花嫁の白装束も武家にならったものと考えられる。しかし、その中に綿帽子という庶民独自の風習がみられたことは、武家女性と庶民女性の顔を隠すことをめぐる意識の違いを考える上でも注目される。

花嫁の綿帽子は江戸中期以降も受け継がれてゆく。中期以降は上方を中心に町人の婚礼についての記事を載せる多くの女性用教養書や婚礼専門の書が刊行されたが、いずれも富裕な町人の婚礼の解説を中心とした実用に即した内容のものが多く、盃事を描いた挿絵には、ほとんどの場合、うつむき加減の花嫁が目深に綿帽子をつけた姿が描かれており、中流以下の通常の小袖姿の花嫁も綿帽子をつけている（『婚礼仕用罌粟袋《こんれいしようけしぶくろ》』[73]（寛延三年〈一七五〇〉刊・京都）、『女小学教艸《おんなしょうがくおしえぐさ》』[74]（宝暦十三年〈一七六三〉刊・大坂）「婚礼之図」「同草之図」、『女要福寿台《じょようふくじゅだい》』[75]（天明五年〈一七八五〉刊・京都）、『女雑書教訓鑑《おんなざっしょきょうくんかがみ》』[76]（文化九年〈一八一二〉刊・大坂）など）。

また、中期から後期にかけて江戸で出版された黄表紙にも、町人の婚礼の場面がしばしば描かれ、そこにみられる花嫁も、多くは白小袖・白打掛姿に綿帽子を被っている（『五郎兵衛商売《ごろべえしょうばい》』[77]（天明二年

〈一七八二〉、『当世菊寿語《とうせいきくじゅばなし》』(78)（天明二年〈一七八二〉、市場通笑著）など）。

これらの挿絵から、上方や江戸の庶民の婚礼儀式では、祝言の盃の場で花嫁が綿帽子を被るという風習が広く定着していたことがわかる。

一方、綿帽子は庶民の婚礼にとどまらず、中期から後期にかけて武家の婚礼にも広がりを見せるようになる。伊勢貞丈が著した『婚礼問答』(79)（江戸中期）に次のような問答がみられる。

> 婚礼の姫君、わたぼうしかぶらせ可レ申哉、わたぼうし古法に無レ之候、姫君は白あやさいはひびしのかづきをめさせ可レ申候、

上流武家の花嫁が綿帽子をつけてもよいかという問いに、綿帽子は故実にはないことで、武家女性は被衣をつけるべきであると答えている。このような問答が記されたのは、中期には武家の花嫁が綿帽子を用いる例が一部でみられるようになったためと考えられる。

また、文化六年（一八〇九）に刊行された一般庶民向けの小笠原庶流の礼法書『小笠原諸礼大全《おがさわらしょれいたいぜん》』(80)の武家の婚礼の解説では、花嫁の衣裳について「下に白小袖幸菱の白小袖、白練袷のかづきを着る也」と説明されるが、その一方で、盃事の挿絵には、綿帽子をつけた花嫁が描かれている。小笠原庶流では室町時代以来の花嫁の被衣を受け継ぐとともに、町人から武家へと拡大した綿帽子を一般の武家の婚礼に新たに取り入れたのであろう。小笠原庶流において綿帽子を正式な花嫁衣裳として認めるようになった

ことにより、武家の婚礼における綿帽子の着用はさらに広がりをみせたのではないだろうか。

それでは、江戸時代の婚礼における綿帽子にはどのような意味があったのだろうか。

まず、頭をすっぽり覆う綿帽子の形状や女性用教養書や黄表紙などの挿絵に見られる花嫁の姿から、綿帽子は花嫁が顔を隠すためのかぶりものであったことがうかがわれる。先に述べたように、江戸時代前期には武家女性の影響をうけて、庶民女性にも人前では顔を隠すことを礼儀とするという意識が定着した。このような一般風俗における顔隠しの慣習が婚礼にも取り入れられ、花嫁は盃事の場で顔を隠すこととなったと考えられる。ただしその背景にあったのは、女性は顔をあらわにするべきではないという規範意識だけではなかったと思われる。先に述べたように、前期には被衣や笠などで顔を隠す姿は高貴な女性を象徴する上品で優美な姿と捉えられていた。顔をあらわにしない女性の姿が美的でつつましく優美な表現をもっていたからこそ、花嫁の装いとして定着したのではないだろうか。

さらに祝言の場で綿帽子を被るようになった背景として次のことが考えられる。江戸時代の伊勢流や小笠原流の礼法書には、婚礼の儀式は伊弉諾尊《いざなぎのみこと》、伊弉冊尊《いざなみのみこと》の二神を祭るものであるという考えがみられる。たとえば『貞丈雑記』祝儀之部には、

祝と云うは、神を祭る事なり。元服・婚礼その外の祝にも、又は公方様大名へ御成の時も、二重折《にじゅうおり》、置鯉《おきごい》、置鳥《おきどり》、瓶子《へいじ》などを座敷に置くは、神へそなえ奉る供物《くもつ》なり。しかるを今は只座敷のかざり物とのみ心得るはあやまりなり。元服・御成などには軍神を祭り、婚礼には伊弉諾尊《いざなぎのみこと》・伊弉冊尊《いざなみのみこと》を祭

り、わたまし（転居：筆者註）には水神を祭り、その外常に信ずる神、うぶすな氏神をも共に祭りて、息災延命・武運長久・子孫繁昌を祈る事を祝と云うなり。

という一節がある。室町時代以来婚礼の座敷に飾られる二重折、置鯉、置鳥、瓶子などの品々が、伊弉諾尊、伊弉冊尊に供えられたものであり、婚礼の場にはこの二神が祭られていると説かれている。また水嶋卜也の著した礼法書『女礼集《じょれいしゅう》』(81)（江戸前期成立）の「酌の次第」の巻にも、

婚姻夫婦合盃の間の床には伊弉諾尊伊弉冊尊の二はしらの神をくわん請し子孫はん昌をねがふの意にて二神へ奉りたる瓶子の酒を以て夫婦合盃をする趣也。

と、伊弉諾尊、伊弉冊尊に捧げられた酒で盃事を行なうという説明がある。

婚礼の盃事を行なう場に神が臨在するという意識は、室町時代の伊勢流の婚礼書『よめむかへの事』や、桃山時代にまとめられた小笠原流の礼法書『大諸礼集』にはあらわれておらず、江戸時代になってから明確になったと考えられる。綿帽子を被ることはこのような意識と深くかかわるものだったのではないだろうか。すなわち、かぶりもので髪や顔を隠すことによって神に対するつつしみをあらわし、祝言の盃事を神に見守られ祝福を受けるものにしたいという想いが背景にあったのではないだろうか。第一節で増田氏が述べられているように、中世に普及した仏教思想の影響によって、中流層以下の女性は

かぶりものによって女性の象徴である髪を隠すようになったと考えられる。そのような思想の延長線上にあったのが神へのつつしみをあらわす綿帽子だったのではないだろうか。

以上、江戸時代の婚礼に用いられたかぶりものについて、種類や着用の場、着用の意味を考察した。武家の婚礼では、周囲の目から花嫁の姿を隠すために、花嫁は輿から降りて盃事を行なう座敷に入るまでか、もしくは控えの間に着座するまでの間に被衣を着用した。これに対して庶民の婚礼では、花嫁は盃事を行なう座敷で綿帽子を被った。伊弉諾尊、伊弉冊尊の二神を祭る座敷で用いられる綿帽子は、顔隠しの慣習を取り入れたというだけでなく、神仏へのつつしみを表現し、子孫繁昌を願うという意味が大きかったのではないかと考えられる。被衣と綿帽子の着用の場が異なるのは、このような意味の違いによるものであった。しかし、被衣も綿帽子も婚礼のなかで重要な役割を果たしていたことに変わりはなく、いずれも平安時代以来続いた日本女性のかぶりものの長い歴史を背景に成立したものであった。

一方、江戸時代にみられたさまざまなかぶりものの流行を考えると、顔隠しや神仏へのつつしみといった主要な意味に加えて、花嫁のかぶりものにも日常のかぶりものと同様に、「隠す」ことをめぐる人びとの多様で複雑な心情が託されていたように思われる。そしてなにより、かぶりものをつけた姿が花嫁にふさわしい美的な姿であるととらえられていたからこそ、日常の女性の装いからかぶりものが姿を消した後も、花嫁のかぶりものは長く受け継がれていったのではないだろうか。

註

1 『江戸名所記・古板地図』（『新編稀書複製会叢書　第三〇巻』臨川書店、一九九〇年）。
2 『古今沿革考』（『日本随筆大成　第一期第一七巻』吉川弘文館、一九九四年）。
3 本稿の『貞丈雑記』は『貞丈雑記四』（東洋文庫四五三、平凡社、一九八六年）による。
4 『神代餘波』（『燕石十種　第三巻』中央公論社、一九七九年）。
5 『嬉遊笑覧』（『日本随筆大成　別巻七』吉川弘文館、一九九六年）。
6 本稿の『賤のをだ巻』は『日本随筆大成　第三期第四巻』（吉川弘文館、一九九六年）による。
7 『卯花園漫録』（『日本随筆大成　第二期第二三巻』吉川弘文館、一九九六年）。
8 『京童』（『近世文学資料類従　古板地誌編一』勉誠社、一九七六年）。
9 『京童跡追』（『近世文学資料類従　古板地誌編二』（勉誠社、一九七八年）。
10 本稿の『杉楊子』は『噺本大系　第四巻』（東京堂出版、一九七六年）による。
11 本稿の『都風俗鑑』は『新日本古典文学大系七四　仮名草子集』（岩波書店、一九九一年）による。
12 『无上法院殿御日記』（東京大学史料編纂所蔵）。
13 『野白内証鑑』（『新編日本古典文学全集六五　浮世草子集』小学館、二〇〇〇年）。
14 『八十翁疇昔物語』（『日本随筆大成　第二期第四巻』吉川弘文館、一九九四年）。
15 『紫の一本』（『新編日本古典文学全集八二　近世随想集』小学館、二〇〇〇年）。

16　『女四書』（『仮名草子集成　第四〇巻』東京堂出版、二〇〇六年）。
17　『女郎花物語』（『仮名草子集成　第八巻』東京堂出版、一九八七年）。
18　『女五経』（『仮名草子集成　第一〇巻』東京堂出版、一九八九年）。
19　『骨董集』（『日本随筆大成　第一期第一五巻』吉川弘文館、一九九四年）。
20　本稿の『女重宝記』は『ゑ入女重宝記　上　本文編』（東横学園女子短期大学女性文化研究所叢書第三輯、一九八九年）による。
21　本稿の『好色五人女』は『日本古典文学大系四七』（岩波書店、一九五七年）による。
22　『嵐無常物語』（『定本西鶴全集　第六巻』中央公論社、一九五九年）。
23　『本朝桜陰比事』（『定本西鶴全集　第五巻』中央公論社、一九五九年）。
24　『西鶴置土産』（『新日本古典文学大系七七』岩波書店、一九八九年）。
25　『西鶴俗つれぐ』（『定本西鶴全集　第八巻』中央公論社、一九五〇年）。
26　『好色盛衰記』（『定本西鶴全集　第六巻』中央公論社、一九五九年）。
27　谷田閲次「文様の意思」（放送大学教材『衣服論―服飾の美意識』放送大学教育振興会、一九八六年）。
28　『万金産業袋』（『生活の古典双書五　万金産業袋』八坂書房、一九七三年）。
29　西鶴の『本朝桜陰比事』巻四、『男色大鑑』巻一、『西鶴名残の友』巻三には、公家屋敷に奉公した女性の優美な姿が取り上げられており、公家文化への憧れがうかがわれる。『男色大鑑』（『新編日本古典文学全集七六　井原西鶴集二』小学館、一九九六年）、『西鶴名残の友』（『新日本古典文学大系七七』岩波書店、一九八九年）。

30 小池三枝『服飾の表情』（勁草書房、一九九一年）一〇〇～一〇四頁。
31 小池三枝「服飾における近世的趣向（一）―「物好き」について―」（『服飾美学』第一号、一九七一年）。
32 本稿の『好色一代女』は『日本古典文学大系四七』（岩波書店、一九五七年）による。
33 『世間胸算用』（『日本古典文学大系四八』（岩波書店、一九五六年）。
34 青木もゆる「江戸時代の頭巾に関する一考察―覆面頭巾について―」（『服飾美学』第二八号、一九九八年）。
35 『好色一代男』（註32前掲書所収）。
36 『色里三所世帯』（『定本西鶴全集　第六巻』中央公論社、一九五九年）。
37 本稿の『女蒙牛艶詞』は『江戸時代女性文庫九七』（大空社、一九九八年）による。
38 『近世女風俗考』（『日本随筆大成　第一期第三巻』吉川弘文館、一九九三年）。
39 本稿の『守貞漫稿』は『自筆影印守貞漫稿』（東京堂出版、一九八一年）による。
40 『那智御山手管滝』（『八文字屋本全集　第一二巻』汲古書院、一九九六年）。
41 『刈萱二面鏡』（『八文字屋本全集　第一六巻』汲古書院、一九九八年）。
42 『古今役者大全』（『日本庶民文化史料集成　第六巻　歌舞伎』三一書房、一九七三年）。
43 『役者全書』（註42前掲書所収）。
44 『筠庭雑考』（『日本随筆大成　第二期第八巻』吉川弘文館、一九九四年）。
45 『類柑子』（『俳人其角全集　第二巻』彰考館、一九三五年）。
46 絵入狂言本『かしまのかなめ石』（『絵入狂言本集』早稲田大学出版部、一九八九年）。

47 『富貴大王』（『近世文芸叢刊　第五巻　絵入狂言本集　上』般庵野間光辰先生華甲記念会、一九六九年）。
48 『塵塚談』（『燕石十種　第一巻』中央公論社、一九七九年）。
49 『寛保延享江府風俗志』（『続日本随筆大成　別巻八』吉川弘文館、一九八二年）。
50 たとえば享保三年（一七一八）に京蛭子屋吉郎兵衛座で上演された「十七年忌」の絵入狂言本ではおしゅん役の菊川喜世太郎が輪帽子をつけている。『十七年忌』（『新編稀書複製会叢書　第一九巻　歌舞伎・狂言本集』臨川書店、一九九〇年）。
51 『役者名物袖日記』（註42前掲書所収）。ただしこの書の挿絵は、輪帽子とは異なる、ひらり帽子を二枚重ねたような形状である。
52 『独語』（『日本随筆大成　第一期第一七巻』吉川弘文館、一九九四年）。
53 江戸において、中期から後期にかけて当世風の男性服飾に女性風の傾向があらわれ、女性服飾の中に男性風の傾向があらわれたことについては、小池三枝「服飾の男女共有を読む」（『服飾美学』第一九号、一九九〇年）に詳細に述べられている。
54 『反古染』（『続燕石十種　第一巻』中央公論社、一九八〇年）。
55 『絵本江戸土産』（『新編稀書複製会叢書　第三六巻』臨川書店、一九九一年）。
56 『絵本続江戸土産』（註55前掲書所収）。
57 『翁草』（『日本随筆大成　第三期第二〇巻』吉川弘文館、一九九六年）。
58 『都風俗化粧伝』（『都風俗化粧伝』東洋文庫四一四、平凡社、一九八二年）。

59 『甲子夜話』(『甲子夜話一』東洋文庫三〇六、平凡社、一九七七年)。

60 オランダ商館長の依頼により文政七年~九年に北斎工房で制作された肉筆風俗画の中に、表白裏赤の揚帽子をつけた武家の奥方を描いたものがある(フランス国立図書館蔵)。また、文政年間ごろの制作とされる渓斎英泉「今様美人拾二景　うれしそう　東叡山　寛永寺」も揚帽子を被る女性を描いたもの。

61 二木謙一『中世武家の作法』(吉川弘文館、一九九九年)二三七~二四八頁。

62 『よめむかへの事』(『群書類従　第二三輯』続群書類従完成会、一九六〇年)。

63 『婚礼法式』(『古事類苑　礼式部一』吉川弘文館、一九九八年)。

64 島田勇雄『貞丈雑記一』「解説」(東洋文庫四四四、平凡社、一九八五年)三一頁。

65 以下に述べる利根姫および竹姫の婚礼については、高橋あけみ「大名家の婚礼について」(『大名家の婚礼――お姫さまの嫁入り道具――』仙台市博物館、二〇〇〇年、九九~一〇八頁)によった。

66 島田勇雄『大諸礼集二』「解説」(東洋文庫五六二、平凡社、一九九三年)三二二頁。

67 森下みさ子『江戸の花嫁―婿えらびとブライダル―』(中央公論社、一九九二年)八七~八八頁。

68 『婚礼推陳《すいとう》記』(『古事類苑　礼式部一』吉川弘文館、一九九八年)。

69 『婚礼書』(陶智子「小笠原流『婚礼書』」『富山短期大学紀要』第三六巻、二〇〇一年)。

70 島田勇雄「『女諸礼集』の本文の成立経緯について」(『甲南国文』二四号、一九七七年)。

71 『女鏡秘伝書』(田中ちた子・田中初夫編『家政学文献集成　第一冊』渡辺書店、一九六六年)。

72 『嫁娶調宝記』(『重宝記資料集成　第一五巻』臨川書店、二〇〇五年)。

73 『婚礼仕用罌粟袋』（『江戸時代女性文庫二八』大空社、一九九五年）。
74 『女小学教艸』（天保四年版）国立国会図書館蔵。
75 『女要福寿台』（『江戸時代女性文庫三三』大空社、一九九五年）。
76 『女雑書教訓鑑』国立国会図書館蔵。
77 『五郎兵衛商売』東京都立中央図書館加賀文庫蔵。
78 『当世菊寿語』東京都立中央図書館加賀文庫蔵。
79 『婚礼問答』（『古事類苑　礼式部一』吉川弘文館、一九九八年）。
80 『小笠原諸礼大全』国立国会図書館蔵。
81 『女礼集』（陶智子『女礼十冊書弁解全注』和泉書院、一九九八年）。

図版出典一覧

図1-2-1　「江戸名所図屏風」（寛永年間の制作）より模写
図1-2-2　『千代の友鶴』（菱川師宣画、天和二年刊）（『新編稀書複製会叢書　第三四巻』臨川書店、一九九〇年、三六、三七頁）
図1-2-3　『好色一代男』挿絵（註35前掲『日本古典文学大系四七』岩波書店、一九五七年、二七頁）
図1-2-4　『江戸風俗図巻』（享保五、六年の制作）より模写
図1-2-5　「きのこ狩図」（西川祐信画、享保～元文年間の制作）より模写

図1-2-6　『絵本続江戸土産』（註55前掲『新編稀書複製会叢書　第三六巻』臨川書店、一九九一年、三八二頁）
図1-2-7　「風俗東之錦　武家の息女と侍女と若党」（鳥居清長画、天明三、四年の制作）より模写
図1-2-8　「風俗東之錦　帯解」（鳥居清長画、天明三、四年の制作）より模写
図1-2-9　『嫁娶調宝記』（元禄十年刊）より模写

第三節　近代の婚礼におけるかぶりもの

諏訪原貴子

近代以降は、かぶりものを用いて日常に顔を隠すという習慣はなくなり、顔隠しは主として儀礼の中に残されていった。ことに綿帽子と角隠しが婚礼や葬礼時に着用され、現在に伝わっている。

今日、婚礼時に被られているかぶりもののうち、綿帽子は近世から被られ続けてきたことはこれまでに述べられてきた。しかし、婚礼時におけるかぶりものの「角隠し」という文言は近世にはみることができず、明治以降の書物や作法書において新たに記されているものである。揚帽子の形がそのまま残ったもの、および額部分に布を置く形式のものを、現在では角隠しと称しているが、角隠しという文言はいつごろからみられるようになったのであろうか。

江戸後期から明治初期にかけて、婚礼以外のときのかぶりものにも「角隠し」という表記で書かれたものがある。江戸後期から明治初期にかけて、内藤官八郎によって書かれた「弘藩《こうはん》明治《めいじ》一統《いっとう》誌《し》月令《げつれい》雑報《ざっぽう》

摘要抄《てきようしょう》」(1)に、

昔より男女に帽子あり。老婆連には角隠しあり。六十歳以上士族の老婦手柄髪《てがら》に角かくし、品物は黒七子《ななこ》、冬用ふ。夏は黒絽《ろ》或は絞《しぼり》を用ふ。高さ二寸くらいなり。(2)

とある。色は黒で、着用の対象者は老婆である。

また、江戸後期の婚礼の様子を描いた絵画資料をみてゆくと、天明元年(一七八一)の『譬物語《くせものがたり》』(3)には、三々九度の盃を交わしたあとの祝儀の様子が描かれている。そこに描かれる花嫁のかぶりものは綿帽子である。同じく天明元年(一七八一)『家内手本町人蔵』(4)では花嫁が家の外にいる様子が描かれ、花嫁は綿帽子を被り、介添人は揚帽子を被っている。天明六年(一七八六)『新蛇腹細見臍《しんじゃばらさいけんのへそ》』(5)でも花嫁は綿帽子を被り、介添人は揚帽子である。

ここで注目すべきことは、花嫁は顔をすべて覆った綿帽子を被っているのに対して、花嫁以外に介添人が今日にみる角隠しを被っているということである。さらに、先に記した書物「弘藩明治一統誌月令雑報摘要抄」には、提髪《さげがみ》の事として、

色直し、提髪の節は綿帽子を冠る。是は廃藩前士族の式立嫁振りなり。(6)

と書かれ、花嫁のかぶりものとしては綿帽子が主流であったことがわかる。
以上のように江戸後期から明治初期にかけては、主として花嫁は綿帽子で、介添人には揚帽子の例がみられるが、その一方で、葬礼時の際も女性は被衣や綿帽子を被っていた。
文化末年に記されたとされている「伊勢國白子領風俗問状答《といじょうのこたえ》」(7)では、葬儀について、

血縁の女白無垢《しろむく》を着、かづきを被、最先に立。(8)

と書かれ、同時期に記された「出羽國秋田領風俗問状答」(9)においては、女性のかぶりものについて、

農・商家は綿帽子を必冠る。能代の津にては、忌のあるは帷《かたびら》を着る也。(10)

とも書かれている。同じく文化末年に記されたとされる「紀伊國和歌山問状答」(11)には、

町家の葬礼は白きころも様のものを着、白き角帽子をかづき、……

とあり、ここでいう「角帽子」は、今日の角隠しと関わりがある可能性もある。
文化十一年(一八一四)に書かれた『耳袋《みみぶくろ》巻8』(12)には、

かつ著往古の形様の事に、被衣を差略して綿帽子といふものを用ゆ。近来に至りて、練りの帽子、又は紫の絹帽子などあり。何れも婦女の面を覆ふ具なり。東都の女は袖頭巾といふ物を用いて髪を包む。これも被衣の余風か。(13)

と記されている。ここでは、はっきりと被衣を略したものが綿帽子であることが記され、それは女性の顔を覆い隠すものであるとされている。このとき、明治以降の儀礼でも用いられる袖頭巾もあげられており、これは髪を隠すという意味をもつものであることがわかる。文化末年に書かれたとされる「備後國福山領風俗問状答」(14)の親族往来の事には、

山村の婦人は、必うちかけめきし上着を仕り、綿帽子をいたたき候。帽子なき者は、手拭にても頭にをき、人に逢ひ申候。(15)

と書かれており、広島県福山あたりでは人に会うときには綿帽子などを被る風習があったことがわかる。

また、天保六年(一八三五)刊『北越雪譜』(16)には、

はれの際、四五人の婦みな綿帽子したるは辺鄙《へんぴ》に古風を失わざる也。(17)

とあり、天保のころすでに女性が晴れの際に綿帽子を被るのは古風を受け継いでいると記されている。安政四年（一八五七）の『幾利茂久佐《きりもぐさ》』(18)では、かぶりものについて、目だけを出していた手細頭巾は男女の区別がつかず、天保九年（一八三八）〜天保十年（一九三九）のころから、綿帽子というものに形を変えていったと記されている。

葬礼時の衣裳としても白無垢に被衣や綿帽子というのが幾例もみられたが、これは婚礼の形と類似している。しかし、このときの着用者は、一人に限られたことではない。婚礼の場合も近世後期に、花嫁のみがかぶりものを被るわけではなく、前掲のように介添人も同様な姿をしていることがうかがえる。その中でも綿帽子は近世後期には、婚礼・葬礼時に顔を隠すために用いられ、婚礼・葬礼以外の晴れのときにおける着用は天保期（一八三〇〜一八四四）には、古風の継承という扱いをされていた。

一．明治時代の婚礼におけるかぶりもの

次に明治時代の婚礼時におけるかぶりものについて具体的な事例と、かぶりものの用いられることの意味、着用形態などをみてゆく。『風俗画報』(19)の明治二十三年（一八九〇）から明治四十三年（一九一〇）の記述中から婚礼の事例を取り上げ、まとめたものが表1である。この表をもとにかぶりものの種類とその着用されていた地域ごとの意味について検討してゆくこととする。

表１　婚礼におけるかぶりもの（『風俗画報』明治23年5月〜明治43年1月より）

		綿帽子	角隠し	手拭（風呂敷・頭巾）	被衣	折笠	
M27	北海道			●			参列者、老若男女異様の形に仮装し、顔がわからないように風呂敷、頭巾で面を包む、これは明治21年のこと
M27	山形			●			手拭で頬かぶり
M29	福島			●			維新後、嫁を送るときに持参する長持ちは、16、17歳の女ばかりで、顔に墨を塗り、赤い手拭で鉢巻をする。嫁迎えのかご馬引きも17、18歳くらいの女どもが顔を手拭で包み隠し、蘂菰といわれる筵を体に巻いた
M29	東京	●	●				「東京市中の婚礼」より、髪は高島田、まれにつのかくしをすることもあるが、たいていは綿帽子(中流社会）白装束の上に空色ちりめん三つ紋付きの小袖
M29	神奈川			●			花嫁を送るときに持参する長持ち担ぎは、そろいの手拭を鉢巻にした
M27	千葉					●	乗り掛け支度という馬に乗る。折笠を被る。色は紅色か紫。色々をまとうことによっていかに楽しくさせるか、心から百年の苦楽を任せる人のもとに縁付くことに対しての行ない
M27	埼玉		●				角隠しをつけて、嫁入り
M27	群馬		●				上州前橋にて
M29	新潟	●					嫁入りで門まで綿帽子を被り、門について入るときにとる
M27	岐阜	●	●				親戚一同、出向かう人の衣服はうちかけに角隠し（帽子を被る）。年齢によってその幅は色々ある。嫁は白装束に綿帽子、東の都は角隠し。ここでは内掛けに綿帽子。岐阜の維新前後の古風を在する土地の風習と関係あり
M27	岐阜	●					白綿子を着用
M29	長野	●					三々九度が終わるととる
M29	長野	●					松本で綿帽子
M29	山梨		●				角隠しを被り、馬に乗って嫁入り
M29	愛知	●					尾張にて
M27	滋賀	●					彦根にて、立派な笄をつけている
M27	滋賀			●			田上村では紅色、藍色の手拭に松竹梅亀などを染め出したのを被る。三々九度が終わると挨拶のときにわざと落とす。これは吉例とされる。また、髪の飾りを見せないためともされている
M29	三重	●			●		門に入るまでカヅキを被り、座敷ではうちかけに綿帽子で盃をかわす
M27	高知	●					土佐にて
M29	福岡	●					座敷にて白無垢に白の綿の綿帽子
M27	熊本	●					肥後にて
M27	沖縄				●		沖縄では結納を交わし、結婚当日よりおよそ30日前から毎日新婦は被衣布を被り、婿家を訪ね安否を確認して帰宅する風習がある

明治期の婚礼のかぶりものとしては、綿帽子、角隠し、手拭、被衣、折笠があげられるが、この時代に『風俗画報』に記された事例の中で絵と文字の両方で確実に確認できるものだけをみてゆくと、花嫁のかぶりものとして一番多くみられるのは綿帽子である。しかし、北海道や東北地方での例は見当たらない。関東地方では東京と神奈川のみであり、中部地方、近畿地方、中国・四国地方、九州地方にもみることができる。中でも明治二十七年（一八九四）の記述に、「綿帽子」という文言とともに、絵が描かれている。このことは今日の綿帽子が婚礼に被られていたという明確な証拠となる。綿帽子に関しては、江戸後期から婚礼時の着用がみられているので、そのまま継続して用いられていたと考えられる。一方で、東京と岐阜の地域では、綿帽子とあわせて角隠しも被られていることがわかる。「角隠し」という文言や、今日の婚礼に用いられている形式のものがいつ誕生したかは明らかではないが、『風俗画報』での調査によると、少なくとも明治二十四年（一八九一）には、婚礼時のかぶりものとしての「角隠し」の文言が存在していたことは確かである。

このように、明治中期から後期にかけては、花嫁だけではなく、付き添い人や周囲の人も花嫁と同じようにかぶりものをつけていた例がみられるが、この形は、江戸後期でもみられていたものであり、これが引き継がれていると考えられる。ただしその被り方や取り方、着物との組み合わせ方は地域によって異なっていたようである。

図 1-3-1　「江州五ヶ所村婚礼の図」『風俗画報』東陽堂、明治 27 年(1894)7 月 28 日、75 号

（1）綿帽子

先に述べたように、『風俗画報』での調査によると、綿帽子は、北海道や東北地方ではその例が見当たらず、関東地方では東京と神奈川のみである。中部地方、近畿地方、中国・四国地方、九州地方では被られていた。

綿帽子は白装束にあわせて用いるのが通例であるが、岐阜の一部で花嫁は、「白綿子」と呼ばれる真綿のようなかぶりものと、緋無垢の小袖を着装していた例がみられる（図1-3-1）。新潟では、嫁入りのときに婿家の門までは綿帽子を被ってゆき、門に着いて、入る時に取るという。長野・三重では、今日と同様に綿帽子を部屋の中に入っても被り続け、三々九度の盃を交わし終えてから取るとされている。『風俗画報』明治二十九年（一八九六）八月十日号に、宮城県で花嫁が三々九度の最中に津波に巻き込まれている絵が掲載されているが、この絵から宮城では、祝言が終わるまでは確実に綿帽子を被っていたことがわかる。三重では、部屋の中では綿帽子を被り、祝言が終わると取るが、家の門に入るまでは被衣を被って嫁入りをしていたという。『風俗画報』からこの時代に被衣の着用がみられたのは三重県のみであった。この地域では三々九度の盃を交わし終えてから白装束を脱ぎ、美しい裾模様の衣服に着替えていたようだ。この所作には、主席に「ほんの少しだけ顔をあらわす」という意味をもっているると記されていた。顔をあらわすという表現の仕方から、これまで顔を隠しており、祝言の後、その姿をほんの少しあらわにするものと考えられる。

(2) 角隠し

花嫁だけでなく介添人も角隠しを着用する例を含めても、その着装例は関東地方の群馬、埼玉、東京で、中部地方の山梨、石川のみでみられるだけである。どの地域も角隠しをつけたままで嫁入りをする。着装例だけでなく、角隠しに関する記載事項も綿帽子に比べて圧倒的に少ないということは、まだ角隠しの需要が一般的ではなかったということであろう。

(3) 折笠

『風俗画報』から確認できる折笠の着用例は千葉のみであった。しかし、婚礼における笠類の着用例は他の地域でもみられる(図1-3-2、3)。花嫁が馬に乗って嫁入りをする「乗り掛け支度」がある。このとき花嫁は、頭に折笠を被っており、その折笠の色は紅色か紫であった。この色折笠については、色物をまとうことによって楽しくさせるというものと、百年の苦楽を任せる人のもとに縁付くことに対しての心からの行ないという言い伝えがなされている[20]。

この折笠は綿帽子と違って花嫁の姿形を隠す役割はないと思われるが、やはり頭にものをおく、被せるという所作は、婚礼時に欠くことのできないものであったと考えられるのである。

図 1-3-2 「江州五ヶ所村婚礼の図」『風俗画報』東陽堂、
明治 27 年（1894）7 月 28 日、75 号

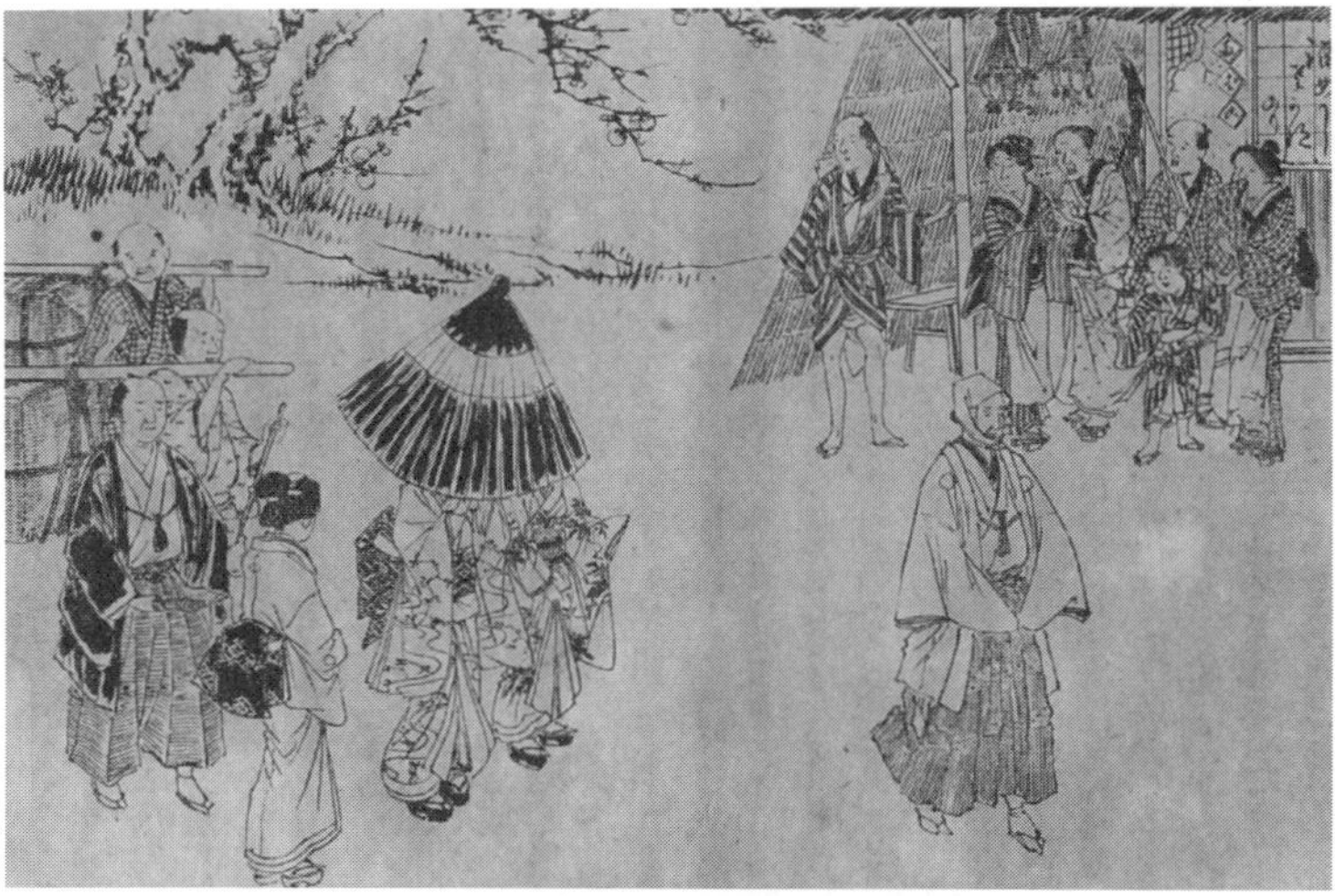

図 1-3-3 「日向地方婚姻の図」『風俗画報』東陽堂、
明治 29 年（1896）1 月 25 日、107 号

図 1-3-4 「北海道江差港婚礼当夜の景況」『風俗画報』 東陽堂、明治 27 年（1894）7 月 28 日、75 号

（4） 手拭

婚礼に参加する人たちが手拭を被る例として、北海道、東北地方、神奈川、滋賀のものがあげられる（図1-3-4）。ここでは手拭以外のかぶりものは用いないという特徴がある。手拭の場合、角隠しと違って頬被りをしたり、頭・顔全体を覆うという使われ方から、綿帽子に近い意味合いをもつものと考えられる。北海道では、嫁も顔を隠すが、参列者老若男女ともども、皆顔がわからないように手拭、風呂敷、頭巾で顔を隠していたようである。

福島では、嫁以外の周囲の民衆がかぶりものをする風習がある。嫁入りするときに、その嫁を見送っている十六歳から十七歳くらいの女だけの顔に墨を塗り、赤い手拭で鉢巻をする。また、嫁迎えのための馬を引く十七歳から十八歳の女たちも顔を手拭で包んでいたという事例があげられている。(21)

これまでみてきたかぶりものは、白の綿帽子、白の角隠し、

図 1-3-5　「東京の奥様」（上）と「田舎の花嫁」（下）（『婦人画報』）

白の手拭などすべて白であったが、色のついた手拭が用いられた所もある。滋賀では紅色、藍色の手拭に松竹梅亀などを染め出したものを用いたようで、色無地以外に柄物もかぶりものとして用いられていた。ここでは、花嫁は三々九度が終ってから挨拶のときに、わざと被っていた手拭を落とすという行為がみられた。ここでの手拭を被るという意味は顔隠しのためではなく、髪飾りをみせないためとのことである。(22)

綿帽子や角隠しというような服飾品で隠すということではないが、嫁自身を覆って隠すという行為の意味には、呪術的な要素も含まれていることをうかがわせてくれる。

以上のように花嫁やその親族、介添人は綿帽子や角隠しのみではなく、手拭、風呂敷、頭巾などを被る例も明治時代にはみられた。

このころの婦人雑誌には、着装の流行に関しての記事も掲載されるようになる（図1-3-5）。明治四十五年（一九一二）三月一日『婦人画報』(23)には、

東京の奥様風俗、品よき丸髷に薄色のコート召して、ゴム輪の車に新式のほろ、さる会よりのお帰りの姿。下総銚子町に出あひし花よめの外出、梢年長けて見ゆれば、或は二度目の嫁入りか、さる漁夫のおかみさんなりとの噂。一寸記者のレンズに入れて都の方々にお目に掛く。

「東京の奥様と田舎の花嫁」『婦人画報』

この記述に該当する写真（図1-3-5）とあわせてみてゆくと、角隠しを被っている千葉県銚子の花嫁は二度目の結婚で、すくなからず歳をとっている女性であるが、明治の終わりごろ、銚子では嫁は外出の際に角隠しを被っていたことがうかがえる。しかしここでは、何も被らず外出する東京の奥様は品《ひん》が良いとされ、角隠しで外出する千葉の嫁は古風であるとされ、当時のかぶりものにも流行があったということがいえる。

二．大正時代の婚礼におけるかぶりもの

表2は、『婦人画報』大正二年（一九一三）から大正十五年（一九二六）までの中から婚礼時のかぶりものの事例を取り上げまとめたものである。この表をもとに、大正時代の婚礼におけるかぶりものについて検討してゆく。

大正期の婚礼のかぶりものには、明治時代に引き続き綿帽子、角隠し、被衣があげられるが、全国的に角隠しを用いている例がほとんどであり、江戸の後期、明治期と盛んにみられた綿帽子の着用頻度が少なくなっている。

また、この時代は婚礼衣裳のスタイルが全国一律でなかったこともうかがえる。大正時代の婚礼時のかぶりものと着衣について、具体的な例をあげると、以下のようなものがみられる。

表２　大正時代　婚礼におけるかぶりもの（『婦人画報』大正2年1月〜大正15年12月より）

		綿帽子	角隠し	カヅキ	
T2.1.10	大阪		●		大阪の婚礼姿はうちかけに角隠し
3.1	秋田				秋田の花嫁の盛装は、白無垢・うちかけに華美な簪をさす
9.1	長崎		●		
T3.9.1		●	●		松坂屋衣装部の考案より、花嫁の仕度として「うちかけと綿帽子」「振袖に角隠し」
T5.8.1	東北	●			お嫁入りの際は何も被らず、三々九度の盃で綿帽子
10.1	東京		●		広告より　鼻が高くなる施術の紹介で角隠し姿が掲載
T6.5.1	東京		●		広告より　婚礼道具の紹介で角隠し姿の花嫁
T7.4.1	京都	●	●		花嫁のおしたく　「白無垢、白綸子うちかけで綿帽子」「色うちかけに揚げ帽子（角隠し）」
4.1	京都		●		白赤黒ちりめん三枚重ねきて揚げ帽子（角隠し）
T7.9.1	東京				東京・京都・大阪の花嫁姿より　東京は何も被らない
9.1	京都				京都は角隠し
9.1	大阪				大阪は角隠し
T8.10.1					実業家の娘　角隠し
T9.8.1	宮崎		●		宮崎の花嫁姿は角隠し
T10.9.1			●		白のうちかけに角隠し
9.1	大阪		●		黒振袖に角隠し
9.1	京都		●		振袖、うちかけ姿。すべてにおいて角隠し
9.1	京都		●		黒紋付三枚重ねとうちかけ。揚げ帽子（角隠し）を被る
9.1					白うちかけに角隠し
9.1	秋田				秋田の花嫁は華美な簪をさす
9.1	奈良		●	●	カヅキと揚げ帽子
9.1	東京				東京において金額比較①練帽子一円四十銭②綿帽子四十銭
9.1	東京		●		白木屋呉服店の衣装展の広告より　花嫁の角隠し姿
T11.1.1	秋田	●			白うちかけに綿帽子
9.1	東京		●		広告より　婚礼道具の紹介で角隠し姿の花嫁。四ツ谷
T12.5.1	京都		●		うちかけ姿、お色直しで角隠し
5.1	佐賀				うちかけ姿、お色直しに黒留袖、何も被らない
T13.1.1	大阪		●		婦人美髪師競技大会においての花嫁の姿は全て角隠し
2.1	大阪		●		
5.1	大阪		●		
7.1	東京		●		
10.1	東京		●		
T14.3.1			●		文金高島田で角隠し
4.1			●		色うちかけに角隠し
10.1			●		婚礼支度の準備と注意より　色うちかけと角隠しの例
T15.4.1	京都		●		
4.1	神戸		●		
8.1	京都		●		
9.1			●		うちかけ姿に角隠し。お色直しは被らない

「三都の婚礼」きみ子
東京・京都・大阪の中流社会においての風俗
〈東京〉

黒の高裾模様、又はぼかし染めの五つ紋の上着に間着が緋無垢、下着白羽二重の無垢を着る。又打ちかけを用いるのは地白や地赤の紋綸子で間着は緋、下着は矢張りの白羽二重。盃が済めば色直しで縮緬の模様物などを着る。

髪は当日島田で翌日になってから丸髷に改める。綿帽子はあまりしない。練り絹でつのかくしとかもうすものよくする。

〈京都〉

保守的であるためこういう儀式も東京に比べて古式が多いよう。町家は派手、務め人などは質素。式服は白綾の振袖に金で刺繍をほどこした上着に間も下着もみな白で色直しに初めて赤を着る。綿帽子を被る。振袖は地質は白絹で金で松竹梅を書いたもの。髪は丸髷。

〈大阪〉

町家が重なので京都に比べて贅を尽くすような傾向にある。大体は京都に似ている。式の服は地白、地赤といって赤と白とを着るのが鄭重であって大方打ちかけを用いる。髪は丸髷。京都と変わったことはない。

『婦人画報』大正二年（一九一三）一月十日増刊・三都婦人風俗号

これによると、東京では綿帽子はあまりみられず、練り絹の角隠しを用いると記述されている。京都・大阪では綿帽子を主に被るようである。花嫁衣裳も東京は黒の高裾模様などの振袖や白地、赤地の打掛がみられ、盃後のお色直しでは模様の入った着物を着用する。京都・大阪は東京よりも古風である。京都においては振袖も地が白で、金の刺繡をほどこしたものであった。大阪は京都に似ているとのことであるが、打掛を用いている。そこには綿帽子が着用されており、この組み合わせは古風と記されているのである。

『婦人画報』大正三年（一九一四）九月一日号には、松坂屋衣装部の考案により、「綿帽子に色打掛」、「角隠しに振袖」とあり、基本的には伝統的な形式の打掛には綿帽子、略形式の振袖には角隠しが用いられていたことがわかる。

かぶりものと着物の組合せは、大正七年（一九一八）になると、京都で「綿帽子、白無垢、白綸子打掛」、「揚帽子、色打掛」、「揚帽子、白赤黒ちりめん三枚重ね」となっており[24]、揚帽子（角隠し）が被られるようになる。大正十年（一九二一）には、一般的には、「角隠し、白打掛」[25]という記事が書かれているが、お色直しの際は、「振袖で何も被らない」、「角隠し、黒振袖」、「角隠し、色振袖」というスタイルがこの時代は多くみられることもあげられている。また、奈良では被衣とともに角隠しの古い呼称である揚帽子の着用例が大正十年にみられ[26]、京都でも角隠しとあわせて、揚帽子という呼ばれ方での着用例もみられる[27]。

全国的に被られるようになった角隠しは「角隠し、色打掛」と「角隠し、振袖」の両スタイルがみられるようになった。まだ「伝統的な綿帽子には、打掛」、「新しい角隠しには、略式の振袖」という組み合わせが多いが、東京では白打掛でも角隠しを用いている。大阪では白と赤の組合せで綿帽子を用いる。古風とされる京都の婚礼でも、伝統的な「綿帽子、白打掛」の組み合わせに加えて、「綿帽子、色打掛」という事例もみられるようになる。

しかし、雑誌の掲載頻度から婚礼時のかぶりものを考察してゆくと、圧倒的に角隠しが多い。大正期になると、『婦人画報』をはじめとして、三越や高島屋などの百貨店が出していた雑誌にも婚礼に関する内容の記事が多くみられるようになる。これらの雑誌には全国の婚礼事情や、婚礼の準備の進め方、婚礼時の花嫁衣裳からお色直しにいたるまでの内容が豊富に記されており、婚礼用具の販売広告なども所々にみられる。西洋式の婚礼事情も紹介しつつ、日本女性も西洋スタイル――いわゆる花嫁は白のウェディングドレスとヴェール――で式をあげるシーンも掲載されている。しかしこの時代は、庶民の衣生活における洋装化も少しずつみえはじめる時期ではあるが、婚礼に関してはいまだ古風な日本スタイルが守られており、綿帽子、角隠しなどのかぶりもの着用の事例が依然として日本全土にみられる。

大正時代には、圧倒的に角隠し着用が多くなるとともに、これまで通例とされていた着方である「綿帽子と白打掛」(図1-3-6)、「角隠しと色打掛」(図1-3-7)、「角隠しと振袖」という組み合わせに加えて、「綿帽子と色打掛」(図1-3-8)、「角隠しと白打掛」(図1-3-9)という婚礼スタイルが生まれてきたことがうかがえる。

図 1-3-6 『婦人画報』大正 13 年（1924）2 月 1 日、219 号掲載「花嫁の姿」

図 1-3-7 『婦人画報』大正 10 年（1921）9 月 1 日、188 号掲載「花嫁のお化粧と着付け」

図 1-3-8 『婦人画報』大正 3 年（1914）9 月 1 日、100 号掲載「花嫁のお仕度」

図 1-3-9 『婦人画報』大正 11 年（1922）1 月 1 日、193 号掲載「花嫁の姿」

三　近代における婚礼時のかぶりものの地域差

民俗に関する調査報告書[28]、および地方史などを参考に近代における地方ごとにおけるかぶりものを分類してまとめると、表3のようになる。

昭和初期ごろまでは、一般的にかぶりものは嫁入りの際、嫁入り道具として持ちこむことが多く、その種類は、依然として綿帽子、角隠し、手拭、被衣などがみられる。これらは、明治時代以来の伝統を継承して、婚礼用にも葬礼用にも着用することができるものであった。葬礼でもそのかぶりものの名称は、綿帽子や角隠しと称されていたが、使い方には多少の差異がみられる。

綿帽子を被る地域は、東北地方では青森、関東地方では東京、神奈川、群馬、栃木、中部地方では新潟、岐阜、長野、静岡、近畿地方では大阪、京都、中国・四国地方では山口、鳥取、島根、愛媛、九州地方では福岡、佐賀、長崎、大分、鹿児島である。北海道ではみられず、東北地方では非常に少ない。

角隠しを被る地域は、北海道、東北地方では秋田、宮城、関東地方では東京、神奈川、千葉、埼玉、群馬、栃木、中部地方では石川、福井、岐阜、長野、愛知、近畿地方では大阪、京都、奈良、和歌山、滋賀、三重、中国・四国地方では岡山、広島、山口、香川、徳島、愛媛、高知、九州地方では福岡、佐賀、熊本、宮崎、鹿児島である。このように角隠しは、ほぼ全国的に着用されていることがわかる。

手拭は、北海道、東北地方では岩手、秋田、山形にみられ、九州地方では宮崎、鹿児島と、沖縄のみでみられる。

被衣は、北海道、東北地方では青森、近畿地方では京都、奈良、中国・四国地方では岡山、広島、徳島にみられる。

輪帽子も東京でみられ、袖被りは、中国・四国地方の鳥取、徳島でみられる。

次に婚礼におけるかぶりものの被り方と取り方の特徴を、地域ごとにみてゆく。

表３　昭和初期頃までの儀礼における日本のかぶりもの

『日本民俗地図Ⅵ』、『日本の民俗』の日本全国の資料、『日本民俗誌大系』を重点的に調査・研究し、地方ごとに分類を試み、儀礼におけるかぶりもの事例を取り上げ、さらにその被ることの意味を記した。

		婚礼・祭礼							葬礼					
		綿帽子（深帽子）	角隠し（揚帽子）	手拭	被衣	輪帽子	袖	鉢巻（主に祭礼）	綿帽子	角隠し	手拭	被衣	袖	
北海道・東北	北海道		●	●	●									
	青森	●			●				●				●	左袖を被る
	岩手			●										帽子を被り、口元を手拭で巻く（帽子とは布をさす）
	秋田		●	●										嫁かんざしは、鼈甲まがいの大きなものをつける
	宮城		●											三角帽子を嫁入り道具に入れる（別名四尺帽子）
	山形			●										
	福島								●			●	●	
関東	東京	●	●			●								輪帽子（白の鉢巻）を被る 輪帽子という内側が赤で外側が白の角隠しの幅を細くしたものを頭につける（ヒッカエシという） 島田を結い、その上から赤い布の帽子を被り後ろを針でとめる 輪帽子といって内側が紅で外側が白い絹の帽子を被る
	神奈川	●	●						●					
	千葉		●								●			玄関の敷居をまたぐとき、菅笠を被らせる
	埼玉		●											
	群馬	●	●											白無垢姿にうちかけ。他人に顔を見られないように丸髷の上から綿帽子を被る
	栃木	●	●											嫁が婚家に入るとき白い大きな綿帽子を被って玄関から入る
	茨城													
中部	新潟	●												小袖を着て、綿帽子を被る
	富山													島田・銀のかんざしをさし、角隠しはしない
	石川		●							●		●		
	福井		●							●				
	岐阜	●	●											綿帽子、大正中頃になると角隠し
	長野	●	●								●	●		綿帽子はなるべく用いない（大正6年3月6日「傍陽村婚風規約」より 綿帽子を被り、三々九度が終わると脱がせる 髪を御殿女中風に結い、婚家に着き人力車を降りるときに綿帽子を被る 式が済み次第、綿帽子をはずし嫁を披露
	山梨													
	静岡	●								●	●		●	
	愛知		●			●								

		婚礼・祭礼							葬礼					
		綿帽子（深帽子）	角隠し（揚帽子）	手拭	被衣	輪帽子	袖	鉢巻（主に祭礼）	綿帽子	角隠し	手拭	被衣	袖	
近畿	大阪	●	●						●	●				昔から角隠しで、白無垢・うちかけ 白装束に角隠し
	京都	●	●		●				●					
	兵庫									●				
	奈良		●		●						●	●		
	和歌山		●											
	滋賀		●											
	三重		●								●		●	
中国・四国	岡山		●		●								●	死者が男の場合は左袖、女の場合は右袖
	広島		●		●									
	山口	●	●						●					綿帽子を被り、盃をかわしてから取ってもらう 綿帽子のことを角隠しといい、白装束を着る
	鳥取	●					●						●	死者が男の場合は左袖、女の場合は右袖を被る 地主階層では女性用頭巾のすみに家紋を抜き、これを嫁の衣装のひとつにした紋入り頭巾が大正中頃まであった 綿帽子をかぶり、「上を見るな、下見て暮らせ」という意味があった
	島根	●										●		
	香川		●						●		●	●	●	
	徳島		●		●		●							
	愛媛	●	●		●									
	高知		●											
九州・沖縄	福岡	●	●						●	●	●	●		綿帽子の中の髪型は大正10年くらいまではおさげで、その後島田で角隠し 白の紋服に綿帽子。島田に角隠しもある
	佐賀	●	●											大正初めまで綿帽子を横にして被る 昭和初めまで綿帽子を被る。角隠しをするようになったのは最近
	長崎	●						●	●	●	●		●	綿帽子を被る意味として「二度と里に帰らない」
	熊本		●											
	大分	●												
	宮崎		●	●										
	鹿児島	●	●	●					●		●	●		白衣に白サジ（長さ2尺）を被る
	沖縄			●										祭礼に紫色のサジを被る

《北海道》

北海道では先に述べたように角隠し、手拭、被衣の着用がみられる。

婚礼のときに帽子を被り口元を手拭で巻き、目だけを出す風習もみられた。頭をむき出しにすることは相手に対して無礼だと考えられていた時代が長かったので、客に接するだけでも手拭を姉さん被りにしているところもあった。

北海道の寿都町では、樽入れのほか、イズコに人形を入れ、人形の顔がみえないように手拭で頬かぶりして持ってゆくという風習がみられる。[29] これは嫁が角隠しや手拭、被衣などで顔を隠す意味と関係があると思われる。

《東北地方》

この地方では、青森で綿帽子と被衣の着用がみられるが、他方で、秋田、宮城では、角隠しが着用されている。岩手、秋田、山形では手拭の着用がみられる。

青森の綿帽子の原型は、嫁入りの日に練り絹や麻布に模様のある短い単衣のようなものを被っていた（被衣と思われる）ことが始まりとされ、婿家に入るときにはそれを取ったということである。また、青森の一部の地方では、白布を頭から肩先まで垂らして、顔の部分のみあけていたものもみられる。また、この被り方とは逆に顔部分のみを隠す目的のかぶりものがみられる。

東北地方では綿帽子の着用例が少なく、一方で手拭を婚礼時の花嫁のかぶりものとして用いている。

《関東地方》

東京、神奈川、群馬、栃木では綿帽子と角隠しの両方の着用がみられるが、千葉、埼玉では角隠しのみが用いられていた。東京にだけ輪帽子の着用がみられる。

この地域では花嫁のかぶりものとして綿帽子と角隠しが用いられることが多いが、角隠しのみの地域もある。群馬では、白無垢に打掛で、綿帽子を被ったまま玄関から婚礼の儀を迎える部屋に入り、そのまま祝言を迎えたようである。しかし、時が過ぎるにしたがって、綿帽子の姿はだんだんと消えてゆき、角隠しに移行してゆく。一方、栃木では、綿帽子は玄関に入る際に取ったとのことである。神奈川では、実家を出るときは綿帽子を被っているが、婿家に行く道中で着替えをし、角隠しに被りなおすことがあったようだ。逆に角隠しから綿帽子に被りなおすこともあった。

東京では、輪帽子という白の鉢巻状のものを被っている例もある。一般的に角隠しよりも幅の狭いもので、内側が赤、外側が白の細いものを頭につけていた。これは「ヒッカエシ」ともいわれた。

《中部地方》

新潟、静岡では綿帽子のみの着用がみられる一方で、石川、福井では角隠しのみが被られている。愛知では角隠しのほかに輪帽子の着用もみられる。岐阜、長野では綿帽子と角隠しの両方の着用がみられる。

新潟では、嫁入りのときに綿帽子を被っていたが、しだいに角隠しへと移行していったようである。また、新潟の花嫁は婦人媒酌人とともに歩く道中で綿帽子を被り、婿家の門に入るときにこれを取るという風習と、綿帽子を被ったまま門をまたぎ、綿帽子の上からさらに付添い人が笠を差し掛けるという風習の両方がみられる。

岐阜では大正の前期までは綿帽子の需要がみられていたが、その後、昭和初期には角隠しの着用が主流となっていったとのことである。

《近畿地方》

大阪、京都では綿帽子と角隠しの両方の着用がみられ、この両地域のみで綿帽子は被られている。京都では被衣もみられる。三重、滋賀、和歌山では角隠しのみの着用がみられる。

ほとんどの地域で角隠しが着用され、綿帽子よりも角隠しが主流となっていることがうかがえる。角隠しを被るタイミングであるが、三々九度の盃を交わすときのみ被っていたという例もある。

京都は綿帽子と角隠しの両方がみられるが、いまだに白無垢にあわせて白の薄絹の被衣を被るというところもあった。

奈良の被衣は婚礼で着用するものではなく、嫁入りの際の持参品であった。大阪では「角隠しに白打掛」という例もあり、この組合せは、旧来の「綿帽子に白打掛」という固定概念を変えるものである。

《中国・四国地方》

鳥取、島根では綿帽子のみが被られ、その他の地域では角隠しのみの着用が多くみられるが、山口、愛媛では綿帽子、角隠しの両方の着用がみられる。

鳥取では、綿帽子を被ることに「上をみるな、下みて暮らせ[30]」というその地方の慣わし的な意味合いを持たせていた。山口の袷島では綿帽子のことを角隠しということもあり、どちらとも白装束にあわせて着用し、三々九度の盃を交わした後、かぶりものを取った。岡山、広島、徳島、愛媛では角隠しとともに被衣も用いられている。白無垢を着てその上に被衣を被るというものである。

愛媛の吉海町では頭に綿帽子や、「メンボウシ」という幅五センチの白綸子もしくは羽二重で作ったものを巻き、その上に透ける布で作った長い被衣を被ったという事例があげられている。そして、それらのかぶりものは三々九度が終わったら取った。

徳島では、角隠しをつけた髪の上から白い単衣の被衣を被り、被衣の左袖を頭に入れてゆくという風習があった。また、「ヨメカクシ」といって、道中にどちらが花嫁かわからないように、同じ衣裳の既婚者が花嫁の付き添い人として加わったという事例もある。花嫁の姿全体を隠すという意識が働いていたと思われる。

中国・四国地方では婚礼に袖を用いる例がみられる。

《九州・沖縄地方》

長崎、大分では綿帽子のみが着用されている。一方、熊本では角隠しのみが着用されている。福岡、佐賀、鹿児島では綿帽子と角隠し両方の着用がみられ、沖縄では手拭の着用がみられる。この手拭は宮崎、鹿児島でも用いられている。

角隠しが主流となってきている時代であるが、いまだ綿帽子の着用も角隠しと同様にみられる。佐賀では昭和のはじめまで綿帽子の着用がみられ、その後角隠しへと移行していった。

長崎では綿帽子を被ることで、「二度と里に帰らない[31]」ことを意味すると言い伝えられており、福岡、佐賀、長崎では、「ナベブタカブセ」が行なわれていて、嫁が婚家に入るときに鍋の蓋や、わらで作った釜の蓋を被せる風習がある。(32)

『婦人画報』明治四十五年(一九一二)一月十五日増刊・新家庭号の「婚礼に関する諸国風習」自笑散人に、

肥前の国佐賀県あたりでは、窯蓋《かまぶた》を以って新婦の登場を覆うことを例とする。これは新婦としての窯神《かまどかみ》の加護によらしめ、ほしいままに帰去することなきようにとの呪い。(33)

という内容が掲載されており、この風習は明治時代にはあったことが明らかである。

以上、女性のかぶりものについて綿帽子、角隠しの着用例と、その取るタイミングについて地域ごとにみてきた。この時期の特徴としては、「綿帽子」の着用はしだいに少なくなり、全国的に「角隠し」が主流となっている。しかし一方では、北海道、東北、近畿、中国・四国地方の一部ではまだ被衣の着用もみられる。また、袖被りも鳥取、徳島で行なわれており、婚礼時のかぶりものは、数種類のものがみられる。その名称も、山口の給島では綿帽子のことを「ツノカクシ」と称しており、「綿帽子」と「角隠し」が混乱している例もある。

四．近代の婚礼におけるかぶりものの意味

明治以降の女性は、日常的には顔を隠すという風習はほとんどみられなくなっているが、婚礼などの儀礼時には、顔を隠すという所作が残っている。明治時代の婚礼時のかぶりものでは、『風俗画報』や『婦人画報』の雑誌などの記事をみる限りでは、綿帽子が主流として着用されている。この綿帽子は、白打掛にあわせて着用され、このスタイルには、かぶりものを門の前で取る例や、三々九度が終わるとすぐに取る例、また、被りつづけている例など、さまざまなパターンがみられた。しかし、大正期になると綿帽子も引き続き被られるが、大部分は角隠しを用いていることが明らかになった。特に東京の例では綿帽子はほとんどみかけられず、角隠しが一般的となっている。一方で、大阪、京都では一部で角隠しも被られてはいるが、主たる婚礼時のかぶりものは綿帽子であった。すなわち大阪、京都の方が伝統を重んじていたことがうかがえる。

大正・昭和期においては、かぶりものは嫁入りの際の嫁入り道具として持ち込み、婚礼用にも葬礼用にも着用したようである。かぶりものだけでなく衣裳も婚礼時と同じ白装束を葬礼用に着用するところもあった。この時代の主流は全国的に角隠しとなっている。

しかし地域ごとにみてゆくと、婚礼時のかぶりものは、全国的にばらつきがみられた。その中で長野県では、規約により、最初から「婚礼時にかぶりものをしてはいけない」という風習もみられた。また、

嫁入りの際の道具のひとつとして被衣を持参する地域もみられたが、これは実際に被ることはせず、イミテーションであったという例も調査により知ることができた。婚礼スタイルもひとつの形だけではなく、バリエーションが豊富になってきた。これまでの一般的な着用パターンであった「綿帽子に白打掛」、「角隠しに色打掛」というスタイルに加えて「綿帽子に色打掛」、「角隠しに白打掛」という形式もみられるようになってきている。また、「角隠しに振袖」というスタイルもあり、お色直しの回数も増え、婚礼衣裳としての組み合わせの自由により、見た目の美しさや、着物との調和を考えてかぶりものの形式を選択できる時代になってきたということであろう。

最後に、今までの調査から花嫁がかぶりものをする意味について考えることにする。

綿帽子は、顔がみえないくらいに目深に被ることで、顔を他人にみられないようにするという目的があり、取るタイミングについても、大部分は三々九度の祝言を終えた後という例が多くみられ、綿帽子を取ることは、嫁を披露するという意味があったと思われる。

角隠しは、顔を隠しているわけではないので、かぶりものを取ることでの花嫁を披露するといった意味はない。むしろ「髪を隠す」という意味が強かったのではないだろうか。また一方で、「女性が嫁入りするにあたって怒りを象徴する角を隠すことで、柔順でおしとやかな妻となることを示す」や「かつて女は嫉妬に狂うと鬼になるといわれていたため、鬼になることを防ぐための一種のまじない」などの諸説もある。(34)

北海道、東北、九州、沖縄地方で多くみられた手拭は、花嫁以外に、付添い人や、参列する人、周囲の民衆にその着用がみられた。また、儀礼のときのみならず日常にも被っていて、頭をむき出しにすることは相手に対して無礼だと考えられていたという意味があった。さらに他人に会う際、髪型を整えるという一種の礼儀作法として手拭を被っていたとも思われる。その事例として和歌山では、

手拭を被って挨拶をするということであるが、婦人は外出するときは新しい手拭を懐中し、他家を訪えばその家ではまず炉辺に請けず、炉辺に座したる訪問の夫人はおもむろに懐中から手拭を出し、これを頭にかぶりたる。改めて挨拶、所用の辞を述べる例とする。これ乱髪を見せぬための礼装の意味。老女の間に見るもの。(35)

という記述があげられている。手拭のほかに風呂敷や頭巾の着用も同様の意味を持って着用している例もみられる。

以上のように、現在婚礼時に使われている「角隠し」という文言は、明治、大正時代からのものと思われるが、その意味として、

婚礼は神祭りの儀式で、自然の力を身につけるためにヒカゲノカズラ等のつる草を頭に巻いた髪が桂巻・かずら巻の髪型に変化し、布をかけるようになったのが現在は角を隠すためだとも言われている。(36)

という説がある。神事のヒカゲノカズラが角隠しの原型であるというものである。しかし、私はむしろ角隠しには、綿帽子や被衣、手拭などにはみられない「髪を隠す」または「守る」という意味を考えたい。古い時代から女性の長い髪には霊力が宿ると考えられていた。(37) 霊が宿るとされる髪を覆い隠すことによって、外から悪霊が取りつかないようにという思いの言い伝えが、婚礼にその形を残していったのではないだろうか。

註

1 宮本常一・原田伴彦・原口虎雄編『日本庶民生活史料集成 第十二巻』(三一書房、一九七一年)に所収。
2 註1前掲書、三〇七頁。
3 棚橋正博・村田裕司著『絵でよむ江戸のくらし風俗大辞典』(柏書房、二〇〇四年)に所収。
4 註3前掲書。
5 註3前掲書。
6 註1前掲書、三一二頁。
7 竹内利美、原田伴彦、平山敏治郎編『日本庶民生活史料集成 第九巻』(三一書房、一九六九年)に所収。
8 註7前掲書、六二五頁。
9 註7前掲書。

10 註7前掲書、五〇六頁。
11 註7前掲書。
12 森銑三、鈴木棠三編『日本庶民生活史料集成　第十六巻』（三一書房、一九七〇年）に所収。
13 註12前掲書、五四二頁。
14 註7前掲書。
15 註7前掲書、六七八〜六七九頁。
16 註7前掲書。
17 註7前掲書、六二一〜六二三頁。
18 註7前掲書、七一三頁。
19 『風俗画報』十六号（明治二十三年〈一八九〇〉五月十日号）〜四〇三号（同四十三年〈一九一〇〉一月五日号）（東陽堂）までを調査。
20 渡部乙羽「縁談綺語」（『風俗画報』七五号（明治二十七年〈一八九四〉七月二十八日号）日本婚礼式中巻、東陽堂）。
21 「磐城地方婚礼の奇習」（『風俗画報』一一三号（明治二十九年〈一八九六〉五月一日号）日本婚礼式下巻、東陽堂）。
22 註20参照。
23 『婦人画報』六七号（明治四十五年〈一九一二〉三月一日号、東京社）。
24 『婦人画報』一四五号（大正七年〈一九一八〉四月一日号、東京社）。
25 『婦人画報』一八八号（大正十年〈一九二一〉九月一日号、東京社）。

26 註25前掲書。
27 註25前掲書。
28 文化庁編集『日本民俗地図Ⅶ　婚姻』（財団法人国土地理協会、一九七八年）は、昭和三十七〜三十九年にかけて、民衆（明治生まれを含む）に生活習慣文化等について調査したもの。民俗学研究所編集『日本の民俗』（平凡社）は、北海道から沖縄まで全四十七巻出版されている。上記二種の文献と『日本民俗誌大系』全十二巻（角川書店）を中心に調査。『日本民俗誌大系』全資料の中から本節で扱った部分は『第四巻』〔雑賀貞次郎「牟老口碑集（和歌山）」昭和二年八月十八日〕、『第九巻』〔今野園輔「檜枝岐民俗誌（福島県）昭和二十六年七月五日〕、『第十二巻』〔武田明「祖谷山民俗誌（徳島）」昭和三十年八月二十日〕、『第六巻』〔最上孝敬「黒河内民俗誌（長野県）」昭和二十六年十月十五日〕、『第十巻』〔安川弘堂「筑前大島の民俗（福岡県）」昭和六年一月七日〕である。
29 宮良高広・萩中美枝・小田島政子『北の生活文庫　第四巻　北海道の家族と人の一生』（北海道新聞社、一九九八年）一七七頁。
30 文化庁編集『日本民俗地図Ⅶ　婚姻』（財団法人国土地理協会、一九七八年）一九六頁。
31 註30前掲書、二九〇頁。
32 註30前掲書、三九〇頁。
33 註23前掲書。
34 服装文化協会編纂『服装大百科事典　上』（文化出版局、一九六九年）六八四頁。
35 『日本民俗誌大系　第四巻　近畿』（角川書店、一九七五年）二一五頁。

36　大宮市立博物館『第二十回特別展　晴れの日　夜の嫁入り調査報告』（一九九七年）。

37　飯島伸子『髪の社会史』（日本評論社、一九八六年）、荒俣宏『髪の文化史』（潮出版社、二〇〇〇年）を参考。

図版出典

図1－3－1　「江州五ヶ所村婚礼の図」（註20前掲書）

図1－3－2　「埼玉県北葛飾郡近方嫁入りの図」（註20前掲書）

図1－3－3　「日向地方婚姻の図」（『風俗画報』一〇七号（明治二十九年〈一八九六〉一月二十五日号）、東陽堂）

図1－3－4　「北海道江差港婚礼当夜の景況」（註20前掲書）

図1－3－5　「東京の奥様（上）と田舎の花嫁（下）」（註23前掲書）

図1－3－6　「花嫁の姿（一）」（『婦人画報』一九三号（大正十一年〈一九二二〉一月一日号）、東京社）

図1－3－7　「花嫁の姿（二）」（註25前掲書）

図1－3－8　「花嫁のお仕度」（『婦人画報』一〇〇号（大正三年〈一九一四〉九月一日号）、東京社）

図1－3－9　「花嫁の姿（一）」（註25前掲書）

第四節　花嫁はなぜ角隠しをつけるのか

増田　美子

一・花嫁のかぶりものの意味

第一節でみたように、日本においては、平安前期に儒教および密教の影響のもと、上流女性は奥にいることを善しとし、外の者には顔をみせないことをマナーとする風習が生まれた。したがって、外出は基本的に車であり、下車の際には扇で顔を隠した。また、神社仏閣に詣でる等の徒歩での外出の際は、市女笠から厚手の枲垂衣《むしのたれぎぬ》を垂らすか、あるいは被衣を深く被った上に扇や袖で顔を隠すといった風が行なわれるようになった。この風習は、鎌倉・室町時代を通して江戸時代にも継承されてゆく。第二節で梅谷知世氏が述べているように、江戸時代前期には、上流女性を対象とした儒教による新たな教育思想にもとづいた男女観を説くさまざまな教訓書が刊行され、武家女性も人前に姿をみせないことを規範とし、外出時には、被衣や笠が必需品となった。

一方、中流以下の女性たちの間でも、鎌倉時代には被衣を被ることが一般的となったが、この場合の被衣は顔を隠すというよりもむしろ、女性の象徴としての髪、さらには女性の身体そのものを隠す目的で被られたものであった。その背景には、仏教の影響がうかがわれる。

このような日常的に女性がかぶりものをするという風習を背景として、室町時代以降の嫁入り装束の必須アイテムとしてのかぶりものがみられるようになる。礼式家伊勢流の伊勢貞陸の記した『よめむかえのこと』(1)によれば、花嫁は、

はたそのうへ（上）に、こうばい（紅梅色）。そのうへに、ぬい（刺繍）にてもはく（箔）にても、しろあや（白綾）。もん（文様）は、さいはひびし（幸菱）。かづきは、しろをりもの（白織物）。是もさいはいびし。うきおりもの（浮織物）にて候。（よめいりのいしやうの事条）

とあるように、白綾地に幸菱文様（花菱が四つ菱形に組み合わされた文様）の被衣を被ることが記されている。

嫁入り婚が文献にみえはじめるのは鎌倉時代であり、被衣が多くの女性の外出時の必需品となる時代と重なる。嫁入りは当然、女性の外出を伴なうものであり、嫁入り装束として被られる被衣には、まずこの時代背景があることは確かであろう。しかも、これらの武家故実書に記されている嫁入り装束の対

象者は上流武家女性であり、平安時代以来マナーとされ続けた、貴人女性の顔隠しの伝統の継承という意味もあると思われる。

しかし、室町時代の花嫁の被衣姿には、前記の意味以外に、日本人の伝統的な神仏との関わりの姿がうかがえるのである。中世においては、嫁入りは基本的に夜間に行なわれた。しかも、その花嫁衣裳は白装束である。この白装束に関しては、穢れのない身体の象徴という解釈が一般的になされているが、この穢れの本来の意味は、今日的な花嫁の純潔の象徴といったような卑俗的なものではない。かつて日本各地では、婚礼を葬礼に擬す習俗が存在していた。(2) この理由については、嫁は葬礼と同じく一度家を出たら再び帰らないことを定めとするとの説明がなされているが、(3) おそらくこれは後世の付会《ふかい》であろう。新たに嫁入り婚が始まった時に、その行列をわざわざ危険が倍加する可能性の高い夜間に行なったのは、その儀礼の葬礼との類似点から推測すると、葬送を夜間に行なっていた理由と同じ理由が考えられるのである。(4)

すなわち、わが国では古くより神は夜動き、降臨すると考えられていた。大嘗祭の神祭りをはじめとして各地に伝わる神事が真夜中に行なわれるのも、この理由からであろう。古代において葬送が、この神々が動き、降臨するとされる夜間に行なわれたということは、死ぬと神になると信じていた人々が、(5) 神々の祝福を受ける意味でのものであったのではなかろうか。新たに嫁入り行列という風習が生じた時に葬礼と似た儀礼を行なったのは、葬礼に擬したというのではなく、人々が死の儀礼の中に守り続けてきた神への思いの伝承の上に、同種の儀礼を行なったということかと思われる。神々が動き、降臨する夜間に嫁入りを行なうようにしたのは、神々の加護・祝福を受けることが目的だったのではなかろうか。花嫁が白装束を装った理由も、神の加護を受ける身としての神聖な装いである白装束だったと考えられるのである。したがって必然的に、神々が動き、降臨する夜間の道中に被る被衣も、白となる。

すでにみたように、中世における女性の被衣普及の最大の理由は、極楽に転生するために女性を隠すことであった。古代において仏教を受容するにあたって、日本人は自分たちの信じていた神々と新たに入ってきた仏とを混融させ、独特の宗教観を生み出してゆく。いわゆる神仏習合であり、これは明治元年（一八六八）に神仏判然令が出されるまで、日本人の宗教観であり続けたものである。嫁入り行列の際の花嫁の被衣は、この神仏習合の産物といっても過言ではないであろう。その色の白は神に対してのものであり、被衣を被るのは、仏教の教義に則っての女性を隠すことの伝統の継承である。そしてさらに、これに高貴の象徴としての顔隠しの意味が加わって、中世末期の嫁入りの際における被衣を被る風習が成立したと考えられる。

しかし、この神との関わりで考えられる花嫁の白装束と白被衣の意味は、江戸時代には薄れてくる。江戸中期の伊勢貞丈の『貞丈雑記』によれば、このころになると大名たちの婚礼は古法に背いて、もっぱら正午ごろに行なわれるようになる。この傾向は、葬礼においても同様であった。

梅谷氏が第二節で述べているように、伊勢貞丈の記した『婚礼法式』では、上流武家の姫君は、二の間・三の間まで担ぎこまれた輿から降り、座敷に入る時に幸菱の白綾被衣をかづき、座敷に着座した時は被衣を脱ぐとある。しかも、輿から座敷までの間に被衣を被る理由として、「女の顔を隠す為也」と記されている。一方で、武家から上層庶民層にまで影響を及ぼしたと考えられるのが小笠原庶流の一つの水島流であり、『婚礼推喠記《こんれいすいとうき》』によると、花嫁は輿の中から被衣を被り、控室に着座すると取るか、婿方の待上臈が出迎える場所で取るかである。しかも、花嫁が輿から降りる時は、輿のまわりに屏風を立てて、下々の者にみえないようにするとのことである。おそらくこれらは、平安時代以来の、上流女性は奥にいるのを善しとし、外の者には顔をみせないことをマナーとする風習を継承してのものであろう。

一方で、元禄のころより、中流以下の町人層の花嫁のかぶりものとして綿帽子がみられるようになる。経済的にゆとりのある町人は、白小袖・白打掛に綿帽子姿であるが、花嫁衣裳を特別に用意することができない庶民たちも、綿帽子だけは被っている。この場合の綿帽子は、控えの間で化粧直しをするとともにそこで被り、そのまま祝言の盃事を行ない、盃事が終わって色直しとともに取るのである。この町人の婚礼時の綿帽子は江戸後期まで継承され、武家の婚礼にも綿帽子は普及していった。

江戸時代の婚礼におけるこの綿帽子は、一つには、平安時代以来脈々と伝えられてきた上流女性の顔隠しの風習に倣ったということが考えられる。いつの世においても人々の上昇志向は変わらず、人生最大の晴れの儀式である婚礼時だけでも、できるだけ上流層に近づきたいとの意向が働くのはきわめて自然のことであろう。

しかし、花嫁の綿帽子の意味はそれだけではない。なぜなら、上流女性は祝言の場では何も被っていないにもかかわらず、中流以下は綿帽子を祝言の場で被るのである。伊勢流・小笠原流ともに祝言では、伊弉諾尊《いざなぎのみこと》・伊弉冊尊《いざなみのみこと》の二神を祭って行なわれると記されている。この二神の前で行なわれる儀礼の際に被られる綿帽子は、中世において仏教思想の普及によって女性に求められた、女性の象徴である髪を隠すという行為の継承であり、それは裏返せば、神仏へのつつしみを表現するという意味ともなるものであろう。

江戸中期以降になると、日常的に、武家女性・町人女性の間でひらり帽子や輪帽子が好まれるようになり、安永から寛政年間（一七七二〜一八〇一）以降になると、今の角隠しと同様の形態の揚帽子《あげぼうし》が被られるようになる。前節で梅谷氏が引用している（六九〜七〇ページ）小川顕道の記した、『塵塚談《ちりづかばなし》』(6)には、さらに続けて、

> 我等若年の頃は、……其の外流行の帽子を売歩行ける。これもいつか絶て、近年帽子売なし。帽子売の来たりし頃は、武家の婦女、礼服には勿論、他行の節はかぶりけるが、近年帽子を被る女さらに見えず。諸侯の奥方、他行の時は、供の女帽子を用る家多し。

との記述がみえ、顕道が若年であった延享から宝暦（一七四四〜六三）のころには、武家の女性は儀礼の時も日常の外出の時も帽子をかぶっていたことがうかがえる。しかし、彼がこれを記した文化十一年（一八一四）ごろになると、いずれのかぶりものも、極上流女性を除いて日常の場からはほぼその姿を消すとのことである。同様のことは、梅谷氏が第二節で引用の『甲子夜話《かっしやわ》』の文政五年（一八二二）の項（七六ページ）にもみえている。宝暦十年（一七六〇）生まれの著者松浦静山《まつらせいざん》が若年であった明和・安永（一七六四

〜八〇）のころには、上流武家女性は外出の際には帽子を被るのが常態となっており、年始の挨拶など晴れの時の往来には、連れてゆく侍女もみな、帽子を被っていた。その風習は武士の間だけのものではなく、結婚している町人女性にもみられ、彼女たちは晴れの時には帽子を用いていた。しかし、文政五年のころには上流武家の女性も帽子は被らなくなり、十一月の少女の帯解の祝いの時だけに継承されて残ってきているということである。

この『甲子夜話』と『塵塚談』の話とを総合すると、十八世紀の後半までは、帽子が上流武家女性の外出時や町人の晴れの時には用いられていたが、十九世紀前半ごろになるとほとんど廃れてしまったということになる。ただ、十一月の少女の帯解《おびとき》の祝いに神社に詣でる時には、十九世紀に入っても依然として被られており、一部の晴れの儀式には残っている。おそらく、この晴れのかぶりものの一つとして、婚礼の時の帽子も残っていったのであろう。ただしこのころの流行の帽子は、揚帽子である。帯解の祝いの時のかぶりものも、それまで輪帽子であったものが、天明（一七八一〜八八）のころより揚帽子に変化していることからも、揚帽子の流行がうかがえるであろう。

二．角隠しの流行

第三節で諏訪原貴子氏が述べているように、幕末から明治初期にかけての花嫁のかぶりものの主流は綿帽子であった。そして、介添人の女性が揚帽子を被る形が多くみられ、角隠しと同形態のものは、揚

帽子の名称が一般的に使われている。「角隠し」の文言は、『塵塚談』に文化十一年（一八一四）ごろのこととして、

一向宗門の婦人、角かくしとかいふて、綿ぼうしに似たる者を、寺参りには必ず被る事、是綿帽子の遺風成《いふうなる》べし。

とみえるのが早いものであろう。一向宗門の女性もこのころになると綿帽子に代わって角隠しを被るようになったということであるが、一向宗門の女性が寺参の時に被っていた綿帽子、そしてさらにはこれに代わって被った角隠しには、中世の仏教思想により普及した被衣の意味が継承されていることは明らかである。諏訪原氏が第三節で引用しているように、江戸後期から明治初期にかけての記録である「弘《こう》藩明治一統誌月令雑報摘要抄《はんめいじいっとうしげつれいざつぽうてきようしょう》」にも、六十歳以上の女性が日常的に黒色の角隠しを夏冬とも被っていることがみえる。これらの一向宗門の女性の角隠しや老女の角隠しと後の花嫁の角隠しが同類のものかどうかは不明であるが、角隠しの文言がこのころからみえていることは確かである。

しかし、明治時代を通して花嫁のかぶりものの主流は、やはり綿帽子であった。東京や岐阜の一部で角隠しの着用例がみられるが、角隠し着用は介添人の場合が多い。このほか、地方によっては、折笠や手拭などのかぶりものも一部でみられる。これが大正時代に入ると、全国的に花嫁のかぶりものは角隠しが主流になるとともに、従来通例とされてきた着方である「綿帽子に白打掛」「角隠しに色打掛」「角

隠しに振袖」の組み合わせにも変化がみられるようになる。江馬務氏は大正二年（一九一三）発行の『現代結婚宝典』に、花嫁の「真《しん》」の式服は白練絹被衣・小袿《うちぎ》、「行《ぎょう》」は打掛・白紗帽子、「草《そう》」の式服は練絹輪帽子・振袖と記載されていると述べており、[7]大正初期においても理念としては、まだ明治以来の伝統は継承されていたことがうかがえる。ただし、この場合の「真」の式は従来の大名クラスの人々のものであり、ここで記されている「行」が民間の格式ある式服と考えてよいであろう。

しかし、大正三年（一九一四）の『婦人画報』に、松坂屋衣装部の考案によるものとして、「綿帽子に色打掛」「角隠しに振袖」の文言がみえる。このことは、伝統的な格式ある花嫁衣裳としてのかぶりものの綿帽子に、新しく色打掛をと提案しており、実際に大正の後期になると「綿帽子に色打掛」「角隠しに白打掛」というパターンもみられるようになる。中でも、かぶりものの主流は角隠しに移行した。すなわち、あくまでも花嫁のかぶりものとしては略式のものであった角隠しが、格式高い装いである白打掛とも組み合わされるようになり、花嫁のかぶりものの主流となっていったことがうかがえる。

大正時代になると、角隠しが花嫁のかぶりものの主流となってゆくという変化は、東京等の都市部を中心とした生活様式の変化と無縁のものではない。特に、大正十二年（一九二三）九月の関東大震災は人々の意識を大きく変えた。大惨事の教訓から、復興とともに人々の間には合理的・効率的・実質的なものを尊重する風潮がみられるようになる。[8]そして、マスメディアの発達と新聞の読者層の大幅な拡大は、[9]この東京の人々の意識の変化を地方にも伝播させる役目を果たした。また一方で、明治末から大正にかけて三越をはじめとして白木屋・松屋・大丸等の百貨店が意識的・積極的に流行作りを進めるようになり、各百貨店はPR誌を出すとともに、地方都市にも出張販売をするようになる。[10] こうして東京人の思考や流行は、従来とは桁違いのスピードで地方にも拡大し、伝統的な婚礼衣裳にも変化がみえはじめたことと思われる。

大正十四年（一九二五）十二月の『読売新聞』には、「いろいろな式の模様」という特集記事がみえる。一日が「日比谷大神宮の神前結婚式」で、三日が「永島式結婚式」、そして四日・五日が「基督教《きりすときょう》の結婚式」、六日・七日が「築地本願寺が行なう仏前の結婚式」、八日・十一日が「金光教の結婚式」、十二・十三日が「新案音楽結婚」という形で、当時広まりつつある神前結婚式や永島式結婚式とともに、さまざまな結婚式が紹介されている。しかも、その所要時間の短さや費用の安さまで記載されており、このような結婚式の多様化・合理化の情報が、全国ネットで配信され、これらの流れの中で花嫁衣裳の簡略化・多様化も進行したと考えられるのである。

三．花嫁の角隠しの意味

最後に、現代も花嫁衣裳の定番として被られている綿帽子や角隠しの意味についてまとめておきたい。諏訪原氏が第三節で、これらの近代における意味の事例を挙げている。鳥取での「上をみるな、下みて暮らせ」や、長崎での「二度と里に帰らない」という綿帽子を被る理由は、おそらく、後世の付会であろう。「上をみるな、下みて暮らせ」は、綿帽子を被ると下しかみえないことから来たものであろうし、「二度と里に帰らない」は、おそらく葬礼時のかぶりものとの共通点からのものであろう。一方で、角隠しの意味として、霊が宿るとされる髪に悪霊が取りつかないようにするためのものという言い伝えや、神事の装いとしての鬘《かずら》が布になったものが角隠しであるというような言い伝えもある。鬘は神の依り代であり、神の恩顧を受けるためのものである。おそらく角隠しの細長い鉢巻に似た形態が、鬘の形態と似通っているところから来たものであろう。両者とも表現は異なるが、いずれも角隠しに神の恩沢をみているのであり、古代の人々の神への関わりの姿を伝えたものである。そしてこれらは花嫁衣裳の白の意味と同根のものである。

しかし、すでにみてきたように、婚礼衣裳の角隠しは揚帽子から来たものであり、婚礼の装いとしては綿帽子の簡略形としてのものであって、新たに花嫁のかぶりものとして誕生したものではない。おそらくこれらの言い伝えは、民俗信仰の中から生まれてきたものであって、角隠しの本源的な意味ではないと考えられる。

婚礼における綿帽子にこめられた意味についてはすでに触れたのであるが、平安時代以来脈々と伝えられてきた上流女性の顔隠しの風習に倣ってそれを継承していったということと、女性の象徴である髪を隠して神仏へのつつしみを表現するという二つの理由があげられる。角隠しは、大正時代以降、綿帽子の簡略形として普及したものであり、当然綿帽子のもつ意味を継承していると考えられ、そしてこれは今日の花嫁の角隠しの持つ意味にもつながるものであろう。

では、揚帽子がなぜ角隠しの名称に変化していったのであろうか。諏訪原氏の調査によると、明治二十四年（一八九一）の『風俗画報』には、婚礼時のかぶりものとして今日の角隠しと同形のものが「角隠し」の名称で用いられているとのことである。おそらくこの明治の半ばごろより、揚帽子は「角隠し」の名称で呼ばれるようになっていったのであろう。

「角隠し」の文言は、管見では、前述したように、『塵塚談』にみえる江戸後期文化十一年（一八一四）ごろの一向宗の女性が被っていた綿帽子に似た形式のかぶりものの称が早いころのものである。この浄土真宗門徒女性が、寺参の際にかぶりものを被っていたのは、中世以来の仏教の伝統、言い換えれば真宗の教えの伝統によるものと思われる。親鸞は、人間は「罪悪深重《ざいあくしんちょう》にして、煩悩熾盛《ぼんのうしじょう》」の存在であるとし、[11]中でも女性は罪深い存在であると説いている。すでに第一節で述べたように、この罪深い女体を隠す意味で、被衣により全身を隠し、さらには女体の象徴的存在である髪を隠すために、綿帽子や布類等のかぶりものを被ったと考えられるのであるが、このかぶりものを「角隠し」と称したのは、角に人間の「罪悪深重・煩悩熾盛」を象徴させたからであろう。自分の中にある角をみつめ、そして心してこれを覆い隠すという意味で、真宗門徒女性の寺参の際のかぶりものを「角隠し」と称したのではないであろうか。江戸後期に、極楽浄土に往生した女性の条件としてあげられているのは、「従順」「柔和・慈悲」「温和」等であり、[12]角を自覚し、心して隠すことが説かれている。

この真宗門徒女性に求められた「従順」「柔和・慈悲」「温和」等の性向は、明治時代の女性に求められた道徳でもあった。明治のわが国の女子教育をみると、明治五年（一八七二）に設立された官立の東京女学校の学科目は、国語・英語・手芸・雑工であった。この東京女学校は明治十年（一八六七）に廃校となり、明治十五年（一八八二）に東京女子師範学校付属高等女学校が設立されるが、その学科目には、東京女学校にはなかった裁縫・礼節・家政・育児の科目が設けられており、明治初年の女学校設立時の考え方が変化してきていることがうかがえる。修身の時間も、男子の中学校の倍以上の時間が組まれた(13)。明治十年代の自由民権運動の波により、女性にも意識の高い者があらわれたが、このことはかえって為政者には逆効果として働いた。自由民権運動の弾圧、欧化政策への批判に伴なっての日本の伝統の見直しという国粋思想風潮の高まりの中で、女子教育の反動化は強まった。明治十九年（一八八六）に文部省より出された「東京高等女学校生徒教導方要項」の一項には、「最後　凡一年間ハ、夫妻ノ関係、舅《しゅうと》姑《しゅうとめ》ニ対スル心得・育児法・家事整理法……等ヲ講究セシムル事」とあり、その教育方針は徹底して良妻賢母を教えこむものであった(14)。

先述したように、花嫁のかぶりものに現在の角隠しと同形のものが、「揚帽子」の名称ではなく「角隠し」の名で称されるようになるのは、明治二十年代に入ってからである。この花嫁のかぶりものに用いられた「角隠し」の名称は、明治十年代後半からの女子教育の反動化の産物であり、一般的にいわれているように、「どんなことにも怒らず角を出さない」という道徳的意味づけからのものと考えられるのである。そしてそのヒントは、浄土真宗門徒女性が「従順」「柔和・慈悲」「温和」等の表象として被っていた「角隠し」の名称にある可能性が大きいのではなかろうか。

すなわち、花嫁の角隠しには、儒教に基づいて求められ続けた平安前期以来の上流女性の顔隠しの風習の伝統と、仏教における女性の立場から来た女体そのものを隠すこと、さらにはその象徴としての髪を隠すこと、および、「角隠し」の文言にこめられている自らの角を自覚して心を隠し、従順・温和を求められた明治時代の嫁の伝統がこめられている。

「角隠し」という、今日まで和式結婚式の定番として被られ続けている花嫁のかぶりものには、実は、平安前期以来一二〇〇年にも及ぶ日本の「男社会」において形成されてきたジェンダー観の、長い長い歴史がその奥に隠されているのである。

註

1 本稿の『よめむかへのこと』は、群書類従第二十三輯（続群書類従完成会、一九六〇年）による。『よめむかへのこと』には、「御こしめされ候ば。二のま三のまへまはし申して。それよりをりさせられ候べし。」とみえる。著者の伊勢貞陸は、生年不詳であるが、一五二一年に没しているので、これより前の記述である事は確かである。

2 伊勢貞丈『貞丈雑記』（一七六三〜一七八四年までの日々の雑録であり、一八四三年刊行）にも、「婚礼にしろき小袖を用いる事、葬礼の学び也と今世上にいふ人あり。」とみえる。

3 諏訪原貴子、本書第三節、長崎の例など。一二五頁。

4 婚儀を夜間に行なう理由について、大橋又太郎編『日用百科全書』（一八九五年刊行）第一編和洋礼式条では、「婚礼は夜する物也。されは古法婚礼の時、門外にてかがり火たく事、上臈脂燭をとぼして迎に出る事、旧記にある也。男は陽也。女は陰也。昼は陽也。夜は陰也。女を迎ふる祝儀なる故、夜を用いる也。」と、陰陽説で説明しているが、これは明治時代の解釈である。

5 拙著『日本喪服史〔古代編〕葬送儀礼と装い』（源流社、二〇〇二年）八〇頁。

6 本稿の『塵塚談』は、『燕石十種　第一巻』（中央公論社、一九七九年）による。

7 江馬務「結婚の歴史」（『江馬務著作集　第七巻』中央公論社、一九七六年）三七三頁。

8 井上光貞・永原慶一・児玉幸多・大久保利兼編『日本歴史大系5　近代Ⅱ』（山川出版社、一九八九年）三五六頁。

9 註8前掲書、三七九頁。

10 山本武利・西沢保『百貨店の文化史』（世界思想社、一九九九年）八九頁。

11 笠原一男「真宗の形成と発展」（笠原一男編『日本宗教史Ⅰ』山川出版社、一九七七年）二二六頁。

12 小栗純子「真宗と隠れ念仏」（笠原一男編『日本宗教史Ⅱ』山川出版社、一九七七年）一三四頁。

13 村上俊亮・坂田吉雄編『明治文化史3　教育道徳』（原書房、一九八一年）二三二、二三四、二三八頁。

14 註13前掲書、二四三頁。

第二章

花嫁はなぜヴェールを被るのか

第一節　近世までの典礼時のヴェール

黒川 祐子

一・古代ローマのヴェール論議

教会の礼拝で女性がヴェールをつける姿は、今日にもしばしば見かける光景である。花嫁がヴェールを被るという行為が、西洋の教会結婚式にもとづいていることは明らかであるから、花嫁がなぜヴェールを被るのかという疑問を解こうとするとき、ミサなどの礼拝の際、女性が教会で被るヴェールとの関わりを無視するわけにはゆかない。キリスト教では、教会が神にささげるミサをはじめとする公的な礼拝を「典礼」と呼んでいる。(1) そこでこの節では、主に典礼時の女性に着用されるヴェールを中心に、かぶりものとしてのこの服飾が、特に古代ローマ期から近世までの西洋社会に果たした意味と役割について考えてみたい。

『新約聖書』「コリント人への第一の手紙」に次のような一節がある。使徒パウロによるとされるものである。この使徒パウロの書簡は、後に世界各国でさまざまに翻訳されることになるが、一般に出版されている現代の『新約聖書』においては、どれもが下記の訳に大きく違うことはない。(2) したがってまずはこのパウロの一節を「新約聖書翻訳委員会訳」から引いておくことにしよう。

> しかし私は、すべての男性の頭《かしら》はキリストであり、女性の頭は男性であり、キリストの頭は神であるということを、あなたがたに知っていてほしい。頭《かしら》に〔何か〕をかぶりながら祈りをしたり預言《よげん》をしたりするすべての男性は、彼の頭を侮辱《ぶじょく》する。しかし、頭《かしら》に覆《おお》いをかけないで祈りをしたり預言をしたりするすべての女性は、彼女の頭を侮辱する。なぜならば、彼女は髪《かみ》を剃《そ》られてしまった女性と全《まった》く選《えら》ぶところのないものだからである。実際もしも、女性が覆いをしないのなら、〔その者は〕あえて〔髪を〕切り落としなさい。しかし、もしも女性にとって〔髪を〕切ったり剃られたりすることが恥辱《ちじょく》であるのなら、〔その者は頭に〕覆いをかけなさい。(3)
>
> （新約聖書翻訳委員会訳）

このパウロの一節は、現代においても聖書を解釈する上で論議の的となる部分で、当然その解釈もおのおのの聖職者や説教者によって異なる。(4) ところがこの一節は、女性のヴェールの着用について当時さまざまに意見した古代ローマの教父たちにも、しばしば引かれる重要な文言となっていたのである。上の引用にある「女性が頭にかける覆い」は、ローマの教父たちには、多くの場合「ヴェール」ととらえられていた。そこでまずはこのパウロの一節に関わり、古代ローマの教父たちが女性のヴェールについて行なった説教をいくつか取り上げておこう。

はじめに三世紀の教父アレクサンドリアのクレメンスは、その著書『教育者』のなかで次のように述べている。

女性は家にいる以外は完全に覆い隠すべきである。なぜなら女性の外見には気品があるので視線を見せてはならないからである。そしてもし女性が礼儀正しくヴェールでもって彼女のまなざしを隠すのであれば、彼女は決してかくある事態に陥らないであろう。そして彼女の顔を他人にあらわにしなければ、決して誘惑の罪に陥らないだろう。祈りの時に覆われているのがふさわしい、という神の言葉の意図とはこれをその理由とするものである。(5)

ここでクレメンスが言及した「神の言葉」とは、冒頭のパウロの言葉を指すものと考えられる。またクレメンスと同時代人である教父テルトゥリアヌスは、女性のヴェールに関しさらに多くの意見を残している。彼は著作『婦人の衣装について』のなかで、女性の美しい姿は男性の欲情をかりたてるものであるから、女性たちは虚飾や華美を制するばかりでなく、彼女らが自然に享受する優雅さや美しさをも覆い隠さねばならないと説いた。(6)テルトゥリアヌスもまた女性がヴェールを被るべき根拠を、使徒パウロの言葉に求めたひとりであった。たとえば彼の著作『処女のヴェールについて』では、上述の「コリント人への第一の手紙」の文言につづく次のパウロの言葉が、女性がヴェールを被るべき理由として引用されている。

一方で男性は神の似姿《にすがた》および神の栄光《えいこう》〔の反映《はんえい》〕であるから頭《かしら》を覆《おお》うべきではないが、他方で女性は男性の栄光〔の反映〕なのである。なぜならば、男性が女性から〔生じたの〕ではなく、むしろ女性が男性から〔生じたの〕だからである。そして実際、男性が女性のゆえに創造《そうぞう》されたのではなく、むしろ、女性が男性のゆえに創造されたのである。そういうわけで、女性は頭の上に権威《けんい》を、御使《みつか》いたちのゆえに、もつべきである。(7)（新約聖書翻訳委員会訳）

新約聖書翻訳委員会により「頭の上に権威をもつ」と訳されたこのパウロの言及を、テルトゥリアヌスは女性が頭にヴェールを被る行為を表象するものととらえ、これにつづく「御使いたちのゆえに」という言葉から、この理由を導き出そうとしている。テルトゥリアヌスはパウロのいう「御使いたち」をここで『旧約聖書』「創世記」に登場する神の子ら「天使たち」になぞらえたのである。(8)「創世記」にいう「天使たち」とは地上にいる美しい娘たちを天から見下ろし、選り好む娘を妻にめとるために地上に降りてきた神の子らのことで、テルトゥリアヌスはこの「天使たち」を堕落させたのは明らかに地上にいた処女たちであったのだから、それゆえ処女は顔を覆うべきであるとして次のように述べた。

というのは、もしそれが、「天使たちのゆえに」——つまり、女への欲情ゆえに神および天から堕ちたと書いてあるあれらの存在のゆえに——であるならば、天使たちが欲情を燃やしたのは、すでに汚れた肉体や人間的欲情の遺物であったなどと誰が想像できるであろうか。そうではなくむしろ天使らは処女に対して欲情を燃え上がらせたのであり、その処女たちの花は人間的欲情への言い訳になったのではなかろうか。……とすれば、それほどに危険な顔は、覆われているべきである。天にまで躓《つまず》きの石を投げ掛けたのだから。この顔は、神のみ前に立つときには、天使らをその天の住まいから追い出したかどで神の裁きの座の前ですでに断罪されて立っているのだが、同様に堕落しなかった天使らの前で、恥じて赤らむべきなのだ。(9)　(高尾利数訳)

ところで二人の教父のこれらの説教からある疑問が生じてはこないだろうか。アレクサンドリアのクレメンスとテルトゥリアヌスの論に共通するのは、女性は元来男性を誘惑する性質をもっているから、それゆえヴェールを身につけるべきであると主張している点にある。使徒パウロにいう「女性の頭にかける覆い」が、ここでは「まなざしを覆う」、ひいては「顔を覆う」ものと解釈されるようになっている。すなわち彼らはパウロが「コリント人への第一の手紙」の十一章に言及した「頭にかける覆い」を、女性が顔を隠すことを目的に被るかぶりものと解釈し、女性は男性を誘惑しないためにも、ヴェールでもって「顔」を隠すべきだと説いたのである。

また使徒パウロの手紙では「祈りをしたり預言をしたり」するとき頭につけるよう勧められていた「覆

い」が、この時代にそれ以外の場面でも着用を求められるようになっている点は注目に値する。たとえばアレクサンドリアのクレメンスは既婚女性に対し次のような警告をした。

もし不可避なことが生じ、（饗宴の際）あらわにすることが必要になった場合には、外面はヴェールで、内面は羞恥心で、これを完全に覆い隠すべきである。(10)

これは饗宴のような公の場で顔をあらわす必要にせまられた女性に、ヴェールの着用を求めた例である。さらに、女性に常時ヴェールの着用を求める記述もあらわれた。ウタ・ランケ＝ハイネマンは、『カトリック教会と性の歴史』のなかで、四世紀の教父クリュソストモスが女性は祈りのときのみならず、常にヴェールを被っていなければならないと命じたと述べている。(11) またアルヴィン・ジョン・シュミットは、その著書『ヴェールと沈黙――いかなる文化が性差別の神学を形成したのか？』のなかで、四世紀末に発布された典礼・法規集『使徒教憲』が、公共の面前に出る女性にヴェールをつけるよう次のように説いていたといっている。(12)

もし通りにいるなら、頭を覆いなさい。というのはそのように覆うことにより、閑暇な人々に見られることから避けることができるからです。

もし汝が彼（天の花婿）を喜ばせたいなら、汝が通りに身を現わすときには頭を覆いなさい。無分別な視線から避けるために顔にはヴェールをかけなさい。神から与えた顔に紅を塗ってはなりません。低い目線でヴェールをつけたまま、礼儀正しさが女性にそう求めるよう歩きなさい。

このように古代ローマの末期には、典礼時以外の女性にもヴェールの着用が求められていた。しかもこの時代の教父たちが女性にヴェールを着用するよう説く根拠の大半は、男性と視線を交わすことを女性に避けさせるためという目的と強く結びついていたのである。

二　顔まわりを覆った「ゲベンデ」

こうして主に男性との視線を断つために、顔を隠す目的で用いられていたと推測される古代のヴェールは、その後中世に入りどのような意味をもち存在したのだろうか。宗教改革を経て近世に移行するこの時期のヴェールの変容をとらえるため、第二項と第三項では、主に西洋の宗教改革を先駆したドイツにその事例を求め、考察することにする。

十三世紀から十四世紀のドイツの文学にしばしばあらわれる女性の頭飾に「ゲベンデ（gebende）」と呼ばれるものがある。十三世紀の英雄叙事詩『ニーベルンゲンの歌』では、ニーデルラントの勇士ジーフリト（ジークフリート）の寡婦クリエムヒルト（クリームヒルト）が夫の復讐を企み、フン族の王エッツェルと再婚する場面で、「ゲベンデ」が次のように描写されている。

彼女（クリエムヒルト）はゲベンデを押し上げた。あでやかな顔が黄金の縁から輝き出でた。そこに居合わせた多くの人々が、王妃ヘルフェとてこれほどまでに美しくはなかったと語った。(13)

エッツェル王との婚礼のためオーストリアの地にやってきたクリエムヒルトに王が歩みよると、彼女は高貴な王にキスをして彼を迎え入れた。そしてクリエムヒルトがゲベンデを押し上げたとき、はじめて彼女の顔があらわになり、列席の人々は、彼女が亡きエッツェル王の先妃ヘルフェにも勝るとも劣らない美しさをもっていることを知ったのである。

また十三世紀の宮廷叙事詩ヴォルフラム・フォン・エッシェンバハの『パルチヴァール』にも「ゲベンデ」が登場する。アーサー王の円卓の席にあらわれた聖杯城の女使者クンドリーエ（クンドリー）の洗練された装いを語る描写のなかで、「ゲベンデ」は次のようにあらわされている。

彼女のゲベンデは値打ちも高く白かった。そして厚い覆いがいっぱいに彼女の顔まわりを隠していて、見ることができなかった。(14)

かつて円卓の席でパルチヴァールを激しくののしり彼に恥をかかせたクンドリーエは、その罪を詫

図2-1-1 ゲベンデ〔「ウタの彫像」（ナウムブルク大聖堂西内陣、1230年頃）より模写〕

び、パルチヴァールに許しを請う。そして彼女は「ゲベンデ」を解き面をあらわにしてから、パルチヴァールが聖杯王に選ばれたという栄誉ある知らせを告げたのである。

ところでハンス＝フリードリヒ・フォルティンは「ドイツ語における頭覆いとその意味」という論文のなかで、これらの文学作品に登場する「ゲベンデ」を、帯状の布からなる顎、頬、額を覆い隠すかぶりものとしている。[15] フォルティンもいうように、「ゲベンデ」は頬や顎を囲むように覆う覆いと、頭部を輪状に覆う二部の覆いにより構成されていたのかもしれない。これはおそらく図2−1−1のようなものであったと考えられる。十三世紀の成立とされるドイツのナウムブルク大聖堂やマイセン大聖堂などの彫像に図2−1−1のようなかぶりものを被った婦人像がみられるからである。またヴォルフラム・フォン・エッシェンバハの『ヴィレハレム』やルドルフ・フォン・エムスの『世界年代記』、あるいはまたハイデルベルク図書館蔵の『マネッセ写本』などの写本挿絵にも、同様のかぶりものの女性像を数多く見出すことができる。[16] またこのような形状のかぶりものは、ドイツばかりでなく、これらとほぼ同時期の成立とされるフランスのシャルトル大聖堂やブールジュ大聖堂にある婦人像やパリ国立図書館蔵の「トリスタンとイズー」の写本挿絵、あるいはまたイングランドのウェルズ大聖堂にある婦人像などにもみら

れることから、当時西洋の女性に広く用いられていたと考えることができる。(17)

ところで上述のクリエムヒルトやクンドリーエの動作から、「ゲベンデ」が諸々のしぐさをするために、ある固定した位置から動かさねばならない不自由なかぶりものであったことを想像することができる。ならば当時の女性たちは、このような面倒な動作をしてまでも、なぜ顔まわりを覆わねばならなかったのだろうか。『パルチヴァール』では、騎士ガーヴァーン（ガウェイン）が聖杯を捜す途上、オルゲルーゼという この上なく美しい婦人に出会い、彼女に奉仕するため、彼女の命に服従しながら旅を共にすることになる。ガーヴァーンが激しく求愛するオルゲルーゼについては次のように描写されている。

彼女は手を顎の下にやってゲベンデを頭の上に押し上げた。婦人はこのように面をあらわにし、小競り合いや戯れを心待ちにしているかのようであった。(18)

オルゲルーゼが「ゲベンデ」を解き、顔をあらわにするこのしぐさは、まるで彼女がガーヴァーンに誘惑を企てでもしているかのように著わされている。ここではオルゲルーゼの行為が、男性を誘惑するふしだらさのあらわれのようにもとらえられているのである。「ゲベンデ」を不用意につけない女性がふしだらであるならば、逆に「ゲベンデ」でしっかりと顔まわりを覆う女性は貞淑な女性ということになる。このように中世の西洋社会にも古代ローマ期と同様、男性からの視線を妨げる目的で着用されたと考えられるかぶりものが、女性たちの間で明らかに存在していたのである。

ところで顔まわりを広範囲に覆う「ゲベンデ」のようなかぶりものが、なぜこの時代にあらわれたのだろうか。いったい「ゲベンデ」は女性の顔のどの部分を覆い隠す目的でつけられていたのだろうか。もう一度図2–1–1をみてみることにしよう。この絵にあらわされた女性の頭部で、完全に覆いつくされていることがわかるのは髪である。四世紀の教父アウグスティヌスが、使徒パウロの例の文言にあやかり『書簡二四五番』のなかで次のようにいっている。

使徒が頭にヴェールを被るよう命じているのであるから、たとえ彼女が既婚であったとしても、女性にとって髪を隠さないことはふさわしくない。[19]

『カトリック教会と性の歴史』を著わしたウタ・ランケ＝ハイネマンは、一五一頁のように「新約聖書翻訳委員会」が「頭に覆いをかけよ」と訳した使徒パウロの言葉を、「ヴェールを被るように」という意味にはとらなかった。むしろハイネマンはパウロの書簡にいう「覆われていない頭」とは、だらしない生活態度をあらわすしるしとしての意味をもっていたというのである。[20]ハイネマンは前掲書のなかで、「マグダラのマリア」ともとられることのある『新約聖書』「ルカによる福音書」に登場する罪人の女が、食事の座についたイエスの足を自らのほどいた髪で拭いた例をあげている。[21]すなわちハイネマンは上述のパウロの言葉を、パウロが当時の女性たちに、当時定められていた上品な髪型に髪を整えるよう求めたものととったのである。なるほど罪人としての「マグダラのマリア」は、中世以降のキリスト教美術のなかで、結われていない長い髪であらわされることが多かったといわれている。[22] それでは中世の女性たちは、果たして髪を隠す目的で「ゲベンデ」のようなかぶりものをつけていたのだろうか。

徳井淑子氏は『服飾の中世』のなかで、中世フランスの宮廷叙事詩では、女性のほどけた髪が淫乱と結びついていたと述べている。また同書は女性が人前で髪を梳く行為が、中世には道徳的にいさめられるものであったともいっている。[23] 十二世紀末のフランスの宮廷叙事詩クレチアン・ド・トロワの『ランスロまたは荷車の騎士』では、騎士ランスロが、荷車に乗るという罪人にも値するような屈辱を受けながら、誘拐されたアーサー王の王妃を探しに冒険の旅に出る。旅の途上ランスロは、最愛の婦人である王妃の髪が、歯に一筋残っている黄金の櫛を見つけることになる。王妃の髪を賛美する長い描写のなかで、ランスロが眼、口、額のみならず、これを胸にも押し当ていとおしむ姿は、女性の髪がいかに当時の男性の情欲をかきたてたかを物語っているかのようである。[24]

ただし、覆い隠すべき女性の頭部が髪だけに限られていたとすることはできない。たとえば十三世紀ドイツの詩人ナイトハルト・フォン・フォイエンタールの「冬の歌」では、農民の若い男女がお互いを誘い、冬の広間でのダンスに喜び勇んでくり出そうとする姿が歌われている。「騎士風」をきどって装う農民の男たちに、詩人は諷刺の目を向けたのである。[25] ところがこの歌のなかには、今度は百姓娘の奔放な様子に詩人が嫌悪の念を示す場面がある。かぶりものを前に深く被ったがあまり、眉までもが覆い隠されることになり、一方で背部の醜いうなじがむき出しになった農民の女の姿である。

キュネグントのところには誰がいく？　一緒に決めよう！
彼女は昔から踊りには首ったけ、
誘わなかったらとがめられるぞ。
ギーゼル、ユーテのところに行って、二人に知らせてくれ、
エレが一緒に行くと言ってくれ！
あの子たちとは固く約束した。
乙女よ、あそこにいるヘデヴィークも絶対に忘れるな、
一緒にすぐ来るよう頼んでくれ！
眉の上まで、
かぶりものを被るのだけはやめてくれ。

神様、若い女たちにお命じください、
節度をわきまえるようにと。
高き心ばえの男の心をいとめたいなら、
かぶりものは前に高くあげ、後ろは下にひっぱりなさいと、
うなじは絶対に覆いなさいと[26]。

女性のうなじについては、すでにテルトゥリアヌスが、これをむき出しにせぬよう覆い隠すべきであることを、ヴェールの着用との関わりで述べている。(27) 古代ローマ期と同様に、あらわなうなじも、中世では異性を誘惑する女性の身体部分として認識されていたのである。

ところで中世ドイツの説教集には、「黄色いゲベンデ」をかぶる女性の奢侈がしばしば説教師からとがめられる場面が登場する。十二世紀末の説教師ハインリヒ・フォン・メルクの『死の警告』では、路地や教会にあらわれる決して裕福とはいえない女たちが、貴婦人のような顔をして引き裾をひきずり、塵を舞い上がらせながら通りを歩く様子が非難されている。そこに「黄色いゲベンデ」が次のように出てくる。

かような百姓女たちが誇り高い顔をして、色をつけた頬をして、黄色いゲベンデをつけながら、高貴な家の出の娘と同じように、いたるところで衣服をきらびやかにきちんと整えたがるのだ。(28)

また十三世紀末のフランチェスコ会の説教師ベルトルト・フォン・レーゲンスブルクは「黄色いゲベンデ」をつける女性について次のようにいっている。

かくして黄色のゲベンデを被る婦人は、謙虚に白いゲベンデを被る婦人に比して、くだらぬことにさらにいっそう浮き身をやつしているのである。と申すのも、一年の半分はゲベンデにのみ、またヴェールにのみ関わり合って過ごしてしまう婦人も、彼女らの間には少なくないのだ。(29)(平尾浩三他訳)

それでは身を飾ることに心を奪われた当時の女性たちの描写に、なぜとりわけ「黄色いゲベンデ」が引用されたのだろうか。当時の文学作品の描写に取材すると、「黄色」が不道徳に身を飾ろうとする女性を象徴する衣服の色として用いられていることがわかる。同じハインリヒ・フォン・メルクの説教集である『司祭の生活』では、若い女性が華美な装いに憂き身をやつす様子をあらわす描写のなかに、やはり「黄色」が次のように引用されている。

婦人たちは、たいそう立派に下着《ヘムト》と上衣《ロック》を着て、巻き毛も可愛らしく巻いている。美しく縫われた手袋をいとも大切にしているのだ。黄色いヴェールを通して髪紐が輝いているのがみえる。(30)

またフーゴ・フォン・トリムベルクの十三世紀末の著作『走行詩』では、あらわなうなじと黄色い衣服が若者を誘惑に誘う象徴として次のようにあらわされている。

あらわなうなじと黄色い上着《キッテル》は、不誠実なたくさんの欲望を誘う。上衣《ロック》の紐飾りや上着《キッテル》の模様が若い娘や若い男を堕落させる。(31)

このように黄色は、中世の時代には女性や華美な衣服につきまとう誘惑と大いに結びついていた。またヴェロニカ・メルテンスが中世の衣服に用いられた色の組み合わせについて著わした研究書『しるしとしてのミ・パルティ』によれば、一二一五年の第四回ラテラノ公会議では、ユダヤ人は社会から隔離された特別な衣服を着用すべきであるという決議がなされたという。以来、彼らの尖った帽子の色には黄色が採用され、また彼らの衣服に縫い付けられた環状のしるしにも、やはり黄色が用いられたというのである。(32) また阿部謹也氏の論考「黄色いマーク――ユダヤ人差別のシンボル」には、一四三四年ドイツではじめてアウグスブルク市が、ユダヤ人に黄色い環を胸につけるように命じていたことが述べられている。(33) あるいはモーリッツ・ハイネは『古代から十六世紀におけるドイツの身体衛生と衣服』のなかで、バーゼルでは一四一七年の条令で、売春婦の仲介者に黄色い特別なかぶりものを被せることが義務づけられていたことを記している。(34) このように黄色は、中世には社会からの脱落を意味する色として機能していた。それゆえ「黄色いゲベンデ」は、堕落したふしだらな女性をしるす文学描写にふさわしい服飾であったに違いない。

三．なぜ「シュトゥルツ」は廃れたのか

ところで冒頭にあげた使徒パウロの言葉は、多くは「ヴェール」と解釈される頭覆いの着用を「祈り

をしたり預言をしたり」する女性に対し求めていた。それではその後の教会法は、このパウロの言葉にのっとり、典礼時の女性にヴェールの着用を義務づけることがあったのであろうか。第一項にもあげたハイネマンの『カトリック教会と性の歴史』によれば、三八〇年ごろの典礼・法規集『使徒教憲』の一節には「女性はヴェールを被らずには聖体拝領できない」という記述があるという。(35)「聖体拝領」とはキリストの命をわかちあうという意味をもつ教会でもっとも神聖な儀式のひとつである。(36)さらに「聖体拝領」に関わっては、五八五年にフランスのオセール教区で、教会会議が「聖体拝領に参加する女性はいかなる者も頭を覆わなければならない」ととれる法を発布している。(37)また八六六年、教皇ニコラウス一世が東方教会のブルガリア人に宛てた返書のなかには、「女性は教会ではヴェールを被るべきである」という一文があるともいわれている。(38)

筆者の調査において、現存する中世の教会文書のなかに女性にヴェールの着用を義務づける例は、以上のようにわずかしか見出すことができなかった。西洋の女性たちが、歴史上実際どの程度教会でヴェールを被っていたのかを導き出すことは非常に難しい。ただし次の段落以降にあげるニュルンベルクの事例や、本節第四項および第五項にあげるイングランドの事例を考察すると、女性が教会でヴェールをつけるという行為そのものが、中世から近世にかけて西洋の各地域や教区で、広く独自に解釈されるようになっていたことが理解できるのである。

十六世紀初めのドイツのニュルンベルクでは、女性たちはヴェールを被り教会の礼拝に出かけていたようである。ニュルンベルクの教会に向かう当時の女性たちを描いた絵に図2-1-2のような絵が残されている。ドイツの服飾史家ユッタ・ツァンダー＝ザイデルの『家内における繊維工業――一五〇〇年から一六五〇年までのニュルンベルクの衣服と家内繊維製品』に掲載されているもので、ゲオルク・ペンツが一五三一年に教会に向かう同市の姉妹を描いたものと思われる。[39] この絵はマックス・ガイスベルクの書『一五〇〇年から一五五〇年のドイツの一枚刷版画《シングル・リーフ》』のなかにも登場するものである。[40] また一五〇〇年と一五二七年アルブレヒト・デューラーが同市の教会に行く女性を描いた素描にも、図2―1―2の右側に立つ女性と同じ種類と思われるかぶりものを被った女性の姿が描かれている。[41]

図 2-1-2 「シュトゥルツ」（右）と簡素なかぶりもの（左）を被り教会に向かうニュルンベルクの女性たち（ゲオルク・ペンツによる木版画、1531 年）

さて図2―1―2で、右側の女性が被っているようなダイナミックなひだを特徴とする一種のヴェールは、当時のドイツでは「シュトゥルツ（der Sturz）」と呼ばれていた。前述のザイデルは、ニュルンベルクの裕福な都市貴族ヴィリバルト・イムホフが一五八八年に残した財産目録について、前掲書のなかで調査を行なっているが、その財産目録のなかに、これと同様のかぶりものを被った三人の女性を描いた絵が、「三人の年老いたシュトゥルツ女」という文字をともなってあらわされているという。(42)ところで左側の女性の顎部を覆う布はおそらく前項でとりあげた「ゲベンデ」に当たるものであろう。十六世紀のニュルンベルクの衣服条令には、なお「ゲベンデ」の語がみられるというから、これが十六世紀にも用いられていた服飾であったことは明らかである。(43)おそらく顔まわりを覆う「ゲベンデ」の外側に「シュトゥルツ」が着装されていたのであろう。

一方、図2–1–2で左側に立つ女性が被る頭部に密着したかぶりものは、「シュトゥルツ」とは対照的に、きわめて簡素な形を特徴としている。二人の姉妹を描いたペンツの木版画では、姉の方が「シュトゥルツ」を、妹が左側のような簡素なかぶりものを被っている。ザイデルの前掲書には、「シュトゥルツ」と、この図のなかで左側の女性が被っているような簡素なかぶりものを被った一五三〇年代の同市の女性の姿が対照的に描かれた図像が数点みられるが、いずれも生まれの早い方の女性が「シュトゥルツ」を、若年の方の女性が図のような簡素なかぶりものを被って描かれていることから、十六世紀前期のニュルンベルクでは、「シュトゥルツ」のような仰々しい形をしたかぶりものが流行した後に、左のような簡素なかぶりものが好んで被られるようになったとも考えられる。(44)

ところで図2–1–2にあげるような二種類のかぶりものの登場には、何かその発現に関わりをもつ社会的背景があったのだろうか。ペンツの版画の銘文では、「シュトゥルツ」を被った姉が豊かな財産を尊ぶ「高潔な（ehrbar）」女性としてあらわされているのに対し、左のような簡素なかぶりものを被った妹は、財産の相続を渇望するきわめて世俗的な女性として描かれている。それでは二種類のかぶりものの形状の違いが、当時の女性の道徳心と何らかの関わりをもっていたとでもいうのだろうか。前掲の木版画家ゲオルク・ペンツは、一五二九年にハンス・ザックスのテキストをともなった木版画を制作しているが、この木版画は、図2-1-2の左にみられるような簡素なかぶりものと上述の「シュトゥルツ」とを、左右の画面に対比されるように描いた興味深い作品である。(45)「二通りの説教の意味」と題したこの木版画には、右側にきらびやかな装飾のカトリック教会の様子が、左側に質素なプロテスタント教会の様子があらわされている。几帳面な司祭の説教をほとんどの信者が上の空で聞いているカトリック教会では、手にロザリオを持ちたたずむ多数の男女の中央に、ひとり聖体拝領台にひざまずく男の姿がみえる。また一方のプロテスタント教会では、教壇に立つ聖書を手にした牧師の説教に、会場いっぱいに集まった会衆が熱心に耳を傾けている。牧師もまた会衆と対話をしているかのようである。ところでプロテスタント教会に集う女性たちのほとんどが図2-1-2の左にみられるような簡素なかぶりものを被る一方で、カトリック教会に集う信者のなかに、あの仰々しい「シュトゥルツ」を被ったひとりの女性の姿を見つけることができる。図2-1-2にみられる対照的な二種類のかぶりものが、カトリックとプロテスタントという二つの宗派の対比を象徴的にあらわしているのであるとすれば、十六世紀の宗教改革が女性のかぶりものの形に何らかの影響をおよぼしたとでもいうのだろうか。

ザイデルの研究によれば、すでに一五一五年のニュルンベルク市の記録には、次のような文が残されているという。

牧師がシュトゥルツをつけている「高潔な(ehrbar)」女性に対し、これを止めるようにと言い聞

かせ彼女を承諾させた。女性はこれを不服として、議会がこのような行為にだまっているべきではないと訴えた。(46)

ところが同じころ同市の議会には、この女性のケースとは逆に、教会で被る女性のかぶりものに「シュトゥルツ」に代わる別のものを求める請願書が数多く出されていたのである。そして一五二二年、ニュルンベルク市の議会はついにこれに関する合意を明らかにしたとのことである。(47) とすれば、上述のヴィリバルト・イムホフの一五八八年の財産目録に残された「三人の年老いたシュトゥルツ女」という表記は、このような時世にまだ「シュトゥルツ」をつけている年配の女性たちを皮肉った表現だったのかもしれない。

十六世紀の初め、ルターのカトリック教会への批判により宗教改革がはじまった。その後広く西洋に波及した宗教改革が、教会に出向く女性のかぶりものに簡素化を求めるようなことがあったのだろうか。この疑問を解くため、次に近世イングランドの事例をとりあげてみたい。同じころイングランドはカトリックから離脱し、国王を首長とするイギリス国教会という新しい宗教的基盤を立てることになった。第四項ではイングランドの事例をもとに、宗教改革とかぶりものとの関係について考えてみたい。

四．近世のヴェール論争

宗教改革の後、要職の聖職者も交え、典礼時に用いられる女性のヴェールが国内で大論争を巻き起こした例がある。十六世紀後期から十七世紀中期のイングランドでは、国教会の改革を訴えるピューリタン勢力が、イギリス国教会に伝統的であった偶像崇拝的な儀式に対し、しきりに攻撃的な議論を企てるようになった。このような一連の論争のなかで、イングランドではある「ひとつの典礼」におけるヴェールの着用が、聖職者や神学者だけではなく、政治家や一般市民にいたるまで、広い層からさまざまな意見を受けることになったのである。このヴェール論争については、イギリスの歴史学者デーヴィド・クレッシーが『誕生、結婚、死――チューダー朝・スチュアート朝のイングランドにおける儀式、宗教、ライフサイクル』という書に掲載した論考に詳しい(48)。

上に言及した「ひとつの典礼」とは、イングランドで「チャーチング」と呼ばれたいわゆる「出産感謝式」のことを指す。この儀式は、出産後の産婦が出産を無事終えたことを神に感謝するとともに、生まれた子供と両親の祝福を願って行なわれるもので、ここに参列した女性は司祭から祝福を受ける。その起源については定かではないが、『旧約聖書』「レビ記」の十二章に、出産により汚れた者となる産婦には、聖なるものに触れたり聖なる場所に出入りしたりすることを禁じるという記述がみられる。それゆえ女性は、産後にこれを清めるため、祭司に貢物をしてあがないを受けることが定められていたことからこれがはじまったという説もある。[49] 一四六六年、ヨーク朝のエドワード四世の妃エリザベスが長女を出産した後に行なわれた「チャーチング」の儀式の模様が、そこに居合わせたニュルンベルクの富裕商人ガブリエル・テッツェルの旅行記にあらわされている。[50] また初期の『イギリス国教会祈祷書』にも「女性のチャーチングの儀式」という項目があることから、これは十五世紀から十七世紀のイングランドにほぼ定着していた典礼と考えることができる。この「チャーチング」の儀式に女性がヴェールを被って臨むべきか否かといった論争が、イングランドの広い地域にわたって起こったのである。

先記の論考には、この時期、チャーチングにおけるヴェール論争に関わってイングランド各地で起こった事件が、二十例あまりも紹介されている。以下、クレッシーの論考に示された事例を資料に考察を行なうことにする。たとえば一六二〇年にノリッジでは、教区司祭であったサミュエル・ハースネットが、国教会の第一主教らに次のように尋問したという。彼は、「これまで夫人たちは慣習として頭にヴェールを被るという行為を行なってきた。このような聖なる行為を夫人たちが行なわないなどということを、いったい認めてよいものなのかどうか」と明言し、同年の巡視の際、チャーチングを望む女性は皆「礼儀正しく (decent)」頭にヴェールをつけるべきだと主張したというのである。さらにハースネットは、にもかかわらずヴェールを被らないことに固執し、ヴェールをつけずにチャーチングの儀式を受けた女性の名前を公表しないような教区委員に対しては、訴訟さえをも起こしたというのである。この例からもわかるように、すでに一六二〇年にはイングランドで女性がチャーチングの儀式の際に、ヴェールを被る義務があるのか否かといった議論が起こっていた。さらにその議論は、女性がこの儀式にヴェールを被るべき根拠をも求めるようになっていったようなのである。

一連のヴェール論争の主題は、当時の神学者たちの論題にもなった。ピューリタン神学の先駆者ともいわれるウィリアム・エイムズは、ヴェールの問題について次のように論じたという。

ヴェールは礼儀正しさからなる市民の秩序であり、礼拝内でも礼拝外でも用いられるものである。したがってピューリタンはこれに反論すべきではなく、儀式を司る者はこれに固執すべきではない。というのは、ヴェールは女性の礼儀正しい装いの一部にすぎず、これは慣習により起こったもので、礼拝に適切なものであるからである。(51)

また一方で、例の使徒パウロの一節を引き合いにヴェールについて説こうとする者も出現した。一六六〇年からはじまる王政復古期の主教であるアンソニー・スパローは、次のように説いたという。

チャーチングの儀式を受ける女性はヴェールをつけるべきである。その適切な理由として聖パウロが「コリント人への第一の手紙」第十一章において、全ての女性は公に祈祷をする時、慎み深さと服従のしるしとして、ヴェールを被るか、頭を覆うべきであるといっているからである。まして女性は(チャーチングの儀式の際)、聖体拝領台の近くの、教会のより目立つ場所に座ることになるのだから、性行為を控えこれに臨むのは当然のこととして、ヴェールの類か覆いをつけ公に姿をあら

わすことが望ましい。(52)

スパローの時代は、王政の復活により国教会の力が再び強くなった時期でもあった。エイムズがチャーチングにおける女性のヴェールの着用を、「慣習」や「礼儀正しさ」といった言葉を用い柔軟に認める姿勢をしばしば示しているのに対し、スパローの説教では、聖パウロの文言が女性にヴェールを被るように説く明確な根拠とされている。

このようなヴェール論争がイングランドでたびたび繰り返されるようになる要因には、イギリス国教会とピューリタン勢力との対立がその背景にあった。ケンブリッジ大学の神学者トマス・カートライトは十六世紀にもっとも著名なピューリタンであった。一五七〇年彼は、同僚のジョン・ホウィットギフトからケンブリッジ大学の職を追放されるという憂き目に会うことになる。一方のホウィットギフトは後年カンタベリー大主教の座につくことになった。(53)一五七三年から一五七七年までにホウィットギフトとカートライトが交わした論争集のなかにも、チャーチングの際の女性のヴェールの着用に関する論題が、次のようにあらわれる。

出産後の不浄を清めるユダヤ人の清めの儀式である女性のチャーチングの儀式について。産の床についた女性が教会にゆくという彼女らに昔からある儀式と慣習は、ずっと行なわれてきたものではあるが、これは愚かな迷信である。女性たちは愚行を恥じるため、ベッドの上に白いシーツを敷き出産に臨み、ヴェールを被って教会にゆかなければならない。女性たちは申し出るべきなのだ。これらがあくまで慣習の問題であり、このようなことは書物には書かれていないことを。(54)

カートライトの上記のような意見に対し、ホウィットギフトは、女性がヴェールを被って教会にゆくべきことが、書物のなかには書かれていないなどという議論は、「ウエハースでできた(薄くて軽い)ケーキ」のような些細なことであると答えた。さらに、白いシーツを敷いて出産に臨み、ヴェールを被って教会にゆくというような女性に関わる事柄については、「自分はよく理解しているわけではないし、このような事に関しては女性自身に答えさせるべきである」として、カートライトに反論したのである。(55)

これに対してカートライトは、ホウィットギフトの上記のような言動の軽率さを非難した。カートライトは、女性たちが白いシーツを敷いて出産に臨み、ヴェールを被って教会にゆく行為が、羞恥心や何らかの愚かさのあらわれとされてきたことに対して、これをもっと真剣に考えるべきであるという意見を貫いたのである。彼は「同じことが教皇制の時代にあまりにもひどく濫用されてきたことから考えれば、このようなことを何の権限もなく、集会におけるあらゆる祝典に持ち込んでみたり、または強引に奪ってみたりすることは、ひやかしを受けるよりはむしろもっとまじめにとらえられるべき事柄であると同時に、すべての女性の分別として(簡単に)認められるべきであるというよりはむしろもっと重大に考えられるべき事柄である」として、ホウィットギフトに異議を唱えたのである。(56)

このようなカートライトの意見に対し、ホウィットギフトは次のように応じた。

そのような答弁はあまりにも軽薄な異議に当たる。（あなたのような）悪意のある口やかましさをもたない真の理由を（私は）あなたにわずかながらでも述べただろうに。これはむしろ市民の問題であり、教会の儀式というよりはわが国の慣習である。新しい手袋をつけることは（これは論題となっている事柄と同じくらいひんぱんに行なわれているし、特に結婚式のときにはこれを着用する）これと同じくらい大変儀式的なことである。というのは、ヴェールをつける行為は、はじめは自然が多くの女性に虚弱や病をもたらす危険な空気から、これを保護するためにはじまったのだ。そしてそれゆえ（私がいったように）この国では、これは国民の慣習としてはじまったのであり、教会の儀式としてはじまったわけではないのである。しかし私は、あなたが口出しする前に、あなたが、事を軽んじているというよりは、むしろ口論やののしりのために（書物がないにもかかわらず）、これを大変些細なつまらない問題として取り上げ、卑劣なゲームをしようとしているように思う。[57]

さて、エリザベス一世期からジェームズ一世期に移行する十六世紀末から十七世紀初めにかけて、ヴェールの着用に寛大な姿勢を示していた国教会関係者が、一六一〇年代に入るとヴェールを支持しない国民に強固な態度を示しはじめる。上記の例にもみられるように、ヴェールに反発する者の多くは、国教会に対立的であったピューリタンであった。たとえば一六三八年には、スタフォードシアのウルヴァーハンプトンで次のような事件が起こったという。[58] 当時ピューリタンの主導者として有名であったウィリアム・ピンソンの妻が、助産婦らをともないチャーチングの儀式に出向いたときのことである。高等宗務裁判所の記録には、この事件が次のように記録されているという。「なぜヴェールをつけていないのか」と牧師から問われたピンソンの妻が、「うやうやしくつつましくヴェールを被ってこないような者にはいかなる者に対しても、チャーチングの儀式を行なってはならないと裁治権者から指示されているなどと、牧師から言われたくはない」として彼に反論した。祈祷が終わるとピンソンの妻は、教会のなかで被っていた帽子（hat）を脱ぎ、頭にテーブル・ナプキンを置いて、その上に再び帽子を被り教会を後にした。一方、これとは異なる記録も公に残されているという。別の記録には次のようなことが述べられていた。法廷にたったピンソンは次のような主張をした。むしろ帽子を被って教会に行った自分の妻は、牧師から帽子を脱ぐよう命じられた。無理矢理ヴェールを被せられた妻は、牧師からその上に再び帽子を被せられた。さらにチャーチングの祝福を与えることを牧師が拒否したため、彼女は儀式を受けられずに悲痛のままその場を離れねばならなかったのだ、と。このようにして夫のピンソンは妻を弁護したというのである。

ところで、以上の事件からチャーチングで着用されるかぶりものに、この時期「ヴェール」以外のものが用いられるようになっていたことがわかる。それぞれの地域で起こった事件の記録に「カーチーフ（kerchief）」や「帽子（hat）」といった「ヴェール」以外のかぶりものが登場しているからである。「カーチーフ」を「ヴェール」に代用できるのか、「ヴェール」ではなく「帽子」を被ってもよいものなのかといった議論が、ヴェールを被るべきか否かといった議論と併せて生じていることは興味深い。ここで

「ヴェール」と「カーチーフ」の形状の違いを文献から明らかにすることは難しいが、一方の「ヴェール」が修道女に充当するきわめて宗教的なかぶりものであったことに間違いはない。英語で「take the veil ヴェールを受ける」といえば、すなわちそれは「修道女になる」ことを意味する。[59] 十七世紀後期の女流作家アフラ・ベインの著作『美しい浮気女』では、類まれな美貌をもったベギン会の修道女が、高潔で魅力的な男性を次々に誘惑する。この作品の主人公ミランダの被るヴェールは、貞淑を象徴する彼女本来の身分を標すしるしとして、その機能を十分に果たしているのである。[60]「修道女」と「ヴェール」がこれほど密接に関わり合っていたのに対し、一方の「カーチーフ」が「修道女」と結びつくことはなかった。服飾史家アイリーン・リベイロは『衣服と道徳』のなかで、最良の輸入ものの「カーチーフ」の値が当時高騰を引き起こしたため、一四六三年のイングランドの奢侈条令が、十シリングまでに限ってこれを身につけるように制限していたことを同書に記している。[61] したがって「ヴェール」と対比される「カーチーフ」とは、より日常的で非宗教的な場面にも十分用いられる贅沢さを兼ねたかぶりものであったと考えられるのである。

クレッシーの論考によれば、一五七七年にエセックスのダンベリーで起きた事件では、教区の牧師補が「カーチーフ」をつけチャーチングにやってきた女性たちに祝福の祈りをささげなかった。すなわちこの牧師補は、女性は「カーチーフ」ではなく「ヴェール」を身につけるべきだと主張したかったのである。このような牧師補の行為に対し、国教会側は「カーチーフ」を「ヴェール」に代用可能なものとみなし、牧師補の判断を誤りとした。また一六三五年にバークシアのアビンドンで起こった事件では、これまでチャーチングにかぶりものをつける習慣のなかったセントヘレンズの教区から越してきた女性の娘が、「カーチーフ」をつけずにチャーチングの儀式に臨んだため非難されたが、今後はこの教区の慣習に応じ、カーチーフを被るなり、礼儀正しい服装で教会にゆくことを約束し、事なきを得ていたことがあらわされている。すなわちこの時期アビンドンでは、「ヴェール」ではなく「カーチーフ」が、チャーチングの儀式で用いられていたのである。

しかしその一方で、一六三〇年代になり増加したと考えられるチャーチングの儀式における「帽子(hat)」の使用を、多くの教会関係者は決して認めようとはしなかった。前述のウィリアム・ピンソンの妻がよい例である。彼女は「帽子(hat)」を被りチャーチングに赴いたため牧師から祝福を受けることができなかった。また一六三六年ノリッジの主教マシュー・レンが発行した教会儀式に関する指南書では、「チャーチング」には「ヴェール」を被るべきであるといった訓戒がなされ、一方で「帽子(hat)」の着用は、次のように否定されたという。

> 女性はチャーチングの儀式で、手すりのない聖体拝領台のわきにひざまずく際、慣習にしたがい、帽子で覆うのではなく、ヴェールを身につけるべきである。もしそうしないのであれば、次の通則が現われない限り、チャーチングの儀式を受けるべきではない。(62)

このように近世のイングランドでは、ヴェールをめぐり多種多様な論議がそこに巻き起こされていたのである。

五．カトリックの偶像崇拝としてのヴェール

ところで一連のヴェール論争のなかで、十七世紀のイギリス国教会はなぜこれほどまでにヴェールへのこだわりをみせたのだろうか。ここで一六二一年のノリッジでの事件をとりあげてみたい。トマス・シブデンの妻エリザベスが、チャーチングでのヴェールの着用を拒否し破門を受けた。当時州長官で市会議員であった彼女の夫は、後にピューリタンの指導者としてこの地で活躍することになる人物である。そのシブデンの妻エリザベスが、破門を不服として王座裁判所に訴える手段にでた時の記録を、クレッシーが次のように引用している。[63] エリザベスは、「イングランドには、チャーチングの儀式に際し、女性にヴェールの着用を求めるような慣習も、規範も、いかなる法もない」と訴えた。そしてチャーチングにおけるヴェールの着用を、「むしろこれは教会の変革であり、外国の侵入であり、おそらく教皇尊信罪にさえ当たる」と主張したというのである。ここでエリザベスが言及した「教皇尊信罪(praemunire)」とは、ローマ教皇がイングランド王に優越することを主張するイングランドにおける王権蔑視罪を意味していた。[64] したがってエリザベスはヴェールの着用という行為を、カトリックに近よりすぎる国教会の姿勢と結んでこれをとらえていたことになる。イギリス国教会は十六世紀中半、英語による独自の『イギリス国教会祈祷書』を発行し、これを規範としてカトリック教会から独立した。し

かし旧体制からの脱皮を目的としたさまざまな改革のなかで、国教会が主導する宗教上の儀式だけは、カトリックのそれを継承するという方針をとったのである。このような宗教的背景のなか、なぜヴェールがカトリックと結びつきとらえられることになったのか。

ここで第四項の事件にもあげたノリッジの主教マシュー・レンの記録を探ってみたい。前項ではレンが女性にヴェールを強要しようとした事例をあげたが、レンは当時ピューリタンを弾圧したことで著名な人物でもあった。このレンが、一六三六年にノリッジの教区のすべての牧師に対し、当時ここでは使われていなかったフードとサープリス（surplice）を、常に着用し説教するようにと命じたという記録が残されている。(65)「サープリス」とは聖職者が儀式で身につける白衣のことである。さらにサープリスを持ち合わせておらず困っていた同教区の委員に、彼はサープリスを手に入れるまでは教会で祈祷を行なうべきではないと命じたというのである。第四項の事件でヴェールにこだわっていたレンが、ここでは牧師が着るサープリスにこだわっている。またほかにもレンが、聖体拝領台の前でひざまずくこと、十字架に磔《は》られたキリストを表象するいわゆる十字架像を身につけることなどを教区民に命じていた記録が、ここに明らかに残されている。

一方、チャールズ二世代の官僚であったサミュエル・ピープスが、一六六〇年から一六六九年までの間に記した日記には、国教会に対するピューリタンの煽動的な行為が事細かに記録されている。そこでしばしばとりあげられたのが、牧師の着るサープリスについてである。(66)牧師の祭服については、上述したピューリタンの主導者トマス・カートライトがすでに一五七〇年代にこれを非難し、特にサープリスをカトリック的であるがゆえ、イングランドに望ましくないものと論じていたから、サープリスの着用をめぐるさまざまな論議はこの流れから来たものであろう。一方、一六七八年ローマ教皇シクストゥス一世は、司祭はリネンのサープリスを着て奉仕すべきであると命じたとされている(67)。なるほど上述のレンも、逆に牧師の着るサープリスには極端にこだわっていた。すなわち牧師の着るサープリスは、国教会の伝統的儀式の象徴であるカトリックと強く結んでとらえられていたのである。レンがこだわった聖体拝領台の前でひざまずく行為や牧師が十字を切る行為も、ピューリタンの非難の対象の的となっていたことが『ピープスの日記』のなかに述べられている(68)。

またこの時期ピューリタンが非難したもののひとつにあげられるのが、主祷文などの祈りを唱える際信者が手にもつロザリオであった(69)。すなわちカトリックの伝統儀式を象徴づけるような「偶像崇拝」に対し、ピューリタンは強固に攻撃的な視線を向けたのである。また上述のレンが一六三六年ノリッジで行なった指南においては、次のような記録が残されている。彼は司式をする牧師に対し、牧師が儀式の最中に立つ場所について、あるいは彼が会衆や聖体拝領台に対する位置や方角についてまで、事細かな指示を与えたというのである。当時の記録には、レンのゆき過ぎたこのような教示を「カトリック的で偶像崇拝的（idolatrous）なやり方」と形容する言葉が残されている(70)。まさしく本題のヴェールも、サープリスやロザリオと同様、この時期カトリックの偶像崇拝をしるしづけるものとしてとらえられていたに違いない。

ところでかぶりものを「偶像崇拝」ととらえた例は、古くは古代ローマ期にまで遡ることができる。

テルトゥリアヌスの著作『冠について』では、当世に流行の「冠」をキリスト者は身につけるべきではないという非難の声があがっている。同書のなかでテルトゥリアヌスは、「冠」を「偶像崇拝(idololatriae)の証し」と記し、特に女性の頭には神からすでに「ヴェール」が与えられているのだから、女性が「冠」を被るなど全く許されないことであるとして、次のように説いたのである。

キリスト教信者は、何にもまして偶像崇拝の証しであるあのもの（冠）を、自分の頭に載せることを避けなければならない。いやむしろ、キリストの頭に載せることといおう。キリストは人間の主人なのだから。キリスト自身と同様にまったく自由な頭は、ヴェールを載せる対象とはならない。さらには頭を拘束する冠を載せるなどもってのほかだ。ヴェールの下にあるべき頭、つまり女性の頭は、ヴェールによって覆いつくされているのだから、冠を載せる余裕などない。女性の頭は、女性に課された服従の重荷をすでに負っているのだ。女性はすでに、天使によって、頭に何も被らず公の前に姿を現すことができなくなったため、冠を頭に被って表に出るなどはもってのほかなのだ。もしかしたら、当時、まさに彼女ら女性たちは、頭に冠を載せ現われ、天使に罪を犯させたのかもしれない。実際、女性の頭に載せられた冠は、その美貌で人に取り入るためのもの、まったくもってみだらな証し、羞恥心のもっとも根本的な否定、誘惑をかきたてるものでなければ、それ以外にどのような意味があろうか？　よって女性は、華美な服装にふさわしく髪を整え冠を被って外に出かけるようなことにならぬよう、使徒が言い伝えた思慮深い規則にしたがって、洗練されすぎた身づくろいを控えねばならない。[71]

テルトゥリアヌスは第一項にとりあげた「創世記」に登場する処女たちが、「冠」を被って天使たちを誘惑したうたがいもあるとして、上のように説いた。このようにテルトゥリアヌスの時代には、「ヴェール」に代わって登場した流行のかぶりものである「冠」が、「偶像崇拝」として教父たちから非難の対象とされていた。しかし宗教改革を経た十七世紀の西洋では、今度は「ヴェール」が「偶像崇拝」とみなされる事態が引き起こされることになったのである。

一九一七年、ローマ・カトリック教会は旧『教会法典』の一二六二条二項において、「女子は、特に聖体拝領台におもむくときは、頭をおおい、慎み深い服装をしていなければならない」と定めた。[72] しかしその後の一九八三年に発布された『新教会法典』には、礼拝時の女性の装いについて、特にこれを定めた規定はない。[73] また近年ではむしろ『新約聖書』「コリント人への第一の手紙」の使徒パウロの言葉でもって、典礼時の女性にヴェールの着用を強要することはあり得ないというのがカトリック教会の一般的な見解である。[74] しかし明確な定義を定めないこのような教会の姿勢のあいまいさゆえに、二十世紀にも時折、カトリックの女性が典礼時にヴェールを着用すべきか否かを問う議論が、世界中で引き起こされることになった。このような議論は現代に限ったことではなく、古代ローマから近世の西洋社会にも同じように繰り返し生じていたのである。

古代から中世にかけて女性のつけていたヴェールは、男性と視線を交わさないことを目的とし、顔を隠す意味で用いられていたとも考えられる。しかしこれは『新約聖書』にある使徒パウロの言葉が取り違えられ一人歩きしてしまった結果ともいえる。その一方で中世の教会は、典礼時の女性にヴェールの絶対的強要を控えるようになったようである。当時の教会法には、教会での女性にヴェールの着用を義務づける記録がわずかにしか残されていないからである。近世イングランドのヴェール論争において、ヴェールが「国の慣習」とあらわされることが多いのも、「慣習」という言葉が、ヴェールを教会の強制ではないことを表明するのに都合のよい言葉であったからであろう。またイングランドのヴェール論争では、ヴェールを被る女性たちが「礼儀正しい（decent）」という言葉で形容されていた。十六世紀ドイツのニュルンベルクでも、ヴェールの一種である「シュトゥルツ」を被る女性は「高潔な（ehrbar）女性」と形容されている。「高潔な（ehrbar）」という言葉は、「しかるべき身分の」という意味のほかに「行ないの正しい」という道義的な意味を含んで用いられていたに違いない。ヴェールに付せられたこれを肯定するかのような形容詞は、裏を返せばヴェールをつける行為が、行政や教会からの強要ではないことを暗に示すために用いられていた言葉とも考えることができる。「礼儀正しい（decent）」「高潔な（ehrbar）」といったこれらの形容詞は、教会でヴェールをつけるか否かはそれを着用する女性の心構え次第であるということを表向きにいいながらも、これを強要するべきか否かを明らかにすることができない教会側の意志のあいまいさをほのめかすのに適当な言葉であったのかもしれない。

最後にわが国の女性が、カトリック教会で被る典礼時のヴェールについても触れておこう。日本では十六世紀の中期、イエズス会宣教師らによりもっとも早くその布教を受けた長崎などのカトリック信仰に厚い地域において、現在もなお高い頻度でヴェールが女性信徒に着用されている。『キリシタンの洗礼資料集』に掲載されている一六〇五年第三代目司教ルイス・デ・セルケイラが配下の聖職者のために編んだ指南書によれば、司式者が白衣または白布を受洗者の頭にかけ洗礼の儀式を行なうという手順は、すでにこのころから行なわれていたことがわかる。[75] ところがこのような儀式の手順は、同書によれば、わが国で一六一二年にはじまる幕府直轄領でのキリスト信教の禁止から一八七三年のキリスト教解禁の期間まで、広い地域で変わることなく伝承されていたのである。[76] 明治の初期に当たる一八六九年から一八七三年、政府の方針から流罪という悲痛な体験を余儀なくされることになったカトリック信仰に厚かった長崎県・浦上村の信徒たちは、洗礼時に司祭から与えられた白い布を「霊魂《アニマ》の被《おほ》い」と称し、このような惨事にも頭につけ旅に出ていたことが、浦上村の神父・浦川和三郎の書『浦上切支丹史』の記録にも記されている。[77] わが国で典礼時に用いられる白布が「ヴェール」と呼ばれるようになったのはそれ以降のことと思われ、『浦上切支丹史』では一九二三年「ヴェール」の語が、下記の通り、流罪先に向かう船に乗せられた信徒の婦女子が天主堂に向かってひるがえす白布をあらわす言葉としてあらわれる。浦川は、一八六八（明治元）年わが国に来航して以来、その生涯をわが国への布教活動に捧げたフランス人カトリック宣教師ヴィリヨンの当時の日誌を参照し、これを翻訳しこの場面を記述している。[78] ヴィリヨンの日誌には、流罪という苦境に立たされたわが国の婦女子らがその苦しみにも耐え、キリシタンの信仰の証としてヴェールを頭に被る様子を大変感動的に綴っている場面があるので、その部分をここにあげておこう。[79]

午後四時、ボーイ等が急に頓狂な声を挙げた。白晝に始めて自分等の兄弟達を満載した五隻の團平船を見たのであつた。團平船はゆつくり港内を横切つて遠くに碇泊せる汽船に近づく。中央には婦人が五十人許りも乗つて居り、周囲には荷物を積み重ね、児童等もしやがんで居る。双眼鏡で覗いて見ると、確かに児童等は船尾の漕手の傍に居る。船毎に一人か二人かの役人が見える。キリシタンは皆天主堂を打眺めて居る。十字架のしるしをする者もある。婦人達はいづれも洗禮の時に被つた白いヴエールを頭に戴き己が信仰を公表して居る。何と云ふ光景！ 慶長二年（一五五七年）の二十六聖殉教者、及び十七世紀の幾千もの殉教者達がこの偉大なる信仰宣言を、キリストの御名の為に遠島される自分等の後裔のこの勇壮な信仰宣言をば、港の奥から喜んで打眺め給へるかの如く私には思はれた。天主に光栄あれかし！(80)

（浦川和三郎訳）

浦川はヴィリヨンが「彼女らが教会で身につけていた白布（le voile blanc）」と記した語に「ヴエール」の訳語を当てている。あるいは一九三九（昭和十四）年ヘルマン・ホイヴェルスが著わした戦国時代の武将・細川忠興の妻を主題にした戯曲「細川ガラシア夫人」の底本でも、ガラシアをキリシタンに入信させる侍女である京原の被る白布は、「ヴェール」と著わされている。(81) ホルヴェルスは一九二三（大正一二）年の来航後、上智大学に赴任すると同時に、イエズス会宣教師として日本各地で司牧司祭として宣教活動を行ない、一九四五（昭和二〇）年には東京・四谷にあるイグナチオ教会の主任司祭に就任した。教鞭や宣教活動の傍ら、聖人や聖書を題材にした戯曲を多数著わしたが、なかでも彼の手になる「細川ガラシア夫人」は大変な話題を呼び、第二次世界大戦後にはオペラ化され、現在もなおわが国で上演されている著名な作品である。[82] したがってわが国では、二十世紀の中ごろには明らかにカトリック女性の被る白布が「ヴェール」という名称で呼ばれるようになっていたのであろう。ところで、ヴィリヨンの日誌に描かれた信徒の女性らが頭に戴くヴェールも、細川ガラシアの侍女である京原が頭に被るヴェールも、どちらもこれがカトリック信徒のしるしとしての意味を果たしていることは明らかである。しかも彼女らの被るこれらのヴェールは、彼女らが生き、演じるそれぞれの世界において、彼女らの厚い信仰心をあらわすのに適切な服飾として用いられている。こうして典礼時のヴェールは、現在もなお西洋において、さらにはそこから伝播した世界それぞれの国や地域において、「慣習」という名のもとに用いられているのである。

註

1 学校法人上智学院・新カトリック大事典編集委員会編『新カトリック大事典』第Ⅲ巻（研究社、二〇〇二年）、一二〇八頁。

2 A・ギルモア『英語聖書の歴史を知る事典』本田峯子訳（教文館、二〇〇二年）。『我主イエズスキリストの新約聖書』エ・ラゲ譯（中央出版社、一九五一年）、五四一～五四二頁。『新約聖書　口語訳』渡瀬主一郎・武藤富男共訳（キリスト新聞社、一九五二年）、三〇一頁。『新約聖書　口語訳』フェデリコ・バルバロ訳、アロイジオ・デル・コール発行（ドン・ボスコ社、一九五七年）、五三八～五三九頁。『聖書　原点校訂による口語訳　パウロ書簡第二巻　コリント人への第一の手紙　コリント人への第二の手紙』フランシスコ会聖書研究所訳（中央出版社、一九七七年）、一一四～一一七頁。『新約聖書　共同訳・全注』共同訳聖書実行委員会訳（講談社、一九七七年）、五三九～五四〇頁。『新約聖書　共同訳』共同訳聖書実行委員会訳（日本聖書協会、一九七八年）、五七八頁。『聖書　旧約・新約』フェデリコ・バルバロ訳、野間省一発行（講談社、一九八〇年）、二六五～二六六頁。『コリント人への手紙　上』岩隈直訳註（希和対訳脚註つき新約聖書Ⅶ、山本書店、一九八〇年）、八六～八九頁。The First Epistle to the CORINTHIANS; Introduction and Exegesis by C. T. Craig; Exposition by J. Short, in *The Interpreter's Bible: the Holy Scriptures in the King James and Revised standard versions with general articles and introduction, exegesis, exposition for each book of the Bible*, v. 10, (Abingdon-Cokesbury Press, 1981), pp. 124-127.『新約聖書』フランシスコ会聖職研究所訳注（中央出版社、一九八四年）、六〇二～六〇三頁。黒崎幸吉編『新約聖書略註（全）』（立花書房、一九八五年）、三〇～三一頁。『新約聖書・詩篇（英語・日本語）――聖書から差別表現をなくす試行版』上沢伸子他訳（ＤＨＣ、一九九九年）、四三五頁。『新約聖書　スタディ版――わかりやすい解説つき聖書』新共同訳（日本聖書協会、二〇〇四年）、三一三～三一四頁。

3　『新約聖書』新約聖書翻訳委員会訳（岩波書店、二〇〇四年）、五二八頁（Ｉコリ一一　3―6）。以下、本節の註における聖書の略語表記は前掲書にしたがった。

4　山谷省吾『コリント前書』（新約聖書・新譯と解釋Ⅰ（2）、山本書店、一九三二年）、二一〇～二一四頁。山下六郎『コリント人への第一の手紙』（信徒のための聖書講解7、聖文舍、一九五八年）、一五三～一五九頁。W・バークレー『コリント』柳生直行訳（聖書註解シリーズ9、ヨルダン社、一九七〇年）、一二三〜一二七頁。山谷省吾『コリント人への第一の手紙』（新教出版社、一九七〇年）、一八三〜一九一頁。山本泰次郎『山本泰次郎聖書講義双書8　コリント前書・コリント後書』（キリスト教図書出版社、一九七五年）、一四七〜一五二頁。『コリント人への第一の手紙』蓮見和男監修・池永倫明訳（シュラッター・新約聖書講解7、新教出版社、一九七八年）、一四二〜一四九頁。J・シドロー・バクスター『旧新約聖書全解』いのちのことば社出版局訳編（いのちのことば社出版部、一九八三年）、七一五〜七一六頁。野口誠・石井正治郎『コリント人への手紙』（新聖書講解シリーズ7、いのちのことば社、一九八三年）、一二六〜一三一頁。榊原康夫『コリント人への第一の手紙講解』（聖文舎、一九八四年）、五二六〜五五一頁。川村輝典「コリント人への第一の手紙第一一章　一―一六節」（『説教者のための聖書講解―コリント人への第一の手紙　コリント人への第二の手紙』）（日本基督教団出版局、一九八五年）、一九五〜二〇〇頁。荒井献「新約聖書における女性の位置」（『聖書セミナー』No. 1、日本聖書協会聖書図書館、一九八五年）、一三八〜一六一頁。『ウェスレアン聖書注解　新約篇　第2巻　使徒の働き―コリントI』ウェスレアン聖書注解刊行委員会編（イムマヌエル綜合伝道団、一九八五年）、四七八〜四八〇頁。米田豊『新約聖書講解』（福音宣教会、一九八七年）、三〇八〜三〇九頁。竹森満佐一『講解説教　コリント人への第一の手紙』（新教出版社、一九八八年）、三八七〜四〇四頁。松木祐三『コリントの信徒への第一の手紙』（ホーリネス・聖書註解シリーズ7、日本ホーリネス教団出版局、一九八九年）、二〇七〜二一六頁。山中雄一郎『福音を生きる―コリント第一書講解―』（聖恵授産所出版部、一九九二年）、一六八〜一七一頁。西川博彬『コリント前書の学び』（新教出版社、一九九六年）、二二六〜二三二頁。蓮見和男『コリント人への第一の手紙』（聖書の使信9、新教出版社、一九九六年）、一四二〜一四八頁。太田愛人『N

HKこころをよむ　新約聖書「コリントの信徒への手紙」上』（日本放送出版協会、一九九六年）、一五六〜一五九頁。松永晋一「コリントの信徒への手紙一」（山内眞監修『新共同訳　新約聖書略解』日本基督教団出版局、二〇〇〇年）、四六二〜四六三頁。A・C・ワイヤ『パウロとコリントの女性預言者たち』絹川久子訳（日本基督教団出版局、二〇〇一年）、二四五〜二八二頁。R・B・ヘイズ『現代聖書注解　コリントの信徒への手紙I』焼山満里子訳（日本キリスト教団出版局、二〇〇二年）、三〇一〜三一七頁。福田秀雄『コリントの信徒への手紙一、二』（新約聖書注解全集7、聖書の友社、二〇〇八年）、一一五〜一一九頁。

5　Clemens von Alexandreia, *Der Erzieher,* aus dem Griechischen übersetzt von O. Stählin, Buch II-III, (Kösel & Pustet, 1934), S. 204. 訳文は筆者による。以下、本節において本文中に訳者をことわっていないものは、すべて筆者の訳文である。

6　Tertullien, *La toilette des femmes (De cultu feminarum); introduction, texte, critique,* traduction et commentaire de M. Turcan, (Édition de Cerf, 1971), II, 2, 5-2, 6.

7　註3前掲書、五二九頁（Iコリ一一　7—10）。

8　『旧約聖書I　律法』旧約聖書翻訳委員会訳（岩波書店、二〇〇四年）、一四頁（創六　1—2）。

9　Tertullian, *De virginibus velandis*: Übersetzung, Einleitung, Kommentar von C. Stücklin, (Peter Lang, 1975), VII, 6-7. 訳文は下記の書の邦訳から引用した。カレン・アームストロング『キリスト教とセックス戦争　西洋における女性観念の構造』高尾利数訳（柏書房、一九九六年）、八九〜九〇頁。

10　Clemens von Alexandreia, *Der Erzieher, a. a. O.,* S. 64.

11　ウタ・ランケ＝ハイネマン『カトリック教会と性の歴史』高木昌史・高木万里子・松島富美代訳（三交社、一九九六年）、一七四頁。

12　A. J. Schmidt, *Veiled and silenced: how culture shaped sexist theology*, (Mercer University Press, 1989), p. 135.

13　*Die Nibelungenlied*, nach dem Text von K. Bartsch und H. de Boor; ins Neuhochdeutsche übersetzt und kommentiert von S. Grosse, (Reclam, 1997), 1350,4-1351,1. 邦訳『ニーベルンゲンの歌　後編』相良守峯訳（岩波書店、一九五五年）、六一頁。

14　Wolfram von Eschenbach, *Parzival*; Mittelhochdeutscher Text nach der Ausgabe von K. Lachmann; Übersetzung und Nachwort von W. Spiewok, Bd. 2, (P. Reclam, 1981), *778,27-778,30*. 邦訳『パルチヴァール』加倉井粛之・伊藤泰治・馬場勝弥・小栗友一訳（郁文堂、一九七四年）、四〇五頁。

15　H. F. Foltin, *Die Kopfbedeckungen und ihre Beziehungen im* Deutschen, in *Deutsche Wortforschung in europäischen Bezügen: Untersuchungen zum Deutschen Wortatlas*, hrsg. von L. E. Schmitt, Bd. 3, (W. Schmitz, 1963), S. 188.

16　E. Brüggen, *Kleidung und Mode in der höfischen Epik des 12. und 13. Jahrhunderts*, (Carl Winter Universitätsverlag, 1989), Abb. 1-295.

17　J. Evans, *Dress in medieval France* (Clarendon, 1952), pl. 15. H. Norris, *Costume & fashion*, vol. 2, (J. M. Dent, 1927), pl. VI, VII. 佐々木英也・冨永良子責任編集『ゴシック２』（世界美術大全集第10巻、小学館、一九九五年）、作品一一九（Bibliothèque Nationale, ms. fr.2186, fol. 5v, 6r, Paris)。

18 Wolfgang von Eschenbach, *Parzival, a. a. O.*, 515,1-515,6. 註14前掲書、二七三～二七四頁。

19 St. Augustine, *Letters*, vol. V; translated by S. W. Parsons, (Catholic University of America Press, 1956), no. 245.

20 註11前掲書、一七四～一七五頁。

21 註3前掲書、二一六～二一七頁（ルカ七 37―38）。

22 ジェイムズ・ホール『西洋美術解読事典』高階秀爾監修、高橋達史・高橋裕子・太田泰人・西野嘉章・沼部信一・諸川春樹・浦上雅司・越川倫明訳（河出書房新社、一九八八年）、三一七～三一九頁。

23 徳井淑子『服飾の中世』（勁草書房、一九九五年）、三〇～三一頁。

24 Chrétien de Troyes, *Le chevalier de la charrette ou le roman de Lancelot*; édition critique d'après tous les manuscrits existants, traduction, présentation et notes de C. Méla, (Librairie générale française, 1992), v. 1443-1499. 邦訳「ランスロまたは荷車の騎士」（『フランス中世文学集2』神沢栄三訳、白水社、一九九一年）、三五頁。

25 拙稿「ナイトハルトの歌の服飾表現」（『服飾美学』第二八号、一九九九年）、一五～三〇頁。

26 *Die Lieder Neidharts*, hrsg. von E. Wießner; fortgeführt von H. Fischer; 4. Auflage; revidiert von P. Sappler; mit Melodienanhang von H. Lomnitzer (ATB Nr. 44), (M. Niemeyer, 1984), Winterlied 3, 38,29-39,4.

27 Tertullian, *De virginibus velandis, a. a. O.*, XVII,4.

28 Heinrich von Melk, *Von des todes gehugde*; übersetzt, kommentiert und mit einer Einführung in das Werk hrsg. von T. Bein…[et al.]; mit Beiträgen zu Text, Übersetzung und Kommentar von S. K-Bein, (P. Reclam Jun, 1994), 11,9-11,15.

29 *Berthold von Regensburg*, vollständige Ausgabe seiner Predigten mit Anmerkungen von F. Pfeiffler; mit einem Vorwort von K. Ruh, Bd. II, (W. de Gruyter, 1965), S. 242-243. 訳文は下記の書の邦訳から引用した。ヨアヒム・ブムケ『中世の騎士文化』平尾浩三・和泉雅人・相澤隆・斎藤太郎・三瓶慎一・一條麻美子訳（白水社、一九九五年）、二〇九頁。

30 Heinrich von Melk, *Priesterleben*, hrsg. von R. Heinzel, (G. Olms, 1983), 700-707.

31 Hugo von Trimberg, *Der Renner*, hrgs. von G. Ehrismann; mit einem Nachwort und Ergänzungen von G. Schweikle, Bd. II, (Walter de Gruyter, 1970), 12577-12580.

32 V. Mertens, *Mi-parti als Zeichen. Zur Bedeutung von geteiltem Kleid und geteilter Gestalt in der Ständetracht, in literarischen und bildnerischen Quellen sowie im Fastnachtsbrauch vom Mittelalter bis zur Gegenwart*, (Verlag Ute Kierdorf, 1983), S. 58.

33 阿部謹也「黄色いマーク――ユダヤ人差別のシンボル」（『ｉｓ』増刊号「色」ポーラ文化研究所、一九八二年）、九四頁。またユダヤ人のつけた黄色いしるしについては下記の書も参照。徳井淑子『色で読む中世ヨーロッパ』（講談社、二〇〇六年）、一二七～一三一頁。

34 M. Heyne, *Körperpflege und Kleidung bei den deutschen von den ältesten geschichtlichen Zeiten bis zum 16. Jahrhundert*, (S. Hirzel, 1903), S. 323. 中世のイタリアで黄色と娼婦が結んでいたことについては下記の書を参照。伊藤亜紀『色彩の回廊』（ありな書房、二〇〇二年）、一二五頁。

35 註11前掲書、一七三頁。

36 註1前掲書、第Ⅱ巻（研究社、一九九八年）、七三四頁。

37 C. J. Hefele, *A history of councils of the church from the original documents*, vol. IV, ([AMS Press, 1972]), p. 414.

38 *Conciliengeschichte*, nach den Quellen bearbeitet von C. J. von Hefele, Bd. 4, (Herder, [1879]), S. 349.

39 J. Z. Seidel, *Textiler Hausrat. Kleidung und Haustextilien in Nürnberg von 1500-1650*, (Deutscher Kunstverlag, 1990), Abb. 103.

40 M. Geisberg, *The German single-leaf woodcut: 1500-1550;* revised and edited by W. L. Strauss, vol. III, (Hacker Art Books, 1974), p.959.

41 A. Dürer, *Nürnberger Patrizierin*, Wien Graphische Sammlung Albertina, 1500; *Nürnberger Patrizierinnen*, Rotterdam, Museum Boymansvan Beuningen, 1527.

42 J. Z. Seidel, *a. a. O.*, S. 115.

43 H. F. Foltin, *a. a. O.*, S. 188.

44 J.Z.Seidel, *a. a. O.*, S. 116-117.

45 M.Geisberg, *op. cit.*, p.953.

46 J.Z.Seidel, *a. a. O.*, S. 115.

47 *Ebd.*,S. 258-259.

48 D.Cressy, *Decent Veils, in Birth, marriage, and death: ritual, religion, and the life-cycle in Tudor and Stuart England*, (Oxford University Press, 1997), pp.216-222.

49 註8前掲書、三五五頁（レビ一一）。

50 *The travels of Leo of Rozmital: through Germany, Flanders, England, France, Spain, Portugal and Italy, 1465-1467*, translated from the German and Latin and edited by M. Letts, (Published for the Hakluyt Society at the Cambridge University Press, 1957).

51 D. Cressy, *op. cit.*, p. 217.

52 *Ibid.*, p. 218.

53 松谷好明『イングランド・ピューリタニズム研究』（聖学院大学出版会、二〇〇七年）。

54 *The works of John Whitgift*, edited for the Parker Society, by J. Ayre, v. II, (Johnson Reprint, [1968]), p. 563.

55 *Ibid.*, p.563.

56 *Ibid.*, pp.563-564.

57 *Ibid.*, p. 564.

58 D. Cressy, *op. cit.*, p. 221.

59 *Oxford English Dictionary*, 2nd edition, vol. XIX, (Oxford University Press, 1989), pp. 481-482.

60 アフラ・ベイン「美しい浮気女」（『オルノーコ・美しい浮気女』土井治訳、岩波書店、一九八八年）、一一、四二、六〇頁。*The Fair Jilt, in The works of Aphra Behn*, edited by M. Summers, vol. 5, (B. Blom, [1967]), p. 75, pp. 90-91, p. 99.

61 A. Ribeiro, *Dress and Morality*, (Holmes & Meier, 1986), p. 58.

62 D. Cressy, *op. cit.*, p. 219.

63 *Ibid.*, pp. 219-220.

64 *Oxford English Dictionary*, vol. XII, *op. cit.*, pp. 275-276.

65 J. Rushworth, *Historical collections*, 3rd pt., (Printed for D. Browne…[and 17 others], [1721]), p. 352.

66 *The diary of Samuel Pepys*, a new and complete transcription, edited by R. Latham and W. Mathews, vol. I, (University of California Press, 1970), p. 170 (June 6, 1660); vol. III, (University of California Press, 1970), p. 213 (October 5, 1662). 邦訳『サミュエル・ピープスの日記』臼田昭訳、第一巻一六六〇年（国文社、一九八七年）、一七五頁；同上、第三巻一六六二年（国文社、一九八八年）、二四二頁。

67 *Oxford English Dictionary*, vol. XVII, *op. cit.*, p. 299.

68 *The diary of Samuel Pepys*, *op. cit.*, vol. VIII, (Berkeley, 1974), p. 588 (December 24, 1667); vol. II, (Berkeley, 1970), p. 171 (September 3, 1661). 註64前掲書、第八巻一六六七年（国文社、一九九九年）、六五頁；同上、第二巻一六六一年（国文社、一九八八年）、一九三頁。

69 *Ibid.*, vol. VIII, (Berkeley, 1974), p. 588 (December 24, 1667). 註64前掲書、第八巻一六六七年（国文社、一九九九年）、六五頁。

70 J. Rushworth, *op. cit.*, p. 351.

71 Tertulliano, *De corona*; introduzione, testo, traduzione e note a cura di F. Ruggiero, (A. Mondadori, 1992), XIV.1-2.

72 『カトリック教会法典』ルイジ・チヴィスカ訳（有斐閣、一九六二年）、四六三頁。一九八三年ローマ・カトリック教会が発布した『教会法典』を『新教会法典』、一九一七年に発布のものを旧『教会法典』と記載したことは、下記による。註1前掲書、第Ⅱ巻（研究社、一九九八年）、二九六頁。

73 『カトリック新教会法典』日本カトリック司教協議会教会行政法制委員会訳（有斐閣、一九九二年）。

74 註1前掲書、第Ⅰ巻（研究社、一九九六年）、六六二頁。

75 純心女子短期大学長崎文化史研究所編『キリシタンの洗礼資料集』（純心女子短期大学、一九八九年）、四六〜五一頁。

76 註73前掲書。

77 浦川和三郎『浦上切支丹史』（全國書房、一九四三年）、二八四頁。

78 狩谷平司『ビリヨン神父の生涯』（大空社、一九九六年）。

79 A. Villion, *Cinquante ans d'apostolat au Japon*, (Imprimerie de la société des missions-etrangères, 1923), p.31.

80 訳文は下記の書の邦訳から引用した。註75前掲書、二九四頁。

81 ヘルマン・ホイヴェルス『細川ガラシア夫人』（カトリック中央書院、一九三九年）、七八〜七九頁。

82 土居健郎、森田明編『ホイヴェルス神父　信仰と思想』（聖母の騎士社、二〇〇三年）。田村襄次『わがヘルマン・ホイヴェルス神父』（中央出版社、一九八七年）。

図版出典一覧

図2-1-1　ゲベンデ
出典：「ウタの彫像」ナウムブルク大聖堂西内陣、一二三〇年頃より模写

図2-1-2　「シュトゥルツ」（右）と簡素なかぶりもの（左）を被り教会に向かうニュルンベルクの女性たち
出典：「ゲオルク・ペンツによる木版画」一五三一年、ニュルンベルク・ゲルマン国立図書館所蔵
(J. Z. Seidel, *Textiler Hausrat. Kleidung und Haustextilien in Nürnberg von 1500-1650*, Deutscher Kunstverlag, 1990, Abb. 103)

【コラム1】

古代ギリシアにみるヴェール

河島 一惠

一．古代ギリシア文化に内包されたヴェール

『神統記』中の「女の誕生」には、パンドラ誕生の顛末と、ギリシア神話の神々が彼女をどのように装わせたかに関しての記述が見られ、ヴェールについても言及されている。ここで資料として使用するヘシオドスの『神統記』[1]並びに『仕事と日』[2]はいずれも前六〇〇年～五〇〇年の間に書かれたとされているものである。[3]周知のように、パンドラは、ギリシア神話の神であるゼウスが土と水で作らせた最初の人間の女性であり、プロメテウス（神々の敵意から人間を守り、ゼウスから火を盗み隠したためゼウスから敵視される。ティタン神族のひとりでイアペトスの息子）への復讐として、人間（男性）にとって災いとなるよう意図されて造られたとされている。「パンドラの壺（小箱、甕）」とは神々がこの女性に持たせた壺を指し、人間に対するあらゆる禍（悪行と死）が封じ込められていた。その壺の蓋をパンドラが開けたことで、不幸や悪が地上に飛び出してしまう。また急ぎ閉めたが、希望だけが残ったという。今に続く人間の困難

の原因とされるものである。
『神統記』「女の誕生」(4)には次のように記されている。

……人間どもに　禍《わざわ》いを創られたのだ
(五七〇)
すなわち　その名も高い両脚曲りの神
(ヘパイストス)が
土から　花恥ずかしい乙女の姿を創られ
た(五七一―五七二)
輝く眼の女神アテナは　彼女に帯をつけ
てやり　白銀色《しろがねいろ》の衣で　身を装わせ　ま
た　両の手で　この娘の頭から　見事な
造りの面被(ヴェール)見るも不思議な
ものを垂れかけなさった。(五七三―五七五)
彼女の頭には　黄金《こがね》の冠を被せられた
が(五七八)
ゼウスは　善きもの《カロン》(火)の代わりと
して　美しき禍悪《カロン・カコン》(女)を拵《こしら》えると
彼女を　ほかの神々も人間どももいっ
しょにいるところへと　連れていかれた
(五八五―五八六)
力強い父をもつ　輝く眼の女神(アテ
ナ)の衣裳で嘻《きき》としている　その彼女を。
(五八七
彼女から　手弱女《たおやめ》の女の族《やから》が生まれたの
だから〔というのも　彼女から　人を破滅
させる女たちの種族が生まれたのだから〕
(五九〇)(廣川洋一訳)

『神統記』の記述はさらに続けて、パンドラ(達)と結婚をすれば災いのもととなり、それを避けて結婚しなければ生涯が孤独となると、どちらにしても人間（男性）にとって避け得ない苦難の人生に関して綴っている。そして、その源を人類最初の女性パンドラの存在に帰している。パンドラの名は「すべての贈物」を意味し、[5] パンドラのイメージは古代ギリシアの伝統に関連していると[6]のことである。

先駆のアナール派の女性史研究書（註6～9）によると、『神統記』が書かれた紀元前五世紀ごろの古代ギリシアでは、通過儀礼の婚礼に際し、花嫁はヴェールを頭から被って、花婿と共に馬車や徒歩で婚家に向かって嫁いでいったようである。この情景は紀元前六～五世紀にアテナイで生産された陶器（クラーテール、ピュクシス、ルートロポロスなど）に描写されていることから、花嫁がヴェールを被る風習があったことの証左とすることができる。（図1）

図像中の花嫁は、頭に冠をつけ、後頭部からヴェールを被り下げている。頭の後ろ半分がヴェールで隠され、顔は横顔がはっきりと描かれている。類す

図1　『婚礼の行列』（紀元前460年頃より模写）キトンの上にディプラックスを重ねて着用していると思われる。頭にティアラまたはディアデムをつけ、後頭部からヴェールを被り下げている。

る他の図像にも花嫁衣裳にヴェールが添えられている。

婚礼に際し、花嫁は女部屋で身づくろいをし、美しく装わされる。ヴェールは花嫁の全身にかぶせ、頭部も覆う。ヴェールは花嫁が処女であることを象徴し、また、花嫁を人々の視線から守る[7]ことになる。

さらに、古代ギリシアの結婚では、若い花嫁は父親から花婿に譲渡されるが、持参金つきの形式上の合意により結婚が成立する[8]と言及されている。

また、紀元前九〜四世紀のギリシアにおいて、嫁入り婚の際、求婚者が花嫁に贈る「輝かしい贈り物」として刺繍を施したヴェールを含めた装身具を贈ることで、婚姻関係を「なす」のである[9]とも記されている。

古代ギリシアでは、ヴェールには結婚を表象する重要な役割があったことが理解できる。

二、使徒パウロの伝道活動と範囲について

使徒パウロがキリスト教の伝道のために旅した地中海一帯は、過去から継続し、ローマ時代へと受け継がれたヘレニズム文化が栄えたが、この地域では、前述のように、ギリシアにおいて結婚式で女性がヴェールで頭を被うことが行なわれており、これがパウロの書簡の「コリント人への第一の手紙」（通称１コリ）（『新約聖書』）の背景にあると思われる。

パウロは元来キリスト教の迫害者であった。岩波書店版の『新約聖書』の「使徒行伝9　パウロの回心（九：一—一八）[10]」によると、

ダマスコス近郊で突然天からの光が彼をめぐり照らし、イエス・キリストの声を聞き、三日間目が見えず飲食もしなかったが、イエスの弟子アナニナが彼の上に置いた手によって目から鱗のようなものが落ちて目が見えるようになったという経験をした。このことにより、洗礼を受け、食事もとり、元気を取り戻し、以後生涯をキリスト教の伝道に捧げたという人物とされている。ローマの市民権という特権を持ち、ヘレニズム世界でギリシア語や慣習に通じていたようだ。このギリシア語や慣習に通じていたことは、伝道活動に利する点が多く、情報が得やすかったと思われる。この地域ではギリシア語が共通語「コイネー」として使用されていた。新約聖書の原典も「コイネー」で書かれ、旧約聖書もヘブライ語から「コイネー」に翻訳されている。[11]

パウロの伝道旅行は四回なされたが、第二回（紀元五〇年から五二年にかけて）、第三回（紀元五三年から五八年にかけて）でコリントに滞在している。

第二回伝道旅行を例にみると、（陸路で）シリア、キリキア、ガラテア、フルギア、アジアを通り、トロアス、ネアポリス間はエーゲ海を（船または舟で）渡り、マケドニア、アカヤを経てアテネ、（書簡を二通送った）コリントに、（船または舟で地中海を渡り）カイサリアに戻る、という風に、広大な地域を伝道のために移動している。

したがって、パウロはヘレニズム文化に内包された、女性の立場とヴェール（外衣のヒマティオン）にかかわる情報に接する機会が多々あり、その過程で得ることができた知識を伝道に活かしたものと推察され、これが以後のキリスト教に受け継がれたものと考えられる。

『旧約聖書』や『新約聖書』の記述内容に題材を求めた絵画は多い。数多く描かれている聖母マリアはほとんどの場合、顔を除く頭部から全身を覆うヴェール（外衣のヒマティオン）をつけた姿で描かれている。

絵画上の聖母は、たとえばハギア・ソフィアの天井のモザイク画（八六七年ごろ）では、膝に幼いイエス・キリストを抱き、外側に濃い青色の大型の物をまとっているが、顔の輪郭に沿って淡い色調の小型のヴェールが覗いて見える。ジョットによる「荘厳の聖母」（一三〇五～一〇年ごろ）では、コットの上に垂れている薄く透き通る布帛のヴェールが顔の周囲を柔らかく覆い、その上から大型の外衣で頭上から覆って描かれている。

『新約聖書』1コリの「頭を覆うべきである」という教義が、絵画の表現に受け継がれたものであろう。

三、聖書と古代ギリシアのヴェール

神話の世界で、古代ギリシアの最初の人間の女性であり最初の花嫁であるパンドラが、女神アテナからヴェールを被せ与えられた記述は、古代ギリシアの風習に起因したものであったといえる。人々の日常生活の場での衣服としては、キトン、ペプロス、ヒマティオンが知られているが、着装図（図1）はヒマティオンに似通っている。

ヴェールは、現実の古代ギリシアの女性が結婚に際し、花嫁衣裳の重要な服飾品として頭部から全身を覆うように装わされ、花嫁の処女性を象徴し、人々の視線から守った服飾品でもあった。

しかし、反面、ヴェールは、古代ギリシアの女性の生活者としての困難な立場を象徴的に表わし、社会的に弱者であった状況をも象徴する「かぶりもの」でもあったと考えることもできるのではなかろうか。「結婚は新婦の譲渡によって成就する」という指摘はまさにそのことを指し示している。

ヴェールそのものは、聖書や神話に記述が認められる単語で、アイテム名として認識されているにすぎない。女性史研究でも主題とはなりえていないが、通過儀礼の「結婚」の場において、女性の立場を示す重要な服飾品として定着していたことは確かである。

古代社会でのヴェールは、『旧約聖書』の世界では日常的な礼節を意味するかぶりものであり、それを被ることは女性に求められていた作法であるとともに、美しさを隠しました身を守るものであったと考えられる。『新約聖書』の「1コリ」では、礼拝に際し女性信者は神への畏敬の表徴として被ることが求められた。そして古代ギリシアでのヴェールは、結婚の場において花嫁が頭に被る重要な服飾品であった。

註

1　ヘシオドス『神統記』廣川洋一訳、岩波文庫（岩波書店、二〇〇六年）。

2　ヘシオドス『仕事と日』松平千秋訳（岩波書店、一九八六年）。

3　ヘルムート・ケスター『新しい新約聖書概説上――ヘレニズム時代の歴史・文化・宗教――』井上大衛訳（新地書房、一九八〇年）、二一一、二一二頁。

4　「女の誕生」（五七三〜五七五）（五七八）

5　マイケル・グラント、ジョン・ヘイゼル共著『ギリシア・ローマの神話事典』西田実主幹、入江和生・木宮直仁・中道子・西田実・丹羽隆子共訳（大修館書店、一九九九年）。

6　ルイーズ・ブリュイ＝ゼドマン「七　パンドラの娘たち　女性の神官職と儀礼における役割」（G・デュビィ、M・ペロー監修、P・シュミット＝パンテル編『女の歴史Ⅰ　古代2』杉村和子・志賀亮一監訳、藤原書店、二〇〇一年）、六一二頁、

パンドラのイメージは古代ギリシアの伝統全体に連なるものなのだ。処女パンドラは、若き花嫁として、神々によって装わされた。

による。

7　ルイーズ・ブリュイ＝ゼドマン著「七　パンドラの娘たち　ポリスにおける女たちと儀礼慣習　家（オイコス）のなかで」（前掲註6『女の歴史Ⅰ　古代2』）、五九〇頁。

8　フランソワ・ラサラック著「4　女を形象化するもの　結婚」（前掲註6『女の歴史Ⅰ　古代1』）、二六五頁に次のようにみえる。

結婚は新婦の父親と新郎とのあいだの、形式上の合意《エンギュエー》のうえに成立する。この合意には、新婦の父からの持参金がともなっている。……若い女性は、同意の一言もいう

ことはできなかったようである。結婚が成就するのは、文字どおりの新婦の譲渡によってだった。

9　クローディーヌ・ルデュック「五　どんなふうに女を贈与するのか？——ギリシアにおける結婚（紀元前九〜四世紀）」（前掲註8『女の歴史I　古代1』）、三九三頁。

10　新約聖書翻訳委員会訳『新約聖書』（岩波書店、二〇〇四年）、四一七〜四一八頁（九：一–一八）による。

11　桜井万里子・木村凌二『世界の歴史5　ギリシアとローマ』（中央公論社、一九九七年）、一九五頁に、

　アッティカ方言のギリシア語がコイネー（共通語）として普及し、ギリシア文化の影響も各地に見出された。新約聖書の原典はこのコイネーで書かれ、また、ヘブライ語の旧約聖書もコイネーに翻訳された。

とある。

図版出典

図1「婚礼の行列」、ピュクシスより模写

第二節　カーニヴァルの仮装と花嫁の顔隠し

内村　理奈

一．『ロバの皮』の花嫁探し

ご自分の正体を隠すには、ロバの皮はすばらしい仮面です。この皮ですっかり身を隠せば、おぞましいものだから、誰も決して思いますまい、美しいものを包んでいるとは。(1)

これは、シャルル・ペロー（一六二八〜一七〇三）の童話『ロバの皮』の一節である。

むかし、一人の王様が最愛のお后を亡くしたあと、亡き妻に劣らぬほど美しい自分の娘に恋をした。娘である王女はそれを悲しみ、父王に難題を課して求婚を退けようとした。しかし、父王は難題に応えてゆく。父王には、いくらでも金貨を生み出すロバがいたからである。王女がもはや逃げられないと思ったところに仙女があらわれ、あのロバの皮を所望すれば、さすがの王もあきらめるであろうと言った。しかし、王は娘の望みどおり、ロバの皮を贈り届けた。悲嘆にくれた王女に、仙女は冒頭の言葉のように諭し、ロバの皮を頭から被って変装し、身を隠すようにうながす。身をやつした王女は放浪の旅に出かけ、ある農家の台所の片隅で、来る日も来る日も下女として働いた。王女は自分の部屋では、かつて父王から贈られた美しいドレスを人知れず身につけて自分を慰めていた。ある日その姿を、この土地の王子がこっそり覗いてしまった。王子はすっかり王女に心を奪われる。王子は恋焦がれるのだが、誰に聞いても、あれは醜い「ロバの皮」にすぎないとあしらわれる。王子はすっかり恋の病で寝こんでしまった。病床の王子が唯一望むのは、美しい「ロバの皮」が作ったお菓子であった。王子の母はかわいい息子の願いをかなえてあげるため、「ロバの皮」にお菓子を作らせた。「ロバの皮」は一生懸命ケーキをこしらえた。そしてそのなかに、自分の指輪をそっと忍ばせた。ケーキのなかの指輪を見つけた王子は、この指輪がぴったりあう女性となら結婚すると言い、花嫁探しが始まった。身分を問わずありとあらゆる女性が、この指輪をはめようとした。しかし誰もうまくはまらない。指輪を試していない女性は、とうとう「ロバの皮」一人を残すだけとなった。宮廷の誰も彼もが反対するなか、「ロバの皮」が指輪を試したところ、ぴったりとはまった。「ロバの皮」がその醜いけものの皮を脱ぎ、美しいドレスを身にまとうと、誰もが驚くような美しい女性に変わった。そして、二人は皆に祝福され、結婚した。

以上がペローの『ロバの皮』のあらすじである。いわゆる『シンデレラ』と同じようなストーリーで、王子の花嫁探し譚である。この世でもっとも醜く貧しいと思われていた娘が、実は美しいお姫様であり、王子と結婚して、めでたしめでたしとなる。

この『ロバの皮』の話は、他のペローの童話と同様、長い間語り継がれてきた民話、口承文学にもとづいている。(2) ヨーロッパ各地の民間伝承のなかで、この手の話はさまざまなヴァリエーションで代々受け継がれてきた。『ロバの皮』とされたり『羊の皮』とされたり、要するに動物の皮を被った女性が王子に見初められ、花嫁探しをした結果、そのおぞましい動物の皮の下に隠れていたのは、実は捜し求めていた美しい花嫁であったという話である。

興味深いのは、この物語と同様の民話と風習が、ヨーロッパの各地に見られることである。それは、カーニヴァルの期間に行なわれる若者たちの、一種の通過儀礼と重なる結婚の風俗である。実はここに、現代の花嫁衣裳に見られる、ヴェールによる顔隠しのひとつの起源があり、カーニヴァルの仮装・仮面と花嫁衣裳の思いがけない関連性をみることができるのである。

二　カーニヴァルの仮装の意味

カーニヴァルの仮装の意味を、レジア村の事例からさぐってみよう。

北イタリアのヴェネチア北部、スロベニアとの国境にほど近いアルプスの山中に、レジアという村落がある。民俗学者デボラー・プッチオの研究によれば、ここに『ロバの皮』にそっくりの『羊の皮を着た娘』という民話と、これに酷似したカーニヴァル期間の若者たちの風習が残っていた。(3)

レジア村では、若者たち、特に若い娘たちが公現祭から始まるカーニヴァル期間中、ババと呼ばれる扮装で過ごす。ジュディ・グラ（謝肉の木曜日）までをババで過ごし、この日を境にマスキラという扮装に変わる。ここではババを中心に話を進めよう。(4)

図 2-2-1　レジア村の仮装の様子。左がババで、右がマスキラか。

ババとは、若者が雌羊を殺したときに、その皮をよく洗い、塩をふって、場合によっては一年ほど放置したもので作った仮装用の衣裳である。人によっては塩ばかりか酢もかけて、ベッドの下に置き、その後乾かした皮を使う。ババは結局、こうして用意された頭から尻尾まで含んだ羊の皮を基本として、ありとあらゆる汚い衣服をかき集めて作られる。ビュールと呼ばれる古くからある粗毛織物や、破れたり穴の開いた暗い色の衣服が集められ、汚く、醜く、貧しさの徴となるような装いを凝らす。黒い仮面やヴェール、あるいはハンカチーフで顔をすっかり覆い、それを身につけているのが誰なのか、まったくわからないようにするのである（図2−2−1）。

レジア村において、カーニヴァルは若者が大人の仲間入りをするための通過儀礼の場になっていた。(5)通常それは結婚によって完結されるものであった。子供から大人への転換あるいは変身の装置として、カーニヴァルの特別な衣裳や仮面が機能していたという。そのような転換のきっかけになる典型的な仮装ババには、若い娘が大人になるために通過しなければならないものが、幾重にも重なり象徴化されていた。

第一に、それは穢《けが》れであった。イヴォンヌ・ヴェルディエによれば、成熟した女性は月経をはじめ、繰り返される出産によって汚れた血との関わりが深く、キリスト教世界にあっては蛇にかまれたイヴの血、つまり原罪に結びつく穢れと考えられた。(6)この地域のカーニヴァルにおける汚れた醜い姿への変装には、結婚前の娘が女性に固有の穢れをまとう意味があった。しかしその穢れは、女性の多産、子孫繁栄の象徴でもあった。

次に、ババは異性装的な要素もあった。結婚前の娘が、特に祖父の薄汚れたパンタロンなどの衣服を着用することがあった。若い娘が異性の、しかも老人の装いを借りることで、彼女のイメージは複数の自分自身と対立するものへと変貌する。彼女のアイデンティティーは完全に覆い隠され、不明瞭なものになる。このような「自分の境界線の崩壊」(7)は、グレゴリー・ベイトソンによれば、一段上の大人の女性に飛躍するために必要であった。美しい蝶になるための醜いさなぎの状態である。しかも、若者たちの仮装を指すババという語は、レジア村においては老いを意味するものであった。若者たちのカーニヴァルに老人の存在が必要なのであった。若者はものごとを知らず、老人がいなければ、どのようにカーニヴァルを行なえばよいかわからないからである。老人はカーニヴァルの先導者であった。

さらに、老人の表象は死のイメージにまで発展する。たとえばストルヴィザ村においてはクカチ(8)がババに相当する。クカチはジャガイモを食べる害虫コロラドハムシのことであるが、これは墓土のなかに潜んでいる虫であった。スラブ語圏において、ババは「老い」と「祖先」を意味するという。その上、クカチもババも、語源をたどると、いずれも「小さな獣」を意味する。結局、この「獣の皮」の仮装・仮面は「死者」と「生者」の間を橋渡しする仲介者の役割を担っていることになる。

このような重層的な意味をもつ仮装・仮面をかぶって、若い男女がお互いの素性もわからぬままに、大人の目を盗み、抜き足差し足で秘密の会合での濫行騒ぎを起こすのである。

ババの装いの間は、男なのか女なのか、若いのか年老いているのか、生者か死者か、まったく区別のつかない混沌とした状態が続く。それがカーニヴァル期間中に、しだいに変貌をとげる。徐々に不明なものから確かなものへ、闇から光の世界へ、さなぎが蝶に孵化するように、姿をあらわにしてゆく。老人の姿をした若い娘と老婆の姿の若者の、ババを被った「偽」のカップルが、謝肉の木曜日にマスキラという晴れ着姿に変わり、それと同時に完全に覆いがはがされて、若くて美しい「本物」のカップルが誕生するのであった。

三、近世ヨーロッパ女性の黒い仮面

少し時代をさかのぼった近世フランスに、「狼《ルー》」あるいは「偽の顔《フォー・ヴィザージュ》」と呼ばれた女性の黒い仮面があった。狼は、ペローの『ロバの皮』のなかで、ロバよりも醜いおぞましい動物とされている。(9) そのような名前の黒い仮面が、近世において貴族女性たちの身だしなみの必需品となり、また女性固有の振舞いや作法を生んでいた。そこには独特の仮面の文化があった。元来、祝祭空間に不可欠の小道具であったものが日常の世界に入りこんで、女性の生活をさまざまに演出していたのである。カーニヴァルの世界から日常の世界に、あるいは日常の世界からカーニヴァルの世界に、自由に行き来できる、女性の顔隠しの生活慣習である。この黒い仮面は、広く十六世紀から十八世紀のヨーロッパでみられたもので、女性のみが身につけ、独特の風俗を生んでいた。ヴェネチアのカーニヴァルに由来するものといわれることがあるが、その起源は定かではない。しかし、カーニヴァルに仮面がつきものであるのは間違いない。女性が顔を隠すことの意味を、この仮面文化から読み解いてみよう。民間伝承の世界とは異なる女性の仮面の興趣あふれる表現が浮かび上がってくるだろう。

図 2-2-2　ピエトロ・ロンギ「賭博場」(1760 年) より模写

十八世紀ヴェネチア絵画の巨匠ピエトロ・ロンギ (一七〇〇～

八五）の作品には、黒い仮面の女性が描かれることがよくある（図2–2–2）。この黒い仮面はモレッタ（Moreta）と呼ばれ、ヴェネチアのカーニヴァルで特徴的なものであった。[10] 十八世紀ヴェネチアの賭博場では仮面をつけていることが法的に義務づけられていた。[11]

この黒い仮面は十八世紀のヴェネチアだけの風俗ではなく、十六世紀から十八世紀のフランスでも見られた。しかし当時のフランスの女性の仮面は、祝祭的雰囲気を盛り上げる小道具であるばかりか、女性に固有の日常の振舞いと作法を生んでいる。つまり、この時期における女性の仮面には祝祭的遊戯的意味合いとともに日常性が色濃く見られ、両者が渾然一体となっているのである。仮面が女性の日常世界において不可欠な装身具であった点が興味深い。カーニヴァルに由来すると思われる黒い仮面が、女性の日常生活に彩りを添えていたのである。

（1）「狼」という名の仮面

十六世紀から十八世紀の女性の黒い仮面とは、次のようなものであった。[12] おもては黒いビロードかサテン製で、犬の皮か生成りの亜麻布、[13] あるいは白いサテンで裏打ちされている。[14] 形は大きく分けて二種類あり、ひとつは卵形で、額から口元までを隠すものである（図2–2–2）。これはガラスのボタン状の突起や、真珠、あるいは小さなバネが真ん中についており、それを口、つまり歯の間に挟んで固定して身につけた。この口にくわえる突起のおかげで声色を変えることができたともいわれるし、[15] 一方で沈黙を強いられて、一種独特の神秘的な、場合によっては不気味な印象を人に与えることになった。[16] もう

図 2-2-3　ジャック・カロ『ロレーヌの貴族』所収「仮面の貴婦人」(1624年)、エッチング、神奈川県立近代美術館所蔵

ひとつは顔の上半分だけ、すなわち目の部分を中心に鼻も隠す形状の仮面である。厳密にいえば、半円形の面や四角い黒布のヴェール状のものがあり、形はさまざまである（図2‐2‐3）。これは両端にリボンがついていて、それで髪に結びつけるか、耳にかけるかして身につけた。

黒い仮面の名称は複数ある。フランス語ではマスク（Masque）、フォー・ヴィザージュ（Faux-visage）、トゥレ・ド・ネ（Touret de nez）、カッシュ・ネ（Cache-nez）、ルー（Loup）、ドゥミ・マスク（Demi-masque）というように、少なくとも六種あった[17]。

もっとも一般的なのはマスクであり、この語はここで述べる女性の仮面のみならず、たとえばイタリアのコメディア・デラルテにみられるような喜劇の役柄と結びつく仮面はもちろん、時代を問わず広義の仮面をあらわす。

フォー・ヴィザージュは、直訳すれば「偽の顔」である。カーニヴァルにおいて仮装・仮面をつけている状態は「偽りの姿」と見なされていた。

フランス語でルーとは狼のことである。仮面にこの名がついたのは、小さな子供たちが怖がったからだという説がある。[18] しかしそれだけでなく、この世で一番おぞましい動物と見なされていた「狼」を身にまとうという意味もこめられていたのではないか。カーニヴァルにおける獣の皮による仮装を想起させられるのである。カーニヴァルの獣の皮の仮装が簡略化されたものとも考えられる。美しい女性が、狼などという名前の仮面を日常的に被っていたこと自体、『ロバの皮』に通じる象徴性が秘められているだろう。

トゥレは回転式研磨機、糸車、紡ぎ車を意味する語であるが、[19] トゥレ・ド・ネは鼻《ネ》と目を覆う布状の仮面である。〈鼻隠し《カッシュ・ネ》〉とともに、目と鼻を隠す点に着目した名称である。このタイプの仮面は〈鼻水のかご《コファン・ア・ルピー》〉と呼ばれることもあった。この名は自然主義者《エコール・ナチュラリスト》と呼ばれる人たちがつけた俗称で、仮面の風俗を揶揄したのであった。冬期に鼻を寒気から守るために着用することが多かったので、まるで鼻水をそこに溜めこんでしまうように見えたらしい。[20]

なお、本論で取り上げる布製の仮面は、男性仕立師《タイユール》や飾り紐製造業者《パスモンティエ》が製造販売し、その他の顔の絵が描かれるような厚紙で作られた仮面は、厚紙製造業者《カルトニエ》が製造していたとされる。[21]

（2）仮面の由来と禁令

仮面を女性が身につけるようになった経緯としていくつかの説があるなかで、ヴェネチアのカーニヴァルの仮面がフランスに入ってきたとする説がある。[22] ヴェネチアで仮面による仮装が行なわれたのはよく知られているし、当地においてはカーニヴァルが日常化していたのも周知の通りだ。

フランスにおけるカーニヴァル時期は、通常、公現祭である一月六日頃から四旬節の始まる灰の水曜日までの間であり、せいぜい一年の二、三ヵ月の期間である。ところがヴェネチアのカーニヴァルは、十月の第一日曜日からはじまり、約半年の期間に及ぶ。また、仮装が可能な時期自体が一年の大半に拡大されており、仮面はヴェネチアにおいて日常生活の通行許可証になっていた。[23] このような仮面の風俗がフランスに入ってきたというのである。

カーニヴァルは冒頭のレジア村の事例に見たように、それ自体無礼講を許す祝祭であるから、当然風紀を乱す側面があったわけだが、フランスにおいてはこの点が危惧され、また仮面の匿名性が犯罪を生むことがあったため、たびたび禁令が出された。シャルル六世は一三九九年三月九日、パリにおいて仮面の着用を禁じる通達を出した。[24] その後も、一四四五年、ルーアンの教区会議が仮面の着用を禁じ、一五三五年十一月二六日には、パリの高等法院がパリ中で売られているすべての仮面の没収を命じ、翌日には仮面の生産と売買を禁じる法令を出した。[25] 一五三九年五月九日にも勅令が出され、いかなる身分の者も王国内の市中や森や街道において仮面をしたり変装をして歩いてはならないとし、そのような格好の人物を宿泊させたりかくまったりすることが禁じられた(26)。これに反するものはいかなる身分の者であれ、身柄が拘束され、財産が没収されるという厳しい内容であった。同様の禁令はその後も繰り返し発令され、一六〇九年までに少なくとも十四回出ている(27)。仮面は殺人を含む凶悪な犯罪を増長させるということで危険視されたのである。

禁令はたび重なったが、ほとんど効果はなかった。禁令が出されれば出されるほど仮面は根強く用いられたと見るべきで、フランソワ一世（一四九四〜一五四七）の治世下（一五一五〜一五四七）で、ヴェネチアの風俗由来の黒いビロードの仮面が流行した。フランソワ一世はイタリアの文芸を盛んに自国に取り入れていたので、仮面の風俗も正負の両面をともないつつ入ってきたのかもしれない。その後、アンリ三世（一五五一〜一五八九）、アンリ四世（一五五三〜一六一〇）の時代にも、黒いビロード製の仮面が女性たちの間で依然として用いられていた(28)。

ただし、イタリアからフランスにもたらされたということの説が正しいかどうかはわからない。というのも、ヴェネチア絵画の巨匠ティツィアーノの甥であるチェーザレ・ヴェチェッリオ（一五二一頃〜一六〇一）は、『世界各地の古代および現代の服装』で、仮面をフランスの貴婦人の風俗としているからである(29)。

したがって、フランスで仮面の風俗が広まるにあたって、ヴェネチアからの経路が考えられるものの、フランス独自の風俗とする見方もあり、いずれが正しいかは判断しがたい。

（3）日常性と祝祭性の混淆

十七世紀フランスにおける女性の仮面の意味と用いられ方を伝える貴重な文献資料として、一六六四年の作者不詳の『アリスティプとアクシアヌの粋な会談』所収の『仮面と手袋の会話』がある。この『アリスティプとアクシアヌの粋な会談』は、当時の女性にとって身近な品々の対談が収められた作品になっている。『仮面と手袋の会話』のほかには、たとえば『白粉とつけぼくろの会話』、『大きな鏡と手鏡の会話』などが収められ、当時の女性たちが好んで親しんだものであった。『仮面と手袋の会話』は、したがって、ほかの作品同様、当世流行の女性の身だしなみの必需品となっていた仮面と手袋が擬人化されて、両者がいかに自らが女性にとって重要な装飾品であるかを、互いに主張し議論しあうという趣向になっている。最終的に互いの言い分を認め合い、引き分けの形で終わるのだが、当時の仮面がいかに女性の日常生活のなかで重要な関心の的であり、女性の身だしなみに不可欠のものとなっていたかがうかがえる。

この作品をみるかぎり、当時の仮面は、カーニヴァルの仮装の非日常の祝祭的な性格だけでは捉えきれない、日常性をも獲得していたことがわかる。フランスのカーニヴァルの期間が冬季のせいぜい二、三カ月であったことに比べて、実際のフランス女性たちの仮面使用が、年間を通して季節を問わず行なわれたことを考慮すれば、仮面がカーニヴァルの世界から日常生活の風俗へと浸透していたことを指摘できるのである。

当時の仮面の祝祭性と日常性の混淆を説明する上で、女性たちの黒い仮面着用の理由を考えてみる必要がある。彼女たちはなにゆえに仮面を着用したのか。『仮面と手袋の会話』を中心にいくつかの文献を分析すると、少なくとも次の五点の理由が考えられる。①寒暑対策、②男性の視線を惹きつける、③美しさを際立たせる、④身元を隠す、⑤高貴な身分の証。以下ひとつずつ述べてゆこう。

①寒暑対策

カーニヴァルは基本的に冬季に行なわれるから、仮面は元来寒い時期のものであるが、仮面には冬の寒気から女性の素肌を守る機能があった。[30]『仮面と手袋の会話』に興味深い記述がある。手袋が次のように、防寒具としての仮面の限界を指摘している。

あなたは独りでは冬の寒さから顔を守ることができないわ。寒いときには、仮面のほかに二，三枚のかぶりものを必要とするのだから。[31]

仮面だけでなく、さらにかぶりものが必要であるようだが、仮面が防寒の役割を果たしていることは間違いない。この場合には、頭部を覆うフード状のかぶりものを重ねていたようである。

同様の仮面はカーニヴァルの期間でない夏季にも用いられた。つまり、日焼けを防ぎ、外気から素肌の白さ、みずみずしさ、美しさを守るために用いられた。特に宮廷や都市部の女性が外出の際に仮面をかぶったことが、複数の文献に記されている。[32]

フランソワ・メイナール（一五八二〜一六四六）によれば、ある女性は日焼けを恐れるあまり二つの仮面をつけた。ひとつは絵（顔の絵であろう）が描かれているもの、もうひとつは黒いビロードのものである。[33]

つまり、仮面は美容にも役立つ装飾品であった。散歩姿の婦人が腰からリボンで仮面を下げていることもあった。戸外に出るときに気軽に仮面を着用していたのであろう。

②男性の視線を惹きつける

黒い仮面の下には、隠して守らなければならないほどの美しい顔があるに違いない、と見る人に想像させる効果があり、男性の視線を惹きつけた。『仮面と手袋の会話』に次のような一節がある。

仮面　そうよね、きっときれいな人に違いないと思って、仮面をしている女性の周りを、たくさんの人がとり囲んでいることがよくあるわ。〔……〕クリメーヌが顔をみせないので、男たちがひどく悔しがっているのをみるのは、私にとってはうれしいことよ。男たちはあれこれ粋な策略をめぐらして、仮面をはずさせようとするから。

手袋　手についても同じよ。

マスク　ええ。でも、人はきれいな手よりきれいな顔をみたがるものよ。[34]

当時、美しい女性は顔と手と胸の素肌が白いものと考えられており、(35)その顔と手を隠すことは、それだけで異性の好奇心をそそるのであった。しかし手よりも顔のほうに人は興味を引かれるから、仮面のほうが男性の関心の的になるのである。

異性の目には仮面をつけているだけでも十分魅力的に映ったようだが、それを着けたりはずしたりする女性の行為は、さらに魅惑的であった。以下のようにも仮面は語っている。

仮面　クリメーヌは、私をはずしつけ直すのがひっきりなしなので、その魅力的な顔に誰もが惹きつけられるのよ。みている人はもっと長く、その様子をみていたいと思うの。(36)

仮面の着脱の所作によって、仮面の下にある美しい顔が見えたり隠れたりすることが、より魅力的に蠱惑的《こわくてき》に人の目に映った。このような所作によって異性の目をじらし、虜《とりこ》にすることができたのである。

③美しさを際立たせる

仮面は顔の美しさを隠すだけでなく、引き立たせるものでもあった。仮面のビロードの黒さがのどもとの白さを際立たせると考えられたのである。(37)

仮面　私はたいていの場合、黒色なの。この色は私が奉仕する美しい人びとにとってとても好都合よ。なぜって、この色は彼女たちの額や目や顔の周囲に輝きを与えるのだから。[38]

このように、仮面の黒さゆえに顔が美しく映えるとされた。当時の女性の美しさとは、先に述べたように、第一に肌の白さによってはかられ、[39] 黒い色はそれを引き立たせた。このような記述は十七世紀以降に流行するつけぼくろに関する文献にもみられるもので、[40] 黒と白の対比が美を生むという考え方がこの時代にはあった。[41] 黒いビロードの仮面がつけぼくろに受け継がれていったとする説もあり、[42] 白い肌を際立たせるつけぼくろと黒い仮面は同様の美容効果があったことになる。絵画資料を見ると、黒い仮面は顔を覆ってはいるが、完全に覆いつくしているのでなく、顔の縁はあらわになったままである（図参照）。故意に白い肌をはみ出させている感さえある。

④身元を隠す

仮面は当然、他人から顔を隠すものである。[43] フュルチエールはそれを女性の慎み深さのゆえだとしているが、自分が何者であるかを知られないようにするために仮面をつけたのは、[44] 仮面がカーニヴァルの仮装に由来することと重なる。特に「お忍び」でどこかに出かける際に仮面が着用された。スカロン（一六一〇〜一六六〇）の『女装の詩人』には、「内緒で教会に行くには、仮面とマフを忘れずに」とある。[45] 十九世紀の作品であるが、十七世紀の風俗を克明に描いているロスタン（一八六八〜一九一八）の『シラノ・ド・ベルジュラック』では、ロクサーヌが、こっそりシラノのもとへ恋の仲介の頼みごとに来る際に仮面をつけていた[46]。またボーマルシェ(一七三二〜九九)の『フィガロの結婚』では、伯爵夫人がシュザンヌとともに浮気者の夫を懲らしめようと策略を練っているとき、夫人はシュザンヌにマスクを持って来させる[47]。夫人ははじめにマスクといい、後にルーと言い換えている。ジャンリス夫人(一七四六〜一八三〇)は、許されない恋仲の男女が、二人とも仮面をつけてオペラ鑑賞に来ていたことを記している[48]。前述のように、卵形の仮面は歯に挟んで固定したので、声色さえ変えることができた。このことも身元を隠す上で好都合であった。

⑤高貴な身分である証

お忍びで何かをするような女性は、身分の高い女性であった。したがって、仮面は高貴な女性の証となった。ジェローム・リポマノの一五七七年の著書によれば、フランスでは貴婦人は黒い仮面をつけているが、一般市民の女性には禁じられていた[49]。『仮面と手袋の会話』では、誰もが身につけるものであることを手袋が自慢するのに対し、仮面は、身分の高い女性のみが自分を身につけてくれて非常にうれしく思うと言っている[50]。仮面はそれ自体は黒くて醜いものであったかもしれないが、薄汚れて嫌悪感をもよおすような、繊細さに欠ける人には奉仕したくないと言うのである。仮面は一種の特権的な装飾品であったのだろう。

（4）仮面の作法

以上のように、近世における仮面は女性の日常生活に深く入りこんでいた装飾品であった。そして、女性固有の礼儀作法を生み出していた。これらの作法は、遊戯的祝祭的な性格の強い仮装の意味だけでなく、仮面が社会規範的意味をも担って用いられていたことを示している。当時の礼儀作法書は主に男性を対象として記されているが、そのなかに、女性の作法が紛れて記述されることがあった。それが仮面にまつわる作法である。カーニヴァルの仮面着用時にも仮装の世界での作法があったとされるが[51]、このような礼儀作法書に記されている仮面の作法は、仮装の祝祭空間だけの約束事ではなくなっている。日常の世界のなかに入りこみ、社会化、一般化された作法に発展したと考えられる。

当時の男性間では、高位の相手に対して敬意を表すための厳密な帽子の作法が存在し、人間関係においてデリケートな問題になっていたが[52]、同様のことが女性の仮面にも当てはまる。たとえば、アントワーヌ・ド・クルタン（一六二二〜八五）の『フランスにおいて紳士の間で行なわれている新礼儀作法論』では、貴婦人が心得ておかなければならないこととして、仮面の作法が次のように詳述されている。

貴婦人方は、挨拶のお辞儀に加えて、敬意を表すためには、仮面とかぶりものとドレスがあることを知っておくとよい。というのは、たとえば、敬意を払うべき相手のいる部屋に、ドレスをからげていたり、顔に仮面をつけていたり、薄いものは別として頭にかぶりものをつけたりして入ることは無作法だからだ。[53]

非常に身分の高い人のいる場で顔に仮面をつけているのは無作法である。[54]

仮面をつけている人たちの間では、それを望まない人がいる場合、仮面を脱ぐのは無作法である。仮面に手をやることも同様である。他の人びとよりも、仮面をしている人のほうに礼儀を尽くさなければならない。というのは、仮面の下には私たちが礼儀を尽くすだけでは足らず、敬意を払わなければならない人がいることが多いからである。[55]

聖体の秘蹟、宗教的な行列、葬式、王や王妃、王家の血縁である王子たち、立派な身分の人、教皇の使節のような非常に高位の人のいる場所や、これらが通りかかるのに遭遇したときには、以下のことを守らなければならない。通り過ぎるまで馬車を止めて敬意を表わすこと。男性は脱帽し、女性は仮面をはずすこと。聖体の秘蹟を除いて、可能であれば馬車から降りて、ひざまづくこと。[56]

仮面をしていること自体高貴な証となったが、貴婦人であるならばそれにともなう作法を心得ておかなければならなかった。カーニヴァルの世界にあっては、仮面をつけた女性は自由気ままの無礼講が許されるであろう。しかし、当時の女性の仮面の風俗には、それだけでなく礼儀作法という社会的規範が適用されていた。高貴な女性が仮面をはずすことは、相手に非常に深い敬意をあらわした。仮面を身につけた女性は、社会的に認知された振舞いを身につけていなければならなかった。これら仮面にまつわる所作が、社会的約束事として、公的な場をはじめとする日常生活のなかで行なわれていたのである。

四 偽の花嫁、本物の花嫁

最後に、再び民間伝承の世界における顔隠しの話に戻ることにしよう。ニコル・ベルモンによると、レジア村に限らず、フランスやヨーロッパ各地において、次のような結婚にかかわる民俗儀礼がみられた。(57)

たとえばフランスのブレス地方では、結婚式前日の夜、次のようなことが行なわれた。花嫁の家に彼女の友人たちが招かれて、花嫁も一緒に全員が仮装する。彼女の友人たちは、いわば「偽の花嫁」である。そこへ未来の花婿とその友人や兄弟たちが訪ねてくる。しかし、彼らは家の外に閉め出されたままである。花婿と友人たちは扉をノックし、子羊を要求する。娘たちは子羊はいないと答えるが、若者たちは執拗に要求し、家のなかまで入ってくる。そして娘たちの部屋をノックし、また同じように子羊を要求するが、答えは変わらない。ついに、花婿が群れから離れた子羊を見つけられなかったと告げる者があらわれ、仮装した娘たちに列をなして外に出るように言う。未来の花婿はその一人ひとりにダンスを申しこむ。ダンスをしながら、その間に花嫁を当てることができなかったら、彼はその晩、居合わせた人びとから嘲笑の的にされるのである。

あるいはまた、友人や姉妹と一緒に仮装したり、たとえば祖母のベッドの後ろに隠れてしまった花嫁を見つけるため、花婿たちがやってくると、彼らの行く手に、「幽霊」あるいは「最初の婚約者」などと呼ばれる人形が投げ出され、それが燃やされる。すると花婿は、本物の花嫁を見つけることができるのである。

これらの民俗儀礼は、その具体的な内容からみても、カーニヴァルとの結びつきが強く感じ取れる。仮装・仮面によるダンス。若者たちのドンチャン騒ぎ。また人形を燃やすところなど、カーニヴァルの人形が祭りの最後に燃やされるのに酷似している。それが、結婚の儀礼と重なっている。

ここで大事なのは、本物の花嫁が仮装・仮面で隠される点である。姿がわからなくなった花嫁を花婿が見つける。そして仮装をとったときに、つまりヴェールを剥いだときに、本物の花嫁、本物のカップルが誕生するのである。

ニコル・ベルモンは、このように、仮装をして「偽の花嫁」たちに紛れてしまった「本物の花嫁」探しの風習が、現代の結婚儀礼における花嫁のヴェールの原型であると結論づけた(58)。

ヨーロッパ世界におけるカーニヴァルという年中行事と、結婚儀礼の結びつき、そして仮装・仮面と、現代の結婚式における花嫁のヴェール、これらの意外な接点をここにみることができる。

五．花嫁の顔隠し

冒頭に挙げたペローの『ロバの皮』は、実はカーニヴァル期間の物語である(59)。ロバの皮を若い女性が身にまとって仮装するのも、花嫁探しをするのも、本物の花嫁が最後に仮装を取り払われて見つかるのも、みなカーニヴァルのなかで行なわれることと同じであった。ついでながら、お菓子のなかに指輪、あるいは小さい陶器の人形を入れて焼く慣わしも、ヨーロッパ世界において、公現祭のころに今でも行なわれている。このような民間伝承の世界と結婚儀礼が結びついて、現代の花嫁衣裳のヴェール・顔隠しが存在しているのではなかろうか。

近世に目を移せば、「ロバ」よりもさらに醜いと思われていた「狼《ルー》」という名の黒い仮面が、ペローと同時代の女性たちの間で日常的に用いられていた。そこでは、カーニヴァルの祝祭世界にあった仮面が、おしゃれに不可欠な小さな装身具として、女性たちの生活を彩っていた。寒暑対策、美しさを際立たせる美容効果、そして、仮面をちらつかせることによって男性の歓心を買う恋愛遊戯の小道具、さらに高位の身分である証であり、日常的な振舞いの作法をも生んでいた。カーニヴァルの世界を超えて、女性の日常生活のなかで生き続けていた仮面の文化が形成されていた。

隠すと同時に見せる両義性があるからこそ、仮面は無限の表現力をもってわれわれを魅了するのである。こうして、女性が顔を隠す、ただそれだけのことで、女性は多面的に魅惑的に物語性をともなって演出されることになった。

仮装・仮面・ヴェールはみな同じ意味を持っているといってよいだろう。隠すこと、顔がわからなくなること、その点が重要なのであった。美しいものが何か醜いもので覆い隠されて、見えなくなってしまう。しかし、その覆いの下に、美しい娘、真実の花嫁が隠れていることを、実は誰もが知っている。さなぎであった少女が、大人の美しい蝶へと変身するための装置としての仮面。だからこそ、そこに誰もが惹きつけられたのであり、物語が生まれたのである。覆いが取り払われたときにあらわれるのが「本物の花嫁」であり、それが、現代の結婚儀礼における花嫁のヴェールの奥に秘められた歴史の一つではなかろうか。

註

1 『完訳ペロー童話集』新倉朗子訳（岩波書店、一九八二年）、一一三頁。一部筆者による改訳。

2 註1前掲書、二六三頁。

3 D. Puccio, *Masques et dévoilements, Jeux du feminine dans les rituals carnavalesques et nuptiaux* , (CNRS Éditions, 2002). レジア村のカーニヴァルの風俗については pp.21-121 を参照。『羊の皮を着た娘』の原題は、*Habillée de Peau de brebis* である。

4 ババはプッチオの記述では babac とされている。babaci あるいは baba と記されることもあるが、ここではババとした。マスキラの原語は maskira である。

5 通過儀礼については以下の書を参照。 A.V. Gennep. *Les rites de passage*, (Picard, 1981) p.205.〔アルノルト・ファン・ヘネップ『通過儀礼』綾部恒雄・綾部裕子訳（弘文堂、一九九五年）〕。

6 Y. Verdier, *Façons de dire, façons de faire* ,(Gallimard, 1979).〔イヴォンヌ・ヴェルディエ『女のフィジオロジー——洗濯女・裁縫女・料理女』大野朗子訳（新評論、一九八五年）〕。

7 G. Bateson, *La Cérémonie du Naven*, (1936) (Les Éditions de Minuit, 1971).

8 クカチは原語では kukaci となっている。

9 註1前掲書、一二三頁。

10 Bunkamura ザ・ミュージアム『ヴェネツィア絵画のきらめき——栄光のルネサンスから華麗なる十八世紀へ』展覧会図録（二〇〇七年）、一六〇頁。

11 R・L・ピセツキー『モードのイタリア史——流行、社会、文化——』池田孝江監修、森田義之他訳（平凡社、一九八七年）、四九〇頁。

12 A.Franklin, *La vie privée d'autrefois, arts et métiers, modes, mœurs, usages des Parisiens du XIIe au XVIIIe siècle, d'après des documents originaux ou inédits, Les magasin de nouveautés, 1'* (Librairie Plon, 1894), pp.161-64(以下 *La vie privée d'autrefois* と略記）; A. Franklin, *La civilité, l'étiquette, la mode, le bon ton du XIIIe au XIXe siècle, tome 1er*, (Émile Paul, 1908), p.121(以下 *La civilité, l'étiquette* と略記）; F.Boucher, *Histoire du costume en occident, des origines à nos jours*, nouvelle édition ,(Flammarion, 1996) ; J. Ruppert, *Le costume français, Tout l'Art Encyclopédie, guide historique*, (Flammarion, 1996) ; M. Leloir, *Dictionnaire du costume et de*

ses accessories des Armes et des Étoffes des origines à nos jours, (1951)(Librairie Gründ, 1992)；および以下の辞書を参照。*Dictionnaire universel d' Antoine Furetière,* (1690) (Le Robert, 1978)； *Le dictionnaire de l'Académie Française,*(1694)；J. Savary des Bruslon, *Dictionnaire universel de commerce* (Jacques Estienne, 1723).

13　Savary, *op.cit.*, Loup の項目。

14　Franklin, *La vie privée d'autrefois*, *op.cit.*, p.164.

15　*Ibid.*, p.164.

16　註10前掲書、一六〇頁。水谷由美子「十八世紀ヴェネツィアにおけるバウタの仮装――ピエトロ・ロンギの作品を中心に――」(『服飾美学』第二八号、一九九九年)、四七～六三頁。

17　Franklin, *La vie privée d'autrefois, op.cit..*；Franklin, *La civilité, l' étiquette, op.cit..*；Boucher, *op.cit.*；Ruppert, *op.cit.*；Leloir, *op.cit..* 実際にはこれらの語は十七世紀だけに用いられたのでなく、十六世紀から十八世紀にかけて存在した語である。

18　Savary, *op.cit.* Loup の項目。

19　Leloir, *op.cit.*, p.364.　トゥレという名のついた服飾は複数ある。トゥレ・ド・コル Touret de col は修道女の首まわりの装飾。トゥレ・ド・フロン Touret de front とトゥレ・ド・シャプロン Touret de chaperon は頭と額を取り囲むかぶりものである。

20　Franklin, *La vie privée d' autrefois*, *op.cit.*, p.162.

21　A. Franklin, *Dictionnaire historique des arts, métiers et professions exercés dans Paris depuis le XIIIe siècle,*

(1905-06),(Laffitte Reprints, 1987), tome 2, p.471.

22 P. Larousse, *Grand dictionnaire universel du XIXe siècle*,(1866), (Slatkine Reprints, 1982).

23 L. Urban, G. Romanelli, F. Gandolfi, G. Hercher, *Venise en fêtes* ,(Chêne, 1992), p.77, p.79.

24 Isambert, Decrusy, Armet, *Recueil général des anciennes lois françaises: depuis l'an 420 jusqu'à la révolution de 1789* ,(Belin-Leprieur, 1821-1833) tome 6 (1380-1400), pp.844-45, No263, LETTRE portant défense de marcher le visage masqué, Paris, 9 mars 1399.

25 Larousse, *op.cit*；Berthelot, *La Grand Encyclopédie, inventaire raisonné des sciences, des lettres et des arts par une société de savants et de gens de lettres* (H.Lamirault, 1886-1902),《carnaval》.

26 Isambert, *op.cit.*, tome 12 ,(1514-1546), pp.557-58, No269, Édit contre les assemblées illicites et les gens masqués, Châtillons-sur-Loing, 9 mai 1539 ; enregistré au Parlement de Paris le 19.

27 *Ibid.*, p.557.

28 Larousse, *op.cit.*

29 C. Vecellio, *De gli Habiti antichi, et moderni di diverse parti del Monde*, (Venezia, 1590).〔チェーザレ・ヴェチェッリオ著・挿画『西洋ルネッサンスのファッションと生活』ジャンニーヌ・ゲラン・ダッレ・メーゼ監修、加藤なおみ訳（柏書房、二〇〇四年）、二三七、二二三頁〕。

30 Franklin, *La vie privée d'autrefois*, *op.cit.*, p.162.

31 *Dialogue du masque et des gands*, in *Les entretiens galans d'Aristipe et d'Axiane : contenant Langage des*

Tetons, & leur pnegytrique; Le dialogue du fard, et des Mouches ; D'un grand Miroir, & d'un Miroir de Poche ; Du Masque & des Gands, avec plusieurs autres galanteries, (Claude Barbin, 1664), p.240.　訳文は筆者による。以下、訳者をことわっていないものは、すべて筆者の訳文である。

32　Furetière, *op.cit.*; Savary, *op.cit.* ; Leloir, *op.cit.* ;　V. Gay, *Le glossaire archéologique du moyen age et de la renaissance*, (1887), (Kraus Reprint, 1974). Maynard, *Epigrame,* in É. Littré, *Dictionnaire de la langue Françoise,* (1880), (Gallimard Hachette, 1971). Franklin, *La vie privée d'autrefois,* p.162.

33　Maynard, *op.cit.*

34　*Dialogue du masque et des gands, op.cit.*, pp.235-37.

35　拙稿「ギャラントリー——十七世紀前期フランスの社交生活と服飾——」(『服飾美学』第二四号、一九九五年)、六三頁。

36　*Dialogue du masque et des gands, op.cit.*, p.232.

37　Furetière, *op.cit.*

38　*Dialogue du masque et des gands, op.cit.*, p.229.

39　アーニョロ・フィレンツオーラ『ルネサンスの女性論２　女性の美しさについて』岡田温司・多賀健太郎編訳（ありな書房、二〇〇〇年)。註35前掲拙稿、六三頁。

40　*La faiseuse de mouches*, (v.1650), in *Variétés Hstoriques et Littéraires*, tome 7, éd. E. Fournier,(P. Jannet, 1855-63) ,pp.13-16.

41　近世フランスの礼儀作法書では、身だしなみにおいて清潔であることが重視されたが、そのためには白い下着類を身につければよいとされていた。美しいレースで縁取られた白い下着類がもてはやされた背景には、カスティリオーネの『宮廷人』（一五二八年）以来、紳士の服装として黒い服が最上のものであるとされてきたことがある。黒い服と白い下着類の組み合わせは、清潔であり、美しいと受け止められていた。当時の白い下着と清潔観の問題については、註35前掲拙稿、拙稿「下着の色と清潔——十八世紀リヨンの遺体調書に見られる事例から——」（『服飾美学』第三〇号、二〇〇〇年）、三三〜四八頁、、拙稿「十八世紀パリ、リヨン、ボジョレにおける chemise の着用状況——清潔論再考——」（『実践女子短期大学紀要』第二九号、二〇〇八年）、一一九〜一三五頁、拙稿「身分表象としての奢侈と清潔《プロプルテ》——十七世紀フランスの白いリネン類——」（『服飾文化学会誌〈論文編〉』Vol.10,No.1, 二〇一〇年）を参照。

42 Larousse, *op.cit.*

43 Furetière, *op.cit.*

44 *Ibid.* ; Savary, *op.cit.*

45 P. Scarron, *Le Virgile travesti*, (1648-53), édition de J. Serroy ,(Classique Garnier, 1988) ,p.310.

46 E. Rostand, *Cyrano de Bergerac*, (1910), (Classic Hachette, 1997), p.115, p.118, p.124. acte 2 scène 5, scène 6.

47 Beaumarchais, *La folle journée ou Le Mariage de Figaro*, (1781), in *Œuvres*, (Gallimard, 1988),scène XXIV, XXVI, pp.428-29.

48 Madame de Genlis, *De l'esprit des étiquettes de l'ancienne cour et des usages du monde de ce temps*, (1812-13), (Mercure de France, 1996), pp.120-21.

49 J. Lippomano, *Relation des ambassadeurs vénétiens, II*, (1577), p. 559, in Victor Gay, *op.cit.*, p.120.

50 *Dialogue du masque et des gands, op.cit.*, p.230.

51 註16前掲水谷、五九〜六〇頁。水谷「カサノーヴァの『回想録』に見られる仮装と遊び――ピトッキとドミノについて――」(『服飾美学』第三三号、二〇〇一年)、四九〜六四頁。

52 拙稿「アンシャン・レジーム期の帽子をめぐる身体表現――ダンスの教本を中心に――」(『お茶の水女子大学人間文化論叢』第八巻、二〇〇六年)、一一三〜一二二頁。拙稿「アンシャン・レジーム期の帽子――礼儀作法が構築する階層社会――」(『国際服飾学会誌』第二九号、二〇〇六年)、五三〜六九頁。

53 Antoine de Courtin, *Nouveau traité de la civilité qui se pratique en France parmi les honnêtes gens*, (Paris, 1671), pp.21-22.

54 *Ibid.*, p.22.

55 *Ibid.*, p.144.

56 *Ibid.*, p.148.

57 N. Belmont, 《Myth and Folklore in Connection with AT403 and 713》, in *Journal of folklore research*, vol.20, no.2-3, (1983), pp.185-196.

58 *Ibid.*, p.186.

59 註1前掲書、一二三頁。

図版出典一覧

図2−2−1　レジア村の仮装の様子
出典：Deborah Puccio, *Masques et dévoilements, Jeux du feminine dans les rituals carnavalesques et nuptiaux*, CNRS Éditions, Paris, 2002.

図2−2−2　ピエトロ・ロンギ「賭博場」（一七六〇年）より模写

図2−2−3　ジャック・カロ『ロレーヌの貴族』（十二点組）所収「仮面の貴婦人」（一六二四年）。エッチング、神奈川県立近代美術館所蔵

【コラム2】
イスラームのヴェール

大枝 近子

女性のかぶりものの起源を考えるとき、イスラームのヴェールが取り上げられることが多い。実際、現在も中近東の多くの国々では女性は日常的にヴェールを着用している。また、昨今トルコの大学でのヴェールの制限[1]やフランスの公立学校におけるスカーフ等を禁じた「宗教シンボル禁止法」の施行[2]、イギリスの前外相のヴェール着用に異議を唱えた発言[3]、オーストラリアのイスラーム教指導者のヴェールと性的暴行を結びつけた発言[4]など、イスラーム女性のヴェールについての是非が世界中で話題になってもいる。

そこで本稿では、このように現代においてもさまざまな問題を提起している女性のヴェール着用の起源を探るとともに、その意味を明らかにしてゆく。

一.ヴェールの起源

ヴェールは強い陽ざしや砂塵を避けるという実用性により、イスラーム以前から中東一帯に広くみられる習慣であるとされている。[5]しかし、資料や図像をあたってみたが、アッシリア以前のイスラーム世界に残されている文献はもとより、図像も非常に少なく、いつどこで始まったかを特定することはできないように思われる。

　そこで、実際にヴェールらしきものを被っている彫像が確認できるシュメールの時代をまず検討し、次に衣服に言及した最古の法律を制定したアッシリアの時代を考察することにした。

（1）シュメール（紀元前三〇〇〇～二五〇〇年）

　この時代の図像の中でヴェールと思われるものを被っているものに「女性坐像」（マリ出土、紀元前二九〇〇～二四六〇年）（図1）がある。これを村上氏は「ポロスの上からカウナケスのヴェール」を被っていると説明している。(6)カウナケスとは毛足の長い巻衣のことを指し、この時代にすでに女性が衣で頭を覆っていることがわかる。しかし、この時代の残されている図像がきわめて少ないこともあり、他にヴェール着用の図像は見当たらなかった。

図1　女性座像（前3千年紀中頃）

　次に、紀元前二六〇〇年ごろシュメールの都市国家に実在した人物を後に伝説化して物語の主人公とした『ギルガメシュ叙事詩』の中に、ヴェールらしき衣が描かれている場面がある。実在する最古の写本は紀元前八世紀のものであるが、物語の成立はそれよりも古いと考えられ、紀元前二〇〇〇年ごろにはすでに原型ができていたといわれている。

「第八の書板――第二欄」の場面は、主人公ギルガメシュが美の女神イシュタルの求婚を断わったために、女神に親友エンキドゥを殺されてしまう。それを嘆き悲しんで彼のとった行動である。

彼（ギルガメシュ）は花嫁のように彼（エンキドゥ）の顔を覆ってしまった。[7]

（月本昭男訳）

そこで彼は友に花嫁であるかのように薄布をかけた。[8]

（矢島文夫訳）

矢島訳では薄布でどこを覆ったかは記されていないが、月本訳では顔を覆ったと明記されている。日本語訳が異なるためどこの部分を覆ったかは明らかではないものの、これらの記述から結婚式での花嫁のヴェール着用はすでに行なわれていたと思われる。しかし、日常生活においてヴェールを被っていたかどうかについては、文献や資料から明らかにすることはできなかった。

（2）アッシリア（紀元前二〇〇〇〜七〇〇年）

アッシリアでは、現在見つかっている成文法として最も古いものとされている

『Assyrian Law』[9]が制定された。この法律は紀元前一四五〇〜一二五〇年の間に書かれたといわれており、この中に衣服に言及した部分がある。

――第四〇条――

既婚、［未亡人］、［アッシリア人］にかかわらず、女性は（公）道に出るときに頭を［露にしてはならない。］高貴な女性は……（それが）ヴェール（?）であろうと衣服であろうと［外套］であろうと、ヴェールを着用しなくてはならない。［彼女たちは］頭を［露にしてはならない。］

……や……や……はヴェールを着用してはならないが、彼女たちが［ひとりで］（公）道に出るときは、［当然］ヴェールを着用してよい。

女主人と一緒に（公）道に出かける妾はヴェールを着用しなくてはならない。夫と結婚した神殿娼婦は（公）道でヴェールを着用しなくてはならないが、夫と結婚していない場合は（公）道で頭を露わさなければならない。彼女はヴェールを着用してはならない。

娼婦はヴェールを着用してはならない。彼女の頭は露にされていなければならない。ヴェールをした娼婦を見た者は彼女を捕らえなくては（?）ならない。彼は（自由）男性を証人とし、彼女を法廷の入り口まで連れて行かなくてはならない。彼女の装身具を取ってはならないが、彼女を捕らえた者は彼女の衣服を取りあげてもよい。彼女は鞭で五十回打たれ、頭から松脂をかけられる。もし、ヴェールを着用した娼婦を男性が見つけ、法廷の入り口に連れて行かなければ、彼は鞭で五十回打たれる。彼を通報した者は彼の衣服を取り上げてもよい。彼の耳にはピアスの穴が空けられ、そこに紐を通され、その紐は彼の後ろで結ばれる。彼は一ヶ月間王のために働かなければならない。

　奴隷の少女はヴェールをしてはならない。ヴェールをしている奴隷少女を見た男性は彼女を捕らえて、法廷の入口に連れて行かねばならない。彼女の耳は切り落とされ、彼女を捕らえた男性は彼女の衣服を取り上げてもよい。もしヴェールをした奴隷少女を見た男性が彼女を見逃し、彼女を捕らえて法廷の入口に連れて行かず、その証拠があった場合には、彼は鞭で五十回打たれる。彼の耳にはピアスが空けられ、そこに紐が通され、その紐は彼の後ろで結ばれる。彼を通報した者は彼の衣服を取り上げてよい。彼は一ヶ月間王のために働かなければならない。

―第四一条―

もし、ある男性が自分の妾(?)にヴェールをかける場合、彼は五、六人の隣人の前で彼女にヴェールをかけ、「彼女は私の妻である。」と言えば、彼の妻になる。

男性たちの前でヴェールを着用していない妾で、彼女の夫が「彼女は私の妻である。」と言わない場合、彼女は彼の妻ではなくまだ妾である。もし、ある男性が亡くなり、彼のヴェールを着用した妻に息子がいなければ、妾の息子が彼の息子となる。彼らは（彼の財産を）分け与えられる。

文字の欠けている部分もあるが、これらの条項は次のようにまとめることができる。

〈第四〇条〉

○既婚女性、（未婚・既婚を問わず）上流階級の女性、夫と結婚した神殿娼婦はヴェールを着用する。頭を覆わなければならない。

○女主人と一緒に出かける妾はヴェールを着用しなければならない。

○結婚していない神殿娼婦、娼婦、奴隷女性はヴェールを着用してはならない。

〈第四一条〉

○妾にヴェールをかけ、「彼女は私の妻だ」といえば、彼女は彼の妻になる。

ここからは、男性の保護下にある既婚女性、上流階級の女性、既婚の神殿娼婦（神殿に仕える奴隷）はヴェール着用が義務づけられていることがわかる。一方、ヴェールを着用してはならないのは、未婚の神殿娼婦と娼婦、奴隷女性であるが、特に娼婦と奴隷女性がヴェールを着用した際には厳しい罰則があ

図2　糸を紡ぐ女性と筆記者（紀元前８～７世紀）

り、またそれを見逃した男性がいた場合、彼にも刑罰が下る。妾についてのヴェール着用の有無は記されていないが、女主人と一緒に出かける場合のみ妾がヴェールを着用することが許されているのであるから、当然ひとりで公道を歩くときにはヴェールをしてはならないことになる。

このようにみてくると、アッシリアの法律ではヴェールは男性の保護下にある女性とそうでない女性の判別を目的としたものと考えられる。当時の家父長制の社会において富裕な階層の家の女性たちの貞節を守るために、ヴェール着用の女性には他の男性が言い寄ることができないようにし、法律により女性を保護していたものと思われる。

図像資料においてもこの時期、メソポタミアを中心とした西アジアではヴェールを着用している女性の姿を描いたものが少しずつみられるようになってくる。紀元前一五〇〇年ころのカナン人は、フリンジがついている布で頭を覆っている。同様の女性の姿が、紀元前八～七世紀の墓の彫刻にもみられ、糸をつむいでいる女性は、縁にフリンジつきの布を頭からかけ、それは座っている脚まで覆っている（図2）。新ヒッタイト時代の女性は縁に結び目のようなものがついた布で頭から肩を覆い、その布が裾まで長く垂れている。また、アッシリアのレリーフに残されている異邦人の女性の中には、飾りのないただの布を頭からかけているものもある（図3）。図像資料からは顔を覆っているものは見当たらなかった。前髪は見えているものもあれば、見えないものもある。

図3　ラキシュ攻囲　連れ去られる住民
（紀元前7世紀）

二．現代のヴェールの根拠としての『コーラン』

（1）『コーラン』[10]

次に、ヴェール着用の意味をさらに探るため、現代のヴェールの根拠として語られることの多い『コーラン』について検討する。

『コーラン』とは六一〇年～六三二年の間に預言者ムハンマドが唯一神アラーから下された啓示を信徒が記憶し、ムハンマドの死後（六四四年～六五六年ごろ）編纂したものであるといわれている。ヴェール着用の根拠となっているのは次の箇所である。

―二四章三一節―

それから女の信仰者にも言っておやり、つつしみ深く目を下げて、陰部は大事に守っておき、外部《おもて》に出ている部分はしかたがないが、そのほかの美しいところは人に見せぬよう。胸には蔽いをかぶせるよう。自分の夫、親、舅、自分の息子、姉妹の息子、自分の（身の廻りの）女達、自分の右手の所有にかかるもの（奴隷）、性欲をもたぬ供廻りの男、女の恥部というものについてまだわけのわからぬ幼児、以上の者以外には決して自分の身の回り（身体そのものは言うまでもない）を見せたりしないよう。うっかり地団太ふんだりして、隠している飾りを気づかれたりしないよう。……

―三三章五九節―

これ、預言者、お前の妻たちにも、また一般信徒の女たちにも、（人前に出るときは）必ず長衣で（頭から足まで）すっぽり体を包みこんで行くよう申しつけよ。こうすれば、誰だかわかって、しかも害《あだ》されずにすむ。……

ここでは具体的に「外部《おもて》に出ている部分」や「美しいところ」とはどこであるのかは記されていないし、「蔽い」の素材や形態、色彩、文様など詳しいことは一切わからない。

もちろんヴェールという言葉も使用されていない。ただ、女性は限られた人以外には自分の美しいところを見せてはならず、人前に出るときは胸に覆いをしたり、衣服で頭から足まで全身を包まなくてはならないとしている。そうすることにより、預言者の妻であったり、一般信徒の女性であることがわかって、害を加えられずにすむと記されているだけである。

そして、女性が男性からの危害を防ぐために身体を覆うということであるが、これは一方的に男性が悪者になっているわけではないことが『コーラン』の他の箇所で住居内の垂幕《とばり》について語っている部分から推察することができる。垂幕はアラビア語でヒジャーブといい、この言葉は現在もイスラーム教徒の女性が被るヴェールの名として残っている。『コーラン』の中に次のような一節がある。

また、お前たち（預言者の妻に）何か下さいと言う場合は、必ず垂幕《とばり》の向こうから頼むように。その方がこちらの心も、先方の心も汚れることがなくてすむ。お前たち、どんなことがあってもアッラーの使徒（マホメット）のお気にさわるようなことをしてはならんのだし、彼なきあと、その妻を自分の嫁にするなど思いもよらぬこと。そのようなことをしたら、それこそアッラーも御立腹なさる。

――三三章五三節――

つまり、ここでの垂幕は女性を守るための

ものであると同時に、女性と男性双方にとって必要なものとされている。男性と女性の間を垂幕で隔てることにより、お互いに心乱れることがないというわけである。

ヴェールもこうした考え方に立脚し、男性と女性の間に一線を引くという意味があり、それが男性、女性双方のためになると考えられていたものと思われる。

(2)『ハディース』[11]

『ハディース』とはムハンマドが人間として語った言葉、および実際の行為を記録したものである。イスラーム社会に生起する諸問題を『コーラン』だけで解釈することがむずかしくなり、人々は預言者の生前の言行を『コーラン』を補う典拠として用いるようになったために編み出された。九〜十世紀初頭に成立したスンナ派の主要なハディース集の編者たちはいずれも数十万のハディースを収集し、そのなかから数千の信頼に値するものを精選したといわれる。また、十〜十一世紀にはシーア派のハディース集も成立した。[12]

女性のヴェール着用の根拠となっている『コーラン』二四章三一節、三三章五九節に関係する『ハディース』をみてゆくと、次のように記されている。

○『コーラン』二四章三一節に関わる部分

(一) ……アッラーは最初の移住者の女達に恵みを与えられるでしょう。「胸には覆いをかけるよう」という言葉が下されたとき、彼女達は布を裂き、それで胸を覆いましたから、と。

（二）……「胸には覆いをかけるよう」という言葉が下されたとき、女達はイザールを取って縁の方から裂き、それで胸を覆った、という。（「コーラン解釈の書」光の章一二）

……異邦人の女達はその胸と頭をあらわにしているが、彼女達から目をそらせ。アッラーは「男の信仰者達に言え。慎み深く目を下げて、陰部は大事に守っておくように」といわれた、と。―カターダも許されていないことについて述べている。神の言葉「それから女の信仰者に言え、慎み深く目を下げて、陰部は大事に守っておき……」（「他人の家に入る許しを求めること」二）

ここでのヴェールは胸を覆うものと考えられていたり、胸と頭を覆うものと解釈されていたことがわかる。

○『コーラン』三三章五九節に関わる部分

……次にヴェールをかぶることについて、わたしが神の使途に、善い男だけでなく悪い男が話しかけるかもしれないので預言者の妻達に体を覆うよう、お命じになるならば、と言ったとき、「預言者よ、汝の妻たちにも、娘たちにも、また信徒の女たちにも、人前に出るときは長い衣で体を包むよう申しつけよ。こうすれば誰だかわかって、しかも害されずにすむ。

……」という啓示が下された。（「礼拝の書」三二（一））

ここでは悪い男が話しかけるかもしれないので、女性は長い衣でからだ全体を包む必要があると解釈されている。

さらに、『コーラン』の章を直接引用しているわけではないが、ヴェールについて言及している箇所がみられる。

・ヴェールをかぶることにより匿名性を保てる。（「遠征」三四（一）、「礼拝の書」一三（一）、「コーラン解釈の書」部族同盟の章八（六））

つまり、ヴェールで顔も覆ってしまっているために誰だかわからないという意味にとることとができる。その証拠に、巡礼のときは顔だけは覆わない（「巡礼の書」一三）と記されており、ふだんの時は顔も覆っていたものと思われる。

・ヴェールでからだを覆う理由は悪い男や敬虔でない男が話しかけることを防ぐためである。（「礼拝の書」三二（一）、「コーラン解釈の書」部族同盟の章八（一））

・ヴェールや垂幕なしで自由に接していいのは自分の父、息子、兄弟、兄弟の子、姉妹の子、身の回りの女たち、それに自分の右手の所有にかかるものである。（「コーラン解釈の書」部族同盟の章九）

・花嫁にヴェールをかければ妻であることを表わしている。（「婚姻の書」九（二）、「婚

姻の書」六〇（二））

結婚式での花嫁のヴェールに関しては、前述の「ギルガメシュ叙事詩」にも描かれているる通り、かなり古くからこの地帯で存在していたものと思われる。また、アッシリアの法律第四一条との影響関係もうかがえる。

このように『コーラン』を補う形で編み出された『ハディース』は、当時の人々の問題解決の典拠となるものであり、ヴェール着用に関しても必要に応じて参考にされたことは明らかである。しかし、『ハディース』邦訳者の牧野信也氏が述べているように、『ハディース』においては各伝承は互いにばらばらであり、伝承相互の間にはほとんどつながりがない。これを牧野氏は「目の前にある個々のものを比類なく鋭い目で凝視し、また身のまわりのかすかな物音をも研ぎ澄まされた耳で聞きわけ、こうして得られた明確な情報に基いて具体的かつ即物的に考え、行動してゆく」というアラブの人々の思考過程からきていると論じている。[13] したがって、ヴェールに関しても、特にその形式については矛盾した記述がみられる。『ハディース』全体の辻褄を合わせるのではなく、伝承ひとつひとつの信憑性を重視した結果であるのかもしれないが、ここでもヴェールは胸を覆うもの、頭を覆うもの、顔まで覆うものとさまざまである。

（3）『タフスィール・アル＝ジャラーライン（ジャラーラインのクルアーン解釈）』[14]

以上のように、ヴェールが身につけられ始めたころの着用理由は、ヴェールによる身分表示とその匿名性ゆえの女性保護と考えることができる。しかし、『アッシリアの法律』や『コーラン』の中ではヴェールの具体的な形態や色彩、文様、着装方法などはいっさい記されていない。したがって、たとえばどの部分を覆うかということひとつをとってみても、顔を隠すもの、頭を隠すもの、身体全部を覆うものなどさまざまなものが当時も存在していたと考えられる。

『コーラン』は中世に入り、タバリー（八三九〜九二三年）やラーズィー（一一四九〜一二〇九年）、ザマフシャリー（一〇七五〜一一四四年）等により膨大な注釈書（タフスィール）が書かれ、「コーラン解釈学」が成立した。『コーラン』が伝えられてゆく中で、用語や解釈の要点については、口伝の注釈や説明が初期のころから加えられていたといわれている。それが徐々にコーランをめぐる神学上の問題や法律上の議論が起こるにつれて、その注釈は学者らの意見により複雑になっていったようである。[15] そうした中で、ヴェールもさまざまな解釈がなされてきたはずである。

そこで、次に中世におけるヴェールの解釈を探るため、「タフスィール」のひとつをみてみる。

「タフスィール」はイスラーム世界の外では本格的なアラビア語からの外国語訳は存在しないといわれており、日本語訳も本格的なものはほとんどない。その中で二〇〇二年に出版されたのが『タフスィール・アル＝

ジャラーライン（ジャラーラインのクルアーン解釈）』である。これは翻訳者中田香織氏によると、「二人のアル・ジャラールによるタフスィール」という意味で、ジャラール・アル＝ディーン・アル＝マハッリー（一三八九〜一四五九年）が一章および一八章から一一四章（最終章）を執筆して未完に終わったものを、ジャラール・アル＝ディーン・アル＝スユーティ（一四四五〜一五〇五年）が同じ方法論で第二章から第一七章までを書き継ぎ、完成させたものであるという。すなわち、おおよそ十五世紀に執筆されたものということができるであろう。

ここでヴェールの根拠とされる『コーラン』の章を『タフスィール・アル＝ジャラーライン』ではどのように解釈しているのかをみてゆくことにする。

〈二四章三一節〉

「外に現われたもの」は顔と両手であるとし、それ以外のものは外に現わしてはならないとしている。そして、「彼女らには胸元に覆いを垂れさせ」とは頭と首と胸をヴェールで隠させることであるとし、当時の女性の習慣である裕福さを示すための胸の上部と首飾りを見せることを戒めている。

〈三三章五九節〉

「長衣」は女がそれで身を包む肩掛けであるとし、「引き寄せる」とは片目を除いてということであり、用事があって出かける時には、片目を除いて長衣で覆うことであると解釈している。そうすることにより、彼女らが自由人の女であることがわかり、手出しをされないと説明している。(16)

以上のように、十五世紀成立のタフスィールにおいては、自由人の女性は顔と両手以外は外にあらわさず、特に頭と首と胸をヴェールで覆うことが求められ、また長衣で片目以外をすべて覆うこともあったことがわかる。

まとめ

ヴェールの起源は特定できないものの、強い陽ざしや砂塵から身体を守るという実用性のため、かなり古くからヴェール着用は中東一帯でみられたと思われる。それが紀元前十五〜十三世紀ごろには、アッシリアにおいて男性の保護下にある女性とそうではない女性の判別を目的としたヴェール着用が法律として制定された。さらに、そうした考え方は具体的な身分は示されてはいないものの、イスラームの世界では『コーラン』の教義の中に取り入れられた。女性の大事なところ、美しいところは限られた人以外に見せてはならず、胸、頭（髪）、顔を隠さなければならないとされた。イスラームの世界では室内に垂幕《とばり》を下ろすのと同様に、ヴェールにより男女の間に一線を引くことにより、悪い男性から女性を保護し、それはまた女性だけではなく男性にとっても心乱れることがないために必要なことであると考えられた。

そして、中世以降『コーラン』がさまざまに解釈されるにつれ、こうした『コーラン』の中でのヴェールの教えも多種多様に説明されるようになる。たとえば、十五世紀には『コーラン』の中では明示されていなかった「外に現れている部分」とは顔と両手であると解釈され、顔と両手以外の「美しい部分」は限られた人を除いて見せてはならず、また害を受けないように、場合によっては片目以外は長衣で覆わなくてはならないとも説明されている。

このように、時代とともにヴェールの解釈は変化してきたと思われるが、なぜヴェールに関して多くの解釈が生まれてきたのかということについて、『コーラン』のフランス語翻訳者として著名なジャック・ベルク（Jacque Berque,1901-1995）はその講演の中で次のように述べている。

（コーランの）規範に関する記述の乏しさは、当然ながらコーランを実践する者、その自主性が期待される者、あるいは、その者自身の徳や社会的尊厳、コーランの知識によってこの任務を与えられる者たち自身の自主性にはたらきかけることとなります。それは専門家という意味でしょうか。違います。責任ある者という意味です。(17)

ここでは女性のヴェール着用に関して言及しているわけではない。しかし、ヴェール着用が彼の示す「イスラム的規範」と考えることができるとすれば、ヴェールに関する記述の乏しさゆえに、それらの解釈は責任ある者すなわち信徒の自主性に委ねられてきたと考えることができるであろう。ヴェールに関する記述の乏しさあるいはあいまいさゆえに女性の「美しい部分」とはどこなのか、またそれを隠すにはどこまで身体を覆うべきかということについて多様な考え方が生まれ、さまざまな形式のヴェールが着用されてきたものと思われる。

ヴェールは時代により女性の抑圧と考えられたり、文化の後進性の象徴と捉えられたこともあった。しかし、一九七九年のイラン革命に端を発する世界的なイスラーム復興現象により、最近では女性自らが西洋文明への抗議やムスリム・アイデンティティの象徴という意味でヴェールを着用してもいる。『コーラン』をいかに解釈するかによってヴェールの意味は異なり、その結果、形式も変化してきたということができるのである。

註

1 『*Le Monde*』二〇〇四年七月一日
イスタンブールの医学部生が、ヴェールをつけての授業への出席を禁止する学長通達によりいくつかの授業、試験への参加を拒否されたことを不服とし、欧州人権裁判所に訴えたことに対し、大学側の規則と処置は適性であると判断されたと報じている。

2 『朝日新聞』二〇〇五年一月十二日
公立学校でのイスラム教のスカーフなどを禁じた「宗教シンボル禁止法」がフランスで施

行されて四ヶ月がたち、スカーフを脱ぐのを拒んで退学処分を受けたイスラム教徒の女子高生は四〇人であると報じている。

3 『朝日新聞』二〇〇六年十月二十五日
イスラム教徒が三〇%を占める地区で住民相談を行なっている下院院内総務（前外相）がヴェールを着用しているイスラム教徒の女性に対して、意思疎通を図るためにはずすよう求めていることに対し、イギリス国内でヴェール着用の論議が巻き起こっていると報じている。

4 『朝日新聞』二〇〇六年十一月二日
オーストラリアのイスラム教指導者が、女性がスカーフを着用しないで外出すれば性的暴行を招くことを示唆するような発言をしたことで、国民の間に波紋が広がっていると報じている。

5 Heather Colyer Ross, *The Art of Arabian Costume : A Saudiarabian Profile*, (Fribourg, 1981), pp.35 や白須英子『イスラーム世界の女性たち』（文藝春秋、二〇〇三年）六八頁等、多数の研究者により指摘されている。

6 村上憲司『西洋服飾史』（創元社、一九七五年）、一九頁。

7 『ギルガメシュ叙事詩』月本昭男訳（岩波書店、一九九六年）、九九頁。

8 『ギルガメシュ叙事詩』矢島文夫訳（山本書店、一九六五年）、九一頁。

9 G.R.Driver and John C Miles, *The Assyrian Laws*, (Oxford, 1935).

10 『コーラン』井筒俊彦訳（岩波文庫、二〇〇四年）。

11　『ハディース』牧野信也訳（岩波文庫、二〇〇一年）。

12　『岩波イスラーム辞典』（岩波書店、二〇〇二年）。

13　註11前掲書、三六二〜三六四頁。

14　『タフスィール・アル＝ジャラーライン（ジャラーラインのクルアーン解釈）』中田考監訳・中田香織訳（日本サウディアラビア協会、二〇〇二年）。

15　藤本勝次「コーランとイスラム思想」（藤本勝次責任編集『世界の名著17　コーラン』中央公論社、一九七九年）、三九頁。

16　「長衣を引き寄せる」という訳は井筒訳では「長衣で（頭から足まで）すっぽり体を包みこんで」となっている。

17　ジャック・ベルク著『コーランの新しい読み方』内藤洋介・内藤あいさ訳（晶文社、二〇〇五年）、九一〜九二頁。

図版出典一覧

図1　"Seated statuette of a woman" From Mari, Syria., Third millennium B.C. (National Museum, Damascus, Syria.) より模写

図2　Gerda Lerner, *The Creation of Patriarchy*, (Oxford University Press, 1986)

"Spinning woman with scribe" From grave in Marash, eight to seven century B.C. (Adana,Museum.)

図3　ニネヴェ出土、ラキシュの攻囲（部分）、連れ去られる住民、前七世紀より模写

第三節　花嫁はなぜヴェールを被るのか

黒川　祐子

一・近世までの花嫁のかぶりもの

さて第二節で、内村理奈氏は民間伝承の立場から、西洋の結婚式における花嫁のヴェールについて論じた。内村氏の説は、それまで隠されている（本物の）花嫁が、結婚という儀礼を起点として姿をあらわすというヨーロッパ各地に残される風習が、現代の結婚式にみられるヴェールの原型であるとするニコル・ベルモンの説に同調するものであるが、これらは一部の村や地域にみられる風習をもとにした考察と考えられる。一般に世界的規模で行なわれているキリスト教社会に関わる教会結婚式においても、ヴェールは現在でも花嫁衣裳に主要なアイテムとして機能している。そこで本節では、筆者が第一節で行なったキリスト教会とヴェールとの関わりに関する考察をさらに発展させることにより、また古代から近代までの花嫁のかぶりものに関する歴史的考察を行なうことにより、「花嫁はなぜヴェールを被るのか」という本書の主題に少しずつせまってゆきたい。

まず西洋の花嫁のヴェールの起源はどこにあるのだろうか。パリ・ガリエラ博物館の学芸員であるアンヌ・ザゾーは一九九九年に同館で開催された「結婚」展のカタログに寄せた論考のなかで、「結婚」と「花嫁」の興味深い語源について次のように述べている。(1) そもそも「(女性が) 結婚する」という言葉の語源は「ヴェールで覆われる」の意味をもつラテン語の「ヌーベレ (nubere)」という言葉にある。この動詞の過去分詞形から生じた名詞が「結婚した若い女性」すなわち「花嫁」をあらわす「ヌープタ (nupta)」に当たり、したがって現代フランス語で「結婚式の」の意味をもつ形容詞「ニュプティアル (nuptial)」や「結婚」をあらわす名詞「ノス (noce)」はこの語に由来するのだという。ザゾーのいう語源からすると、古代の「花嫁」という言葉はまさに「ヴェールで覆う」という意味から派生していることになる。

「結婚」という語の語源については、四世紀のミラノの教父アンブロシウスも『アブラハム』のなかで次のように述べている。

リベカが到着すると、イサクが散歩しているのがみえた。リベカは、あの方はどなたですかと尋ね、それがまさに自分の許婚であることを知ると、ラクダから降りてヴェールで顔を隠した。これは結婚の前には恥じらいをもたねばならないことを示す。実際「結婚 (ヌープティアエ nuptiae)」という言葉は、若い女性が恥じらいのためヴェールで覆うことから来ている。だから若い女性たちよ、恥じらいをもち、頭に何もつけずに見知らぬ人の前に出てはならないということを知りなさい。なぜならリベカは、すでに婚約していたのに、頭を覆わずに未来の夫に会ってはならないと考えたからだ。(2)

また第一節で筆者がとりあげたテルトゥリアヌスの著作『処女のヴェールについて』にも次のような一節がある。

しかし婚約している者にはリベカの例がある。ここにいう「婚約している者」とは両者がまだお互いを知っていないことを意味する。しかしリベカは遠方からやってくる彼(イサク)を見てその人と認めると、彼の右手を握るまで、また接吻によりお互いがひとつになり挨拶を交わすまで、待つことはしなかった。むしろリベカは彼女が感じたことをあらわしたのである。つまり彼女はここで精神においてすでに結婚しており、彼女の未婚という立場を放棄したのである。そのような立場にあったから、リベカはヴェールを被ったのだ。(3)

ここでアンブロシウスとテルトゥリアヌスの説教に登場する「リベカ」とは、『旧約聖書』「創世記」に登場するベトエルの未婚の娘を指す。アブラハムは息子イサクの妻をナホルの町から迎えることを僕《しもべ》に託すのだが、この地に出立したアブラハムの僕は、自分と連れのラクダに水瓶の水を施した女性を、イサクの未来の妻として教示するよう神ヤハウェに請う。すると僕の前に水瓶をもった女性リベカがあらわれ、イサクはめでたくリベカと結婚することになった。リベカがベエル・ラハイ・ロイの町にラクダに乗ってやってくると野を歩いているイサクがみえた。アンブロシウスとテルトゥリアヌスが上述の説教で引用しているのはこの場面である。そこで『旧約聖書』「創世記」からこれを引用しておくことにしよう。

夕《ゆう》となり、イサクは出《で》て行《ゆ》き、野《の》を行《ゆ》き来《き》していた。彼がふと目を上げて見ると、ちょうど、らくだがやって来るところであった。リベカは目を上げてイサクを見た。彼女はらくだから下《お》りて、かの僕に言った、「私たちを迎えに野を歩いてくるあの男の方は誰《だれ》ですか」。僕は言った、「彼が私の主人です」。彼女は被衣《かづき》を取り出して、身《み》を覆《おお》った。僕は彼がしてきたことをすべてイサクに物語《ものがた》った。イサクは彼女を天幕《てんまく》に導《みちび》き入《い》れた。イサクはリベカを迎え、彼女は彼の妻となった。彼は彼女を愛《あい》した。こうしてイサクは彼の母の［死《し》］後《ご》も慰《なぐさ》めを得《え》た。(4)

(旧約聖書翻訳委員会訳)

旧約聖書翻訳委員会により「被衣を取り出して、身を覆った」と訳されている上述の箇所を、古代ローマの教父たちの多くは「ヴェールで覆った」と解釈している。アンブロシウスもテルトゥリアヌスもこれをそうとっている。すなわち花嫁が被るヴェールに起源を求めようとするならば、二人の教父がこれらの説教に引用した「創世記」に登場する「花嫁」リベカのつけた「覆い」が、その有力な由来とも考えられよう。しかしここで興味深いのは、前者のアンブロシウスと彼から約一世紀前に遡る後者のテルトゥリアヌスでは、「花嫁のヴェール」がそれぞれ異なる意味で解釈されている点である。アンブロシウスがリベカのつけた「ヴェール」を結婚前の女性の恥じらいととったのに対し、テルトゥリアヌスの引用では、「ヴェール」があたかも「既婚者になるしるし」のようにとらえられている。テルトゥリアヌスにとっての花嫁のヴェールは、これを「未婚者(処女)の恥じらい」ととったアンブロシウスとは逆に、「結婚」が結果としてもたらす「処女の恥じらいの放棄」をしるすものである。テルトゥリアヌスは『処女のヴェールについて』のなかで次のようにもいっている。

夫との交際がようやく彼女を妻にしたとき、そのとき女性ははじめて覆われるべきである。そして結婚式をすぎてもそうするべきである。しかし女性がキリスト教徒でない場合には、女性は男性からヴェールを与えられる。彼女は身体と精神によって、すなわち接吻と握手によって男性と結ばれたのであるから、それを賞賛するためにヴェールを身につける。そこで彼女ははじめて恥じらいを放棄することになる。その一方で二人は共通の合意という担保によって、お互いに結ばれる決心を約束するのである。(5)

既婚女性とヴェールとの関係については、紀元後一世紀の著述家ウァレリウス・マクシムスが『記憶に残る行ないと言説』という著作のなかで、紀元前一六六年に執政官であったスルピキウス・ガルスという人物が、「彼の妻が外出の際頭を覆わなかったことを知ったために離婚した」と記している。[6] ガルスの離婚説にはもう一説あり、それは「妻がマントを引っ張ってそれでもって彼女の頭を覆ったのを目にしたために離婚した」というものである。プルタルコスの『道徳について』にはそのように書かれている。[7] いずれの説にせよガルスの離婚の原因には、当時の既婚女性が外出時にかぶりもので頭を覆うことを強く求められていたという背景があるようである。古代ローマの教父が女性に顔を隠すことを求める説教をしばしば展開していたことはすでに第一節で述べた。テルトゥリアヌスが『処女のヴェールについて』のなかで既婚女性とヴェールとの関わりを強調しているのも、当時の女性が結婚後人目に触れる場に出る際には常にヴェールで頭を覆い、貞淑な妻として振舞うことを夫により強く求められていたことに起因しているようである。

テルトゥリアヌスの説教に「右手を握る」「握手をする」とある表現は、古代から中世に男女が右手と右手を結び合うことで結婚の契約をあらわすという象徴的なしぐさに由来するものであった。エドウィン・ホールの研究『アルノルフィーニの婚約――中世の結婚とファン・エイク作《アルノルフィーニ夫妻の肖像》の謎――』では、結婚をあらわすこのような図像学上の男女の身振りにその主題がおかれている。同書に引用されている紀元後二世紀半ばのアントニヌス・ピウス帝のセステルス貨幣、あるいはマントヴァの公爵宮殿にある二世紀後半の「ローマ将軍の石棺」の図像でも、新郎と右手を交わす花嫁の頭には明らかにヴェールがかけられている。[8] またローマ・ヴァチカン図書館蔵の「アルドブランディーニの婚礼図」でも、白い花嫁衣裳の女性がヴェールを被ってあらわされていることから、ローマの花嫁がヴェール状のかぶりもので頭を覆っていたことは確かであろう。[9]

ところがホールが取り上げた右手と右手を結ぶ新郎新婦の身振りを、中世の図像に取材すると、花嫁の頭にヴェールをかけた絵をあまりみなくなる。[10] もちろん角型のかぶりものの上に白い厚いヴェールを被っているアルノルフィーニの妻のような例もある。しかし中世から近世に多くみられるのは、むしろその頭上に輪冠や花輪などさまざまな形をした冠を被った花嫁の姿である。すなわちそのころの花嫁には、すでにヴェールではないほかのかぶりものが用いられるようになっていたのである。一五七七年に出版された『ハンス・ヴァイゲルの衣裳本』は、当時の版画家ヨスト・アマンの原画をヴァイゲルが版刻・出版したもので、西洋および東欧の都市またはいくつかのイスラム圏やアフリカ諸国などのさまざまな階級や職業の人々の衣装画を収集した版画集である。同書に登場するシュレージエン、ダンツィヒ、ヴェネチアの「花嫁」は、豪華な冠を頭に装っている。[11] 第一節の第五項では「ヴェール」に代わってあらわれた当世流行の「冠」を、テルトゥリアヌスが「偶像崇拝」とみなす説教を取り上げた。時代が移行する中で、花嫁がヴェールではないかぶりものをつける地域が西洋に多くあらわれていたことは確かであろう。

第一節にも引用したドイツの服飾史家ザイデルの研究によれば、十六世紀の西洋では、花嫁のかぶりものに象徴的な意味をもたせる地域もあったという。たとえば花嫁に輪冠《クランツ》を被ることを禁じる地域もあった。その理由として当地では、輪冠が「教会（での結婚式）にゆく前にひとつ枕で寝た」、あるいは結婚する二人が「結婚式の前から知れ渡るような仲であった」という意味をもっていたからだという。

またその一方で、花嫁には教会に行くときと同様にヴェールをつけさせ、花婿には輪冠を被って頭を覆うよう規定する都市もあったという。またある地域では、花嫁はヴェールの上に、花婿は頭の上に、直接「藁でできた輪冠」を「恥じらいのしるし」として被らねばならなかったというものもある。[12]

ところで『ハンス・ヴァイゲルの衣裳本』には、十六世紀ドイツのニュルンベルクの花嫁を描いた衣装画が複数ある。[13] 同書に取材すると当時のニュルンベルクでは、由緒ある家の出の娘とそうでない出自の娘とで、教会結婚式で被るかぶりものの種類が異なっていた。由緒ある一門の花嫁が真珠などの宝石で飾った豪華な冠をつけたのに対し、一般庶民の花嫁は簡素な輪冠や花輪を被り教会に出向いている。一門の花嫁が結婚式で身につけた豪華な冠はその家の家宝にもなったというから、結婚式で用いられる花嫁のかぶりものに財産価値を付す地域が出てきていたことがうかがえる。

ところで古代ローマ期や中世の女性たちが、道徳面から髪を隠すことを厳しく求められていたことは、すでに第一節に述べてきた。ところが近世になると女性の髪に対する意識が大きく変化する。とりわけ十八世紀になると、西洋服飾史にしばしば紹介されるとおり、膨大に膨らませた髪が登場し、その頂をおかしな呼称までともなう想像力豊かな装飾でもって飾ることが流行したのである。[14] ポンパドゥール夫人らの結髪師としても名高いル・グロは一七六五年に『フランス婦人の結髪術についての版画本』という題名の著書を出版し、巻き毛、編み込み、下げ緒、櫛差し、花飾りなどを使った女性の多種多様な髪型を同書に紹介している。[15] これらの書にあらわされる十八世紀の女性たちが髪を執拗に飾る感性は、その髪がたとえ義毛であったとしても、古代や中世とはまったく異なっていたと考えてよい。道徳心や宗教心から髪や頭を覆うという女性の意識は、明らかにこの時代には希薄になっていた。むしろ多彩に飾られたあらわな髪は、十八世紀の女性たちの重要な自己表現になっていたのである。

ウェンディ・クーパーが著わした『髪――性社会の象徴性』によれば、イングランドではエリザベス一世による統治がはじまる一五五八年までに、かつらが女性に絶対不可欠なワードローブになっていたという。また当時の女性のかつらは若き日のエリザベスが自然な赤毛であったことに敬意をあらわし、しばしば赤く染められることもあったというのである。[16] フィリップ・スタッブズは一五八三年に著わした『悪習の解剖』という書物のなかで、髪に趣向を凝らすエリザベス朝の女性たちを次のように批判している。

もし彼女ら自身の自然な髪を巻いたり広げたりすることがすべてであるというなら（それは神を敬わない行為であり、まったく法律に即していない。そしてそれは自尊心のしるしであり、それを見るすべての者にみだらなものとして知られている。）、それはさほど重要なことではない。しかし彼女らは自分の髪に簡単に満足することはしない。それどころか雄馬や雌馬、あるいはほかの珍しい動物の毛を買ったり、彼女らの欲する色にそれを染めたりしている……。彼女らの髪は従属のしるしとして彼女らに与えられたものであるがゆえに、彼女らはそれを大切にするよう命じられているのだ。今や彼女らは髪を自尊心の飾りとしてしまった。悔い改めることなくして、彼女らは永遠に自身を破壊するだろう。[17]

趣向を凝らしたエリザベス朝の女性たちの髪は、義毛も含め明らかに彼女らの「自尊心の飾り」となっていた。ここでスタッブズが女性の髪を「従属のしるし」といっているのは、「コリント人への第一の手紙」第十一章の聖パウロの言葉に関わるものなのだろうか。これは第一節の第五項で、テルトゥリアヌスが女性の頭を「女性に課された服従の重荷をすでに負っている」と説いていたのに似ている。いずれにせよスタッブズの時代から二世紀を経て、女性たちの髪に奇想天外な髪型があらわれたことから考えても、当時の女性たちがスタッブズのこのような訓戒を聞き入れたとは考えにくい。こうして近世には女性の装いの表現に「みせる髪」が登場した。花嫁のヴェールはこのような女性の自意識のあらわれを背景に、近世末期まで影を潜めてしまったかのようにも思われる。

二 十九世紀初めの花嫁のヴェール

ところで近代に入り花嫁のヴェールが再び姿をあらわした。今日にも白いウェディングドレスとペアでつけられるあの白いヴェールが、十九世紀前期広く西洋でみられるようになるのである。ところで十八世紀の花嫁衣裳には白が使われていたわけではない。フランスのモード版画集『ギャルリー・デ・モード』の一七七九年の結婚式の絵には、青いローブの花嫁衣裳の新婦が明らかに描かれている。(18) 多くの服飾史家が指摘するとおり、今日にも着用されるあの白いウェディングドレスは、十九世紀になってから世に登場したものである。[19] 花嫁の白いヴェールも、この白いウェディングドレスの登場に伴い、これとセットになってあらわれる。

十九世紀に白いウェディングドレスが登場する背景については、坂井妙子氏が『ウエディングドレスはなぜ白いのか』という著書で、主に十九世紀後期のイギリスの資料を手がかりに次のように述べている。[20] イギリスでは一八四〇年二月ヴィクトリア女王がアルバート公との結婚式の際、白いウェディングドレスにホニトンレースのヴェールをつけたことが話題となり、これがアッパークラスに影響を与え、同世紀後期にミドルクラスの女性にまで普及することになった。また同時期ホニトンレースの生産は国政の支援もあり活性化し、イギリス国産のホニトンレースでできたヴェールは、イギリスの理想的な花嫁のイメージ作りに重要な要素となった。さらに当時「処女の象徴」とみなされた白いドレスとヴェールは、はじめは社会的地位の高い花嫁の特権であったが、十九世紀の末期になるとミドルクラスの花嫁のユニフォームとみなされるまでに定着することになった、というのである。またイギリスの服飾史家フィリス・カニントンやアン・モンサラートがウェディングドレスの歴史を語るなかで触れているように、坂井氏もまた当時の白いドレスとヴェールの花嫁衣裳には、髪やドレスにオレンジの花の装飾が伴うことが多かったことを述べている。[21] オレンジの花弁の色は白であるから、ドレスとヴェールとオレンジの花からなる花嫁衣裳は白で統一されることになる。

ところで筆者が一七九七年から一八三九年までパリで刊行されたフランスのモード誌『ジュルナル・デ・ダーム・エ・デ・モード』に取材したところ、白いローブ（ドレス）に、白いヴェール、これにオ

図 2-3-1　白いローブとヴェールとオレンジの花で飾った花嫁

レンジの花の装飾を加えた花嫁衣裳が最初にあらわれるのは、一八一三年のことである。一八一三年九月十日号の『ジュルナル・デ・ダーム・エ・デ・モード』誌には「花嫁」と題した衣装画に、オレンジとバラの花を組み合わせた髪飾りで装った、白いローブと白いヴェールの花嫁の姿が描かれている。[22] ところが同様の組み合わせの花嫁衣裳は一八二〇年代に入るとさらに多く同誌に散見できるようになる。[23] 図2-3-1はその一例で、一八二〇年七月十五日号の『ジュルナル・デ・ダーム・エ・デ・モード』誌に描かれた花嫁衣裳の絵である。[24] サテンの上にレースをほどこしたローブに、「花嫁の髪はオレンジの花と、その枝の塊、それにイギリス産のヴェールとを組み合わせて飾られる。この髪型はプレズィル夫人が考案した」と解説されている。ローブの色もヴェールの色も白である。

すなわちフランスの『ジュルナル・デ・ダーム・エ・デ・モード』誌には、すでに一八一〇年代に白いヴェールが白いウェディングドレスに伴ってあらわれていた。ところがこれは坂井妙子氏が前掲書に次のとおり述べていることに関わりをもつようなのである。(25) ヴィクトリア女王が結婚式で取り入れたスタイルは、そもそもイギリス独自のものではなく、一八三〇年代ごろ外国から輸入されたことから来ている。また花嫁の髪やドレスにオレンジの花を飾る習慣も、一八二〇年代末フランス経由でイギリスに伝わったことに由来する、というのである。それでは「ヴェール・ローブ・オレンジの花」から成る白い花嫁衣裳は、坂井氏のいうとおり、そもそもヨーロッパ大陸からイギリスにもたらされたものであったのであろうか。そこで十九世紀前期の花嫁のヴェールの出現についてせまりたい本稿では、坂井氏が前掲書に取り上げていない一八四〇年代以前の、フランス・ドイツを中心とする事象に注目したい。ヴェール・ローブ・オレンジの花から成る花嫁衣裳がフランスで定着するのは、上述したように一八二〇年代のことである。したがって本稿では、特に一八〇〇年代から一八二〇年代までのヴェールと花嫁衣裳にまつわる事柄を中心にこの問題を考えてゆくことにする。

はじめに十九世紀初めにあらわれた花嫁のヴェールの描写を紹介しておこう。一八〇三年、不義の結婚と兄弟の憎悪を主題にしたフリードリヒ・シラーの戯曲『メッシーナの花嫁』が、ドイツのワイマールで上演された。翌年この作品は大都市ベルリンでも上演をみることになる。シチリア島の都市メッシーナの女王イザベラの息子でありこの都の王子で長男のドン・マーヌエルと次男のドン・ツェザールは、偶然が重なり、幼い時分に亡き王の命により修道院にあずけられていた妹ベアトリーセに、それとは知らず同時に恋をしてしまう。この不義の恋がきっかけとなり、二人に悲劇が訪れることになった。弟ツェザールが兄マーヌエルを殺し、その悔悛の念からツェザール自身も自害を果たすという悲しい結末が二人にもたらされることになったのである。

この作品のなかで、兄ドン・マーヌエルが修道院からさらってきたベアトリーセを花嫁として迎え入れることを決心し、わが恋人にこの都の花嫁にふさわしい立派な衣裳を調えるよう臣下に命じる場面がある。そこに「花嫁のヴェール」の描写が登場する。

先ず第一に優しい形の足を護り、また飾るための、
小綺麗なサンダルを見立ててくれ。
次には着物として印度人の精巧な織物を、
あの、最も太陽に近いエトナ山の雪のように、
真白に光るやつを選んでくれ——
それを、あの優しいつくりの若いからだに、
朝のそよ風のように、ふうわりと纏わせたいのだ。
また端正な胸の下あたりで、
優雅に着物を結んでおく帯は、
細い金糸を織り込んだ真赤な色にしよう。
それに光澤のある絹で織り、
紫に光を放つマントも選んでもらいたい。

そして肩のところでそれを黄金の蟬形の釦金《しめがね》で
留めるのだ。――なお美しい腕に魅力を添える
腕環もわすれてはならない。
それから海の女神の奇しき贈物、
真珠や珊瑚の装飾もなくてはならぬ。
縮れ髪の上にいただく冠には、
世にも高貴な宝石をちりばめ、
中にも焔のように真赤な紅玉《ルビー》が、
緑玉《エメラルド》と供に彩光を織り交わすのだ。
頭上の髪飾りで留めてある長い面帕《ヴェール》は、
さながら光を帯びた雲のごとくに、
輝く姿を包んで流れ、
処女を象《かたど》るミルテの花冠で飾れば、
それで美しい全體の姿が完成するのだ。(26)

（相良守峯訳）

古代ギリシア悲劇に範をとり、この作品を著わしたとされるシラーが、「メッシーナの花嫁」にイメージしたこの花嫁衣裳の描写はどのように解釈されるべきであろうか。相良守峯により「着物」と訳され

た「トゥニカ(Tunika)」とは、筒袖・筒型の単純な裁ち方からなる古代ローマに着られていた衣服のことを指す。留め金で肩を留めたり、「トゥニカ」の上にマントを重ねるやり方は、まさに古代に特徴的な衣服の着装の仕方である。また十八世紀の美術家たちにとって、古代ローマの高貴な身分の人々の衣服に紫が用いられていたことは、周知のことであったようである。[27] 一八一二年に『古代の衣装』を著わしたトマス・ポープも、高位の身分のローマ人が、当時のローマ男性の市民服であった外衣であるトガや内着であるトゥニカに、紫の縁取りをほどこしていたことを記している。[28] さらに「朝のそよ風のように、ふうわりと纏う」とあらわされた軽やかな衣服のまとい方は、まさに古代彫刻にみられる簡素で自然な古代人に特有な着衣の表現方法である。一七六四年の名著『古代美術史』で知られる十八世紀の美術史家ヨハン・ヨアヒム・ヴィンケルマンは、シラーが一七九四年から一八〇五年の間、交友を共にしたドイツ古典主義の祖ゲーテにも多大な影響を与えた。[29] ヴィンケルマンの『古代美術史』には、古代ギリシア・ローマの遺跡や彫像にみられるプロポーションや装い、衣服の素材や着衣の表現方法に至るまで詳細な考察がなされ、その見事な研究姿勢が後世の芸術家たちに多大な影響を及ぼしたとされている。[30] シラーの上記の描写にはヴィンケルマンにもみられるような観察眼を見出すことができるから、シラーが当時盛んであった一連の古代研究から何らかの影響を受けていたことは明らかである。

ところで『メッシーナの花嫁』には、修道院を飛び出し王子ドン・マーヌェルの元に逃げたベアトリーセが、自分の身勝手な行為を振り返り、「処女の貞淑を象る面帕《ヴェール》をわたしはかなぐり棄てた」とその罪を悔いる場面がある。[31] この場面に登場する「ヴェール」とは彼女の「花嫁衣裳」のアイテムのひとつとしてのヴェールのことではなく、ベアトリーセの過去の境遇をしるした「修道女のつけるヴェール」のことである。第一節の第四項に「ヴェールを受ける（take the veil）」という英語が、すなわち「修道女になる」ことを意味するという例をあげた。これはフランス語やドイツ語でも同様で、「ヴェールを受ける」を意味する「prendre le voile」、「den Schleier nehmen」は、すなわち「修道女になる」ことを意味する。[32] シラーは上述のとおり、花嫁ベアトリーセの被る「ミルテの花冠」を「処女のしるし」としてあらわしているが、このベアトリーセのセリフにより、彼女の清らかな心持ちがより一層引き立っているのである。

ところで上述の描写のなかで花嫁ベアトリーセのヴェールは、「処女を象《かたど》るミルテの花冠」で飾られているのだが、当時の花嫁の花冠にオレンジの花を用いることが多かったイギリス・フランスに対し、ドイツでは「ミルテ（Mirte）」の花を用いることが多かった。[33] シラーは当時の風習からこの「ミルテ」の花を花嫁のヴェールの装飾のモチーフに使ったのかもしれないが、この花は古代ローマでは実際花嫁の花冠に用いられていたとも、処女と関わりをもっていたともいわれている。

「ミルテ」は、属名を「ミルツス」、学名を「ミルツスギンバイカ」といい、その名は古代ギリシア・ローマ神話に登場する戦車の御者「ミルティロス」の名に由来する。[34] フトモモ科の常緑低木であるこの木は地中海沿岸に分布し、「ミルテ」の花は、「ギンバイカ（銀梅花）」または「テンニンカ（天人花）」とも呼ばれた。[35] 古代ローマの文学では、これがギリシア神話の愛と美と豊穣の女神「アフロディテ」に当たる「ウェヌス」すなわち「ヴィーナス」に捧げる植物としてしばしば登場する。[36]「ミルテ」が古代ローマの花嫁がつける花冠に実際用いられていたことは、次の記述からもわかる。紀元後二世紀後期のローマの著述家セクストゥス・ポンペイウス＝フェストゥスがその著書『言葉の意味』のなかに、「新婦は彼女によって摘まれた花や葉や草で作った冠（コローラ corolla）をヴェールの下に身につけた」と書いているから、当時の花嫁は自分で摘んだ草花で花冠をつくり、これを被っていたようである。[37] 十九世紀初頭の美術史家ジョセフ・マイオは一八〇四年の著書『名著と古代の遺跡による古代民族の服飾、風俗および宗教、市民と軍事の慣習の研究』のなかで、古代ローマの花嫁は「自身で摘んだウェルベナエ（verbenae）でできた冠を被っていた」と記述しているのだが、この「ウェルベナエ（verbenae）」の語をローマの著述家セルウィウスが、『アエネーイスについて』という著作のなかで「我々は月桂樹、オリーブ、ミルテのようなすべての聖なる枝をウェルベナエ（verbenae）と呼ぶ」と記しているという。[38] また「ミルテ」が古代ローマでは「処女」と関わりをもつ植物でもあったことは次の記述からわかる。プリニウスが『博物誌』のなかで、「ローマ人とサビネ人が処女の掠奪をめぐって一戦を交えようと思った後、当時『ウェヌス・クルアキナ』という像が占めていた場所で、武器を置き、テンニンカの小枝でからだを清めたという伝説があった」と記しているからである。[39]

ところでシラーが『メッシーナの花嫁』を執筆していたのとほぼ同じころ、彼が花嫁ベアトリーセに強調した「処女」の肖像ともいえるある人物が、西洋で大きな話題を呼んでいた。一八〇二年十一月二十九日のフランクフルト版『ジュルナル・デ・ダーム・エ・デ・モード』誌に「ウェスタル風のトゥニカを着た装い（Tunikakleider à la Vestale）」と題した衣装画が登場していたのである。[40]「ウェスタル

（Vestale）」とは、古代ローマの処女神「ウェスタ（Vesta）」に仕えた巫女たちのことをそう呼ぶ。ローマの建国者ロムルスの母レア・シルフィアもこの「ウェスタ」に仕える巫女「ウェスタル」であったという聖なる伝説をもつ。[41] そこで第三項ではこの「ウェスタル」に焦点を当てることにする。

三．処女神の巫女「ウェスタル」と「ウェスタル風のヴェール」

さて前項の終わりで引用したフランクフルト版『ジュルナル・デ・ダーム・エ・デ・モード』誌の「ウェスタル風のトゥニカの装い」の掲載は、おそらく既刊の同名モード誌パリ版『ジュルナル・デ・ダーム・エ・デ・モード』誌のそれを真似たものと思われる。一八〇二年十一月六日（共和暦十一年霜月《ブリュメル》十五日）号のパリ版『ジュルナル・デ・ダーム・エ・デ・モード』誌には、すでに「ウェスタル風のヴェールとチュニック（Voile et Tunique à la Vestale）」と題される図２−３−２のような衣装画が掲載されているからである。フランクフルト版『ジュルナル・デ・ダーム・エ・デ・モード』誌は、一七九九年から一八四八年までドイツのフランクフルトで発刊されたモード誌であったが、パリ版『ジュルナル・デ・ダーム・エ・デ・モード』誌のいわば模倣版であった。当時のドイツのモードは明らかにフランスに従う傾向にあったから、ここからは西洋でも最先端のモードを主導したパリ版『ジュルナル・デ・ダーム・エ・デ・モード』誌を主な資料に、十九世紀前期の花嫁のヴェールの出現について考えてゆくことにする。

図２−３−２には、顔の右半分にそれがかかるように、残りの半分は髪をあらわにし、頭部の後ろにふ

んわりと流すように白いヴェールを被った「トゥニカ」風の白い簡素な長衣をつけた女性の姿が描かれている。この衣装画には次のような解説がある。

この「ティトゥス風の髪」は、数年前に現われ影を潜めていたものが、再び現われたもので、それがあわ立つように大きくなったものである。あるときは花綱飾りが、あるときはダイヤモンドがこれに加わり、以前にましてあまりゆがみのない髪型を表わしている。多くの場合ヴェールでもって髪の一部を覆い隠す。ヴェールは肩の上に流れ、ショールの下に隠れ見えなくなる……[42]。

記事にある「ティトゥス風の髪（cheveaux à la Titus）」とは、フランソワ・ブーシェによれば、古代に着想を得たうなじを刈り上げた髪型のことである[43]。「ティトゥス」とは古代ローマの指導者を指しており、このような髪型の表現は縮れた巻き毛を「カラカラ風」と呼んだのと同様である。カラカラ帝は紀元後二一一年から二一七年までローマの皇帝を務めている。このように古代ローマの髪型に着想を得た短髪が当時一部の人々の間で人気となっていたのである[44]。この記事に遡る一七九九年の『ジュルナル・デ・ダーム・エ・デ・モード』誌にも「ティトゥス風の髪」や「ティトゥス風の頭」といった名称が散見できるから、「数年前に現われ影を潜めていたものが、再び現われた」という記述は、これが再び流行した髪型であったことをいっている。また「ウェスタル」とは第二項でも述べたとおり、古代ローマの処女神「ウェスタ」に仕えた巫女のことを指すから、したがって図2-3-2の装いも「古代ローマ風」

の装いということになる。

ところで髪の一部をみせるように頭部の後方に流すようにまとった「ウェスタル風のヴェール」の被り方は、一八〇二年秋のフランスで流行したヴェールの被り方であったようだ。同年十月十六日（共和暦十一年葡萄月《ヴァンデミエル》二十五日）号の『ジュルナル・デ・ダーム・エ・デ・モード』誌がこれと同様の被り方をしたヴェールを「のけぞったヴェール（Voile Rejeté en arrière）」という名称の衣装画で、また同年十月一日（共和暦十一年葡萄月《ヴァンデミエル》十日）号の同誌が「半分あらわにした髪型（Chevelure à Demi-Découverte）」という題目の衣装画でこれをあらわしている。(45)

図 2-3-2 「ウェスタル風のヴェールとチュニック」

さてここで一八〇二年の「ウェスタル風のヴェール」の衣装画の掲載から二年あまりたった一八〇五年、『ジュルナル・デ・ダーム・エ・デ・モード』誌の一月二十四日（共和暦十三年雨月《プリュヴィオズ》五日）号に、今度は「ウェスタル」が文章記事となり大きく取り上げられた。(46)「ウェスタルについて」と題された五頁にもわたるこの文章記事は、その副題を「一七六八年パリで発行されたと思われる『聖火とウェスタルについて』という題名の随筆に関する分析」と称し、ウェスタルの巫女としての生涯や彼女たちが行なう祭礼や儀式、あるいは彼女らが罪を犯した場合、受ける拷問の刑などを仔細に語っている。ところが驚くべきことに、今度はその十日後の同誌二月四日（共和暦十三年雨月《ブリュヴィオズ》十五日）号に、「ウェスタルへの賛歌」と題した記事が、これに続くように掲載されたのである。(47) 多くの上流の女性読者に向け発行されていたと思われる当時のモード誌が、歴史上のある人物に焦点を当て、その特集記事を組むなどということは異例のことであったと思われるから、「ウェスタル」がいかに当時の女性たちから話題を集める存在であったかがうかがえる。それでは、新古典主義の時代に、多くの西洋人の心をとらえた「ウェスタル」とはいったい何者だったのか。ギリシアの著述家ディオニュシウスの『ローマ古史』は、上述の「ウェスタルについて」の記事のなかにもしばしば引用される「ウェスタル」を詳述した書物である。ここではアーネスト・ケアリーの英訳から「ウェスタル」について紹介することにする。

この女神（ウェスタ）に仕える巫女たちは、はじめは四人で、ヌマが定めた規定にもとづき王によって選ばれた。彼女らが行なう聖なる儀式が多彩であったため、その後六人に増やされ、今日にまで至っている。巫女たちは女神の神殿で暮らし、日中は望む者は誰でもその中に入ることができるが、夜には法により誰もそこに残ることは許されない。巫女たちは三十年間結婚により非神格化されることがないよう求められ、生贄を捧げる儀式や法により定められたその他の儀式を行なう。最初の十年間は巫女の役目を学ぶことが義務づけられ、次の十年間は巫女の役目を遂行する。最後の十年間は他の巫女を教育する義務を負う。三十年間の義務を終えると、結婚を望む者は髪紐（fillets）とその他の聖職のしるしをはずすことにより、結婚することができる。しかし、実際にこのようにした者はごく少数で、幸せであったりうらやましがられたりして生涯を終えるようなことはまったくなかった。そのためそうでない巫女たちは、不吉な災難が起こらぬよう女神の神殿で処女のまま死を迎えたのである。そうしてひとりの巫女が亡くなると彼女の空席をうめるため、もうひとりのほかの巫女が選ばれる。巫女たちには国から数々の栄誉が保証されるので、彼女たちは結婚や子供を望むことはない。しかし巫女が過ちを犯すと、厳しい罰が待ち受けている。この罪を法により尋問するのも罰するのも大神官である。巫女が有罪になったとしても軽罪のウェスタルは鞭打ちの刑ですむが、非神格化を招く罪を犯したウェスタルには、もっとも恥ずべきもっとも哀れな死が言い渡される。このような場合には巫女がまだ生きているうちに、あらゆる弔いの儀式が行なわれる。儀式を伴いながら巫女は棺まで運ばれる。巫女の友人や親戚は葬列に加わり嘆き悲しむ。そしてコッリーナ門まで巫女が運ばれると、巫女は壁の内部に用意された地下の房に死装束で生き埋めにされる。しかしそこで巫女に墓が与えられることも、その他の一般には行なわれるはずの弔いの儀式が行なわれることもない。巫女が純潔という聖なる機能を失ったことを知らせるしるしは多数ある。しかしそのうちの主なものは火が消えることである。ローマ人はすべての災いのなかでもっともそれを恐れている。その原因が何であれ、それは市の破壊を告げる前兆とみなされるからである。

そして多くの嘆願の儀式をともなって、再び神殿に火がともされるのである。(48)

一八〇五年の「ウェスタルについて」の記事がとりわけこの処女神の巫女に注目したのは、いうまでもなく「ウェスタル」の処女性にあった。ウェスタルは聖職のしるしとして巫女の職務を担う三十年間は純潔を保つ。ケアリーの英訳に「結婚により非神格化される」あるいは「非神格化を招く罪を犯した」とあるのは、すなわち「処女を失うこと」、「貞潔を破ること」を意味しよう。第二に「貞節を失う」という禁断の罪を犯した巫女には、生き埋めという悲惨で残忍な刑が待っていたという点にもこの記事は注目している。衝撃性を伴うこのような事象は、ウェスタルが行なう生贄の儀式や彼女らが罪を犯した際受けるいくつかの拷問の紹介と並んで、この記事がもっとも好奇の視線でとらえられている点である。一七八七年に完成されたゲーテの戯曲『タウリスのイフィゲーニエ』でも、古代のディアーナ女神に仕え生贄の儀式を執り行う巫女が主人公であった。(49) 一七九九年四月十日(共和暦七年芽月《ゲルム》二十日)号の『ジュルナル・デ・ダーム・エ・デ・モード』誌には「イフィゲーニエ風のネグリジェ(Négligé à l'Iphigénie)」と題された衣装画が掲載されている。(50) 古代ローマのディアーナ女神は誕生・多産・子供の守り神とされ、偉大なる母を象徴する神であり、また処女の守護神でもあったから、「ウェスタ」の巫女ウェスタルとの関わりをここに感じずにはいられない。(51) また第三に注目されたのは、ウェスタルが禁断の罪を犯すと不断の聖火が消えるという、ローマ市民にもっとも不吉な予兆がもたらされたという点である。生贄の儀式、生き埋めをはじめとする数々の残忍な刑や拷問、聖火の消滅といった恐怖心をも伴うウェスタルにまつわるこれらの事象の紹介は、おそらく当時の人々がこの古代ローマの処女神に仕える巫女にもっていた神秘性をさらに掻きたてたに違いない。
ところで「ウェスタルについて」の記事の十日後に掲載された「ウェスタルへの賛歌」の記事では、彼女らの装いが次のように述べられている。

彼女たちの装いは他の女性のそれとは区別されていたが、度を越して陰気なものでも厳格なものでもなかった。彼女らの髪型はいくつかのメダルにみられるように、頭のまわり全体を髪紐(bandelettes)で結ぶようになっていて、それは耳まで下がり、顔はあらわにしていた。彼女たちは白いローブと、それと同じ色のロシェトゥム(rochet)のような衣服を着ていた。彼女たちのマントは紫色で、それは肩の上に垂れ、一方の腕を半分あらわにしていた。大きな式典においても華やかな衣装が彼女らの身体をおおうことはなかった。この衣装は豊かで、常にエレガントであった。彼女たちの髪ははじめは刈ることを義務づけられていたが、その後はあらゆる種の飾りにより美しく飾られた。[52]

引用の「いくつかのメダル」とは、当時西洋でさかんに研究されていた古代人の顔を刻んだ貨幣などのメダルのことを指すのだろう。一七九八年ドイツでは、古代ローマの硬貨にあらわされた当時の女性の髪型や頭飾を詳細に紹介した出版物が発行されている。[53]また前掲のフランスの美術史家マイオの、一八〇四年の著書『衣装に関する研究――名著と古代遺跡による古代の人々の習俗および宗教・市民・軍事の慣習――』では、皇帝や皇妃といった多数のローマの著名人の装いや頭飾が、当時のメダルに刻まれた像を典拠に紹介されていた。(54) 十八世紀前期のヘラクラネウムやポンペイなどの遺跡の発掘に端を発し、特に同世紀の後期以降、古代美術の研究者たちは遺跡の浮き彫りや復元された彫像などを手がかりに、古代ローマの人々の髪型やかぶりものを含む装いに仔細な研究を行なうようになった。話題の「ウェスタル」の装いや頭飾は、なかでも彼らの関心事のひとつとなっていたのである。

たとえば一七七六年にはアンドレ・コルネル・ランスが『衣装あるいは遺跡に基づく古代諸民族の服装と慣習に関する随筆』のなかで、あるいは一七八四年から一七八六年にはダンドレ・バルドンが『芸術家が用いるための古代の人々の衣装』という著書のなかで、それぞれウェスタルの装いについて触れている。(55) また上述のジョゼフ・マイオも前掲書のなかでこれについて論じている。(56) ところが「ウェスタル」の装いに想起された彼らの意見はさまざまで、そこに完全に統一した見解はみられない。その大きな要因には、当時「ウェスタル」にはそれと確証できるような彫像が存在していなかったと思われていたからである。ランスは著書に「私はウェスタルをあらわした彫像のある場所を知らない」ともいっている。(57)

それでは「ウェスタル」の守護神である「ウェスタ」には彫像が残されていたのだろうか。ところが当の処女神である「ウェスタ」にもこれに相当する神像がなかったという説が当時の研究では有力であった。これは古代ローマの詩人オウィディウスが『祭暦』のなかで次のように明言していることに依拠しているようである。

私は長いあいだ、愚かにも、ウェスタ女神の像があるものと思っていました。そのあとすぐに、お社の円屋根の下には神像がないことを知りました。神殿には消えることなき火が隠されているのです。ウェスタ女神にも、火にも、象った像はないのです。(58)

（高橋宏幸訳）

こうして十八世紀の美術家たちは、遺跡のなかからそれぞれが「ウェスタルの像」と想定した彫像をみつけ、それらを基にウェスタルの着ていた衣服についても研究を進めることになったようである。ローマのフォルムやティベル河畔のウェスタ神殿にあるいくつかの彫像や、メディチ家の庭から出土したものや、またミケランジェロにより切除されたといういわれのある彫像などが資料として取り上げられた。特に聖火をもった婦人像の多くは、彼らにより「ウェスタル」像とみなされた。かまどと家庭の神でもあった「ウェスタ」のイメージからか、鍋や酌を手にもった彫像や、薪を抱えた像、あるいはかまどに火をくべ、香を焚く婦人像が、また果物・花・牛乳などを奉納している彫像が、「ウェスタル」像として取り上げられている。

ところが当時の美術家たちの意見のなかには、「ウェスタル」のイメージにほぼ共通する見解もあった。ひとつはウェスタルの衣服を彼らが白と推測していた点である。マイオはウェスタルの衣服を、ランスはウェスタルが着ていたマントを、それぞれ白であったといっている。(59) バルドンもまたウェスタルの衣服を「ロシェトゥム（rochet）」という名称であらわしている。(60)「ロシェトゥム」とは中世の聖職者の着ていた宗教服を起源とする白衣のことを指す。[61] 前掲の一八〇五年の『ジュルナル・デ・ダーム・エ・デ・モード』誌の「ウェスタルについて」の記事の著者もウェスタルが「白いローブと同じ色のロシェトゥム（rochet）を着ていた」としているから、ウェスタルの衣服は宗教服にも通じる聖なるイメージと結びつき、当時の人々に白と認識されていたとも考えられる。[62] またウェスタルがハイウエストのシルエットの服を着ていたのではないかという意見もほぼ彼らに共通していた。バルドンはウェスタルが衣服の「胃の位置に」帯をしめていたといっているし、マイオは十八世紀前期の美術家モンフォコンが描いたウェスタル像のデッサンに「ストラを着て胸の上に帯をしたウェスタル」という解説を付している。[63] 図2‐3‐2の「ウェスタル風のチュニック」の女性像は、白いチュニックの胸部の高い位置に帯をしめ描かれているから、この衣装画のイメージは上述の美術家たちの見解と一致する。

その一方で、ウェスタルがつけていたかぶりものについては、さまざまな意見があった。ウェスタルがヴェールを被っていたというもの、ウェスタルがヴェールより大きなマント状の覆いでほぼ全身を覆っていたというもの、あるいはまた無帽のウェスタル像を指摘する意見など、ウェルタルのかぶりものについては当時さまざまな想像がなされていたのである。図2‐3‐3はその一例で、バルドンがメディチ家の庭から出土したとされるウェスタル像にほどこした頭部のデッサンである。[64] A、B、Cは頭部の後方にヴェールを被っているが、Cの前頭部は編み込みもしくは輪冠のようなもので飾られている。またBの前頭部には太い髪紐がみられるが、Dの場合は細い髪紐が数本、頭部全体に巻かれている。

とりわけウェスタルがどのような形状の「ヴェール」をつけていたのかという疑問について、ローマ時代の名称からそのイメージにせまろうとする者もあらわれた。ランスとマイオは、ウェスタルのヴェールについて「ウェスタルはスフィブルム（suffibulum）という小さなヴェールで頭を覆っていた」と記している。[65] フェストゥスが『言葉の意味』の「スフィブルム」の項目に、この語を「ウェスタルの処女がいつも頭につけていた白い長方形の縁飾りのあるかぶりもの」と説明しているから、彼らはこの語を同書から引用した可能性が強い。[66] またマイオは「ウェスタルはインフラ（infula）と呼ばれる髪紐を頭に巻き髪を隠していた」とも記している。[67] デュオニシウスが『ローマ古史』に著わしたウェスタルのつける聖職のしるしをアーネスト・ケアリーが「髪紐（fillets）」と英訳した部分は、この「インフラ」のことを指していたのであろうか。「ウェスタルへの賛歌」の記事の筆者も、ウェスタルが頭の周り全体を髪紐（bandelettes）で結んでいたことを記していた。フェストゥスの前掲書は「インフラ」を「羊毛でできた細紐。司祭を飾る。生贄や神殿をこれで飾る」と解説している。[68] ラエティティア・ラ・フォレッテの「ローマの花嫁の衣裳」という論文

図2-3-3　バルドンがあらわした「ウェスタルのかぶりもの」

には、現在ロンドンの大英博物館が所蔵する「トラヤヌス時代の実物大のウェスタル像」とされるウェスタルの頭部写真が掲載されている。[69] この「ウェスタル像」では髪紐が頭部全体に巻かれ髪を隠している。またフォッレッテは、髪紐で隠された頭部の後方に垂れる布を、先述の「スフィブルム」と呼ばれるヴェールと解釈しているのである。[70]

ところでウェスタルの頭飾について仔細な考察を行なったマイオが、前掲の美術家モンフォコンが描いた皿をもち両手を広げたヴェールを被る一体のウェスタル像のデッサンを、次のように解説している点は大変興味深い。[71] マイオがウェスタルを描写したその表現をここにあげてみよう。

頭の後方におかれた小さなヴェールが彼女の美しい髪をみせ、肩の上に流れおちる。[72]

図2-3-3のバルドンのデッサンのAにみられるウェスタル像でも、ヴェールを被るウェスタルは、前方の髪をはっきり表にみせ、ヴェールは頭部の後方に被っている。[73] バルドンとマイオがヴェールを被るウェスタル像として示したデッサンには、この種のヴェールの被り方をしたものが多い。すなわち彼らがウェスタルの被るヴェールにイメージしたのは、髪や頭をすっぽり覆い隠すタイプのヴェールではなく、むしろその髪の美しい表情を表にあらわすヴェールの被り方であったのである。

一八〇二年の「ウェスタル風のヴェール」に採用されたのは、まさに上述のようなヴェールのイメージであった。一八〇二年十一月六日号の『ジュルナル・デ・ダーム・エ・デ・モード誌』は、図2-3

‐2を「ヴェールが髪の一部を覆い隠し、肩の上に流れた」と説明している。[74]また同年十月十六日号の同誌にあらわれた「のけぞったヴェール」の衣装画には、「このヴェールは略礼装（demi-parure）では、しばしばかぶりものの代わりとなり、普通は髪を四分の三あらわにする」と解説されている。[75]これはヴェールを後方に被ることにより、髪全体の四分の一に当たる後方の髪だけをヴェールで覆い隠し、残りの前方四分の三の髪はあらわにみせるというヴェールの被り方である。さらに同年十月一日号の同誌にあらわれた「半分あらわにした髪型」という題目の衣装画には「こののけぞったヴェール（Les voile rejeté en arrière）は髪の半分をあらわにする」という解説が付せられている。[76]

ここで一八〇二年秋の『ジュルナル・デ・ダーム・エ・デ・モード』誌が上述の三通りのヴェールを、髪を「覆い隠す」あるいは「あらわにする」といった言葉で表現した意味について考えてみたい。その比較として図2‐3‐4をあげてみよう。この絵は「ウェスタル風のヴェール」の掲載の一年前に当たる一八〇一年

図 2-3-4　「修道女風のヴェール」

の『ジュルナル・デ・ダーム・エ・デ・モード』誌五月十四日（共和暦九年花月《フローレル》二十五日）号に「修道女風のヴェール（Voile à la Religieuse）」と題され掲載された衣装画である。(77) この女性の被るヴェールは頭全体を丸く包むように覆い、まるで髪全体を表から見られぬよう覆い隠しているかのようである。ヴェールで頭をすっぽりと覆っているがゆえ、逆に頭の丸い形が表に浮き出ている。「後ろ全体でひだをとり、おおよそかぶりものの代わりをしている」と解説がある。すなわち図2-3-4にあらわされた「修道女風のヴェール」とは、髪をすっぽりと覆い隠してしまうヴェールの被り方をそう呼んだ。ここに図に描かれた女性の髪の表情を見ることはできない。本節第二項にも述べたとおり、「ヴェール」は「修道女」と密接に結んでいた。ここにいう「修道女風のヴェール」の意味には、明らかに宗教上の義務から髪や頭を覆い隠す「ヴェール」のイメージがある。

一方「ウェスタル風のヴェール」にいう髪を「覆い隠す」という行為は、ヴェールを軽やかに自然にまとう美的な表現のなかで行なわれる。髪の一部を「あらわにする」のも髪や顔まわりを美的に表情づけするための行為で、ここでは髪を「覆い隠す」ことも「あらわにする」ことも美的な装いを作り出す一種のポーズと化している。このようなヴェールの表現は、まさに新古典主義時代の美術家たちが、古代の彫像研究などを手がかりに構築したイメージの一部から生み出されたものであろう。彼らが古代人にイメージした自然で軽やかなヴェールのまとい方が、ここに髪の一部を「隠し」「あらわす」という新しいヴェールの被り方を作り出すことになったのである。

ところが一八二〇年代になると、女性の髪はますます技巧的に形作られるようになり、髪はさらに表にあらわにされた。こうしてヴェールはむしろ頭部につけられた花とともに技巧的に結い上げられた髪を飾る髪飾りとしての要素を強めてゆく。一八二〇年代の花嫁のヴェールを描いた図2-3-1の解説には、先にも記したように「花嫁の髪は、オレンジの花と、その枝の塊と、それにイギリス産のヴェールとを組み合わせて飾られる」とある。[78] 一八二〇年代から一八三〇年代に主流となる花嫁のヴェールは、まさに髪や顔まわりを美的にみせるための飾りであった。現代の花嫁のヴェールに直接連なるのはこのタイプのヴェールで、ここに髪や頭を「覆い隠す」という概念は消え去っている。こうしてはじまった近代の花嫁のヴェールは、あらわにした髪を飾ることをその役割としていたが、その一方で一八六〇年代になると花嫁の顔・頭・髪を「隠す」ヴェールが新たに登場する。十九世紀後半の「顔を隠す」ヴェールの出現については、最後の第五項で触れることにする。

四．花嫁衣裳の成立とオレンジの花

「ローブ・ヴェール・オレンジの花」からなる花嫁衣裳が、なぜ一八一〇年代にあらわれ、一八二〇年代に定着しはじめることになるのか。一八一〇年代の女性のかぶりものには、ボンネット・コルネット・トーク帽・麦わら帽などさまざまな形状の帽子があらわれ、それに花や羽根飾りを多様に飾ることが流行していた。したがってこの時期の花嫁のかぶりものにはヴェールではなく帽子が採用されてもよかったはずである。[79] ところが「ヴェール」はその後、白いウェディングドレスとセットでつけられる不可欠なかぶりものとなった。第一項でも述べたとおり、花嫁のヴェールの起源はほかでもなく古代に遡る。それでは近代の花嫁のヴェールは、やはり古代から喚起されるイメージにより起こったものなのか。まずはこの問題を古代研究との関わりから取り上げてみたい。

一八〇三年の『メッシーナの花嫁』の花嫁のかぶりものには、ミルテの花冠で飾ったヴェールの描写がある。シラーの描いた花嫁のヴェールは、古代の花嫁のヴェールからイメージされたものであったのだろうか。古代ローマの花嫁の被るヴェールは、新古典主義時代にいかにとらえられていたのだろうか。古代ローマの花嫁の被るヴェールを当時の古代研究者の多くは「フランメウム（flammeum）」という言葉で呼んでいる。ランスやマイオの著書にも「フランメウム」の名称があげられている。[80] ランスが前掲の『衣装あるいは遺跡に基づく古代諸民族の服装と慣習に関する随筆』にフェストゥスの名をあげていることから、彼らがこのヴェールを「フランメウム」と呼ぶ根拠は、フェストゥスの『言葉の意味』にある可能性が高い。したがってここからはフェストゥスの『言葉の意味』の記述をとりあげ、「フランメウム」に関わる事象を探ってみたい。フェストゥスの「フランメウム」の項目には、「新婦がよき前兆のしるしとしてつける炎色のヴェールのこと。なぜならこのヴェールは離婚を禁じられていた、いわばフラミネ（flamine）の女性であるフラミニカ（flaminica）がいつもつけていたからである」という説明がある。[81] またフェストゥスは「フラミニカ（flaminica）」について「ユピテルの巫女として仕えた黄色い巫女を意味する」とも記している。[82]「ユピテル」とは古代ローマの主神を指すが、ここにある「ユピテルの巫女として仕えた女性」とは、「フラメン・ディアリス（Flamen Dialis）」と呼ばれていた女性と等しく考えることができる。フェストゥスの「フラメン・ディアリス（Flamen Dialis）」の項目で、彼は「ユピテルの巫女とも呼ばれている。なぜなら彼女はいつも亜麻布のヴェールを被っており、皆がそう呼んでいるためフラメン（flamen）と呼ばれている。ディアリス（Dialis）の名は生涯をともにした夫が仕えたゼウスあるいはユピテルから来ている」と記しているからである[83]。

以上のフェストゥスの記述を整理すると次のようなことがいえる。古代ローマで新婦がつけるヴェール「フランメウム」とは、そもそもユピテルの巫女として仕え、しかもユピテルの神官の妻であった「フラメン・ディアリス」という女性が常に被っていたヴェールに由来する。このヴェールをつけていた「フラメン・ディアリス」は離婚を禁じられており、したがって彼女に象徴づけられる意味に由来して、新婦たちはこのヴェールをつけるようになったというのである。結婚生活を一人の夫にささげ、生涯を夫につくす意味をもって被られたこの「フラメン・ディアリス」のヴェールは、すなわち夫への「貞節」のしるしとしての意味を強くもつ。言い換えれば古代ローマの花嫁たちは、既婚女性としての自らの生涯を夫に捧げ貞節を守るしるしとして、この「フランメウム」と呼ばれるヴェールをつけたのである。当時の美術家たちが「フランメウム」の語を知っていたことから考えて、彼らが古代ローマの花嫁のヴェールに上記のようなイメージを抱いていた可能性は高い。

ところで仮に近代の花嫁のヴェールが、古代のヴェールの「貞節」のしるしとしてのイメージに触発され成立したものであったにしても、古代ローマの花嫁のヴェールは上述したとおり、多くは白ではなく黄の色調であったとも考えられていた。ランスもマイオも、これを黄色あるいはサフラン色であったとしている。[84] 彼らは前掲のフェストゥスの『言葉の意味』などからそう考えたのであろう。フェストゥスは同書の「フランメウム」の項目で、これを「炎色」とも「雷」の色ともいっている。[85] またランスが前掲書にその名を出したプリニウスは、『博物誌』の「黄色（lutum）」の項目で、「黄色」を「花嫁のヴェール用として（in nuptialibus flammeis）特権的にもっぱら婦人に許されていたもの」と記している。[86]

以上から、古代ローマの花嫁の黄の色調のヴェールのイメージが、直接近代の花嫁のヴェールと結んだとは考えられない。さらにバルドンとマイオが、古代ローマの花嫁のローブを「フランメウム」と同じサフラン色であったといっていることから、古代ローマの花嫁のローブも、ヴェールと同様、当時の人々に白とは認識されていなかった可能性が高い。[87] ならば花嫁衣裳の白はどこから来たのか。その一例として第三項で取り上げた「ウェスタル」の衣裳を振り返ってみよう。ウェスタルの衣裳は第三項にも述べたとおり、多くの美術家たちにより当時白ととらえられていた。彼らはウェスタルの衣服をその聖なるイメージから、当時白とみなしていたのである。また彼らのなかには、ウェスタルの被るヴェールを「スフィブルム」という言葉であらわす者もいた。[88] 既述したとおり「スフィブルム」とは、フェストゥスの『言葉の意味』に小さな「白い」ヴェールのことを指すとされていたから、当時ウェスタルは、白いヴェールに白い衣服を着ていたと考えられていたことになる。[89] 一八〇〇年代に注目を集めた「処女」の肖像ウェスタルのイメージは、果たして一八一〇年代にはじまる花嫁衣裳に影響を与えたのだろうか。「花嫁」と「処女」という交錯するイメージのなかで、ウェスタルの白い衣裳が約十年後にはじまる白い花嫁衣裳を生み出す布石になっただろうか。しかしその一方で同じ一八〇〇年代には、西洋服飾史で周知のとおり、西洋で白い薄地綿布モスリンの爆発的な流行があった。[90] シラーの『メッシーナの花嫁』にある白い花嫁衣裳には「印度人の精巧な織物」という表現が明らかにあるから、これはむしろ一八〇六年のナポレオンによる大陸封鎖令まで、イギリスを通しインドから西洋に輸入されていた快適で贅沢なモスリン素材をイメージした服飾描写と思われる。[91] このように、一八一〇年代にはじまるローブ・ヴェール・オレンジの花からなる白い花嫁衣裳の問題を一義的な視点からみることはできない。花嫁衣裳の白が何により喚起されたものであったのかを考察することは、大変難しいのである。

ところでローブ、ヴェールとセットになり花嫁衣裳を構成する第三のアイテムである「オレンジの花」は、一八二〇年から一八三〇年ごろにはフランスに確かに定着していたようである。一八三二年ジョルジュ・サンドが平凡な結婚と不倫の恋をテーマに描いた小説『アンヂアナ』の結末では、主人公のアンヂアナがお互いの愛を認め合った幼なじみの従兄ラルフと心中を決意し、滝つぼに身を投げようとする。近くの藪のなかから花の咲いたオレンジの枝を折り、これをアンヂアナの黒髪に刺したラルフは「あの世での僕達の結婚にあなたの心が同意を与えていると云っておくれ」といって彼女の前で跪《ひざまず》くのである。[92] また一八三四年のバルザックの『ゴリオ爺さん』のなかには、主人公の青年ラスティニャックが新郎新婦を送り届けたばかりの貸し馬車の様子を、「オレンジの花弁や、金糸銀糸の屑が落ちていて、花嫁花婿の乗ったことを証拠だてていた」とあらわす場面がある。[93]

一八四七年、パリで出版された『花の幻想（Les Fleurs Animées）』という書物には「オレンジの花」という詩が登場した。グランヴィルが描いた画にタクシル・ドロールが詩をつけたものであるが、ここには「白いオレンジの花」が「花嫁のしるし」として歌われている。この詩は一八四〇年代の白い花嫁衣裳の象徴性を示しているものともいえるから、最後にこの詩を引用しておこう。


あたしたちは今朝、まだ露にぬれた野原であなたの花嫁衣裳を飾る花を探したの。

あなたは愛する若者についていくために、あたしたちから離れていくところ。だって、あなたはこれからあたしたちと一緒にダンスも遊びもしないのだから。

このオレンジの花を、どうぞ受け取ってちょうだい。いい香りがしたから咲いているのに気づいたのよ。

あたしたちがオレンジの樹に近づくと、オレンジの花はあたしたちにこう言いました。

「あなたがたは花嫁の胸に飾る花を探しているのね。それならば、わたくしをお摘みなさい。わたくしは彼女とおなじように白く、やさしいわ。わたくしの香りは清らかさにも似て、摘まれた後もずっと続きます。」

そこであたしたちは彼女に尋ねました。

「オレンジの花さん、あなたはなぜ胸に果実をかかえていらっしゃるの?」

彼女は答えます。

「わたくしは花嫁のしるしの花ですもの。彼女は恋人でありながら母親にもなります。花が果実を結ぶように、彼女は子をはぐくみます。」

それであたしたちはこの花を摘みました。

このオレンジの花束をふたつにわけるといいわ。ひとつはあなたの髪に、もうひとつはあなたの胸に。これが、仲良しだったあなたへの最後の贈り物です。

今日、あたしたちはあなたが教会に行くお供をします。そしてあなたのお母さんは、あなたにキスをして、夫となるひとの家の戸口まであなたを見送るでしょう。

あたしたちの花飾りをとっておいてちょうだいね。捨てないで、ちゃんととっておいて下さい。白いオレンジの花も萎えるのを見れば、あなたはあなたが彼女のように白かった時を惜しんで嘆かないですむのだから。(94)


(谷口かおる訳)

この詩のなかで「花嫁のしるし」である白い「オレンジの花」は、「愛」、「出産」、さらには「純潔」と結んでいる。最後にこの詩がオレンジの花の萎える場面に言及しているのは、清らかな心身が結婚により失われていくことをほのめかしているのであろう。この詩に象徴されるオレンジの花の「白」は新婚の「処女」の白であり、無垢で純粋な心と結ぶ「純潔」の白である。古代ローマ神話には「貞節」の女神として有名な結婚と家庭生活の守護神ユノが、ユピテルとの結婚の際、祖母から「黄金のリンゴ」を与えられるという逸話がある。(95) 架空の事物である「黄金のリンゴ」が後年「オレンジ」と同一視されるようになり、ユノが結婚の贈り物としてオレンジを与えられたと伝承されるようになったという。(96) このような古代神話の言い伝えのなかで、「結婚」のしるしである「オレンジ」が、さらに「貞節」とも結んでとらえられるようになったのであろうか。

一八一〇年代にローブ・ヴェール・オレンジの花からなる花嫁衣裳の白がなぜ起こったのかは明確ではない。これはウェスタルの「処女」の白のイメージと直接結びついていたのだろうか。それともこの白は当時の人々が、古代ローマの花嫁のヴェールがしめす「貞節」のイメージから喚起した色だったのだろうか。白い花嫁衣裳の出現から三十余年後に書かれたドロールの詩には、ローブ、ヴェールとともに白い花嫁衣裳のアイテムのひとつをなすオレンジの花の「白」が、「処女」や「純潔」をしるす色として歌われているのである。

五.「顔を隠す」花嫁のイメージ

ところで一八一〇年代前半の『ジュルナル・デ・ダーム・エ・デ・モード』誌に「処女風（Virginie, Vierge)」と呼ばれる帽子の衣装画がたびたび登場する。「カレシュ・ド・ヴィルジニー（Calèche de Virginie)」、「コルネット・ド・ヴィルジニー（Cornette de Virginie)」、「シャポー・ド・ヴィルジニー（Chapeaux de Virginie)」という表記であらわされるものがそれである。[97]「カレシュ（Calèche)」とは蓋のない四輪馬車にその名を由来する帽子の名前であるが、この時代の『ジュルナル・デ・ダーム・エ・デ・モード』誌では椀型の帽子のことを指した。「コルネット（Cornette)」とは修道女の被る頭巾にその名を由来するが、当時同誌では布製のベビー・キャップのような形をした帽子のことをそう呼んでいる。[98]

また「シャポー（Chapeaux）」と呼ばれる帽子にはトーク帽のような缶型をしたものが多かった。図2-3-5は同誌の一八一一年十月二五日号に掲載された「処女風の帽子（Chapeaux de Virginie）」と題された衣装画である。この絵に明らかにされるように、「処女風の帽子」とは顔を覆い隠すような形状をした帽子のことを指す。一八一〇年代の『ジュルナル・デ・ダーム・エ・デ・モード』誌には、この「処女風の帽子」の登場に呼応するかのように「処女風のローブ」という表現があらわれる。「ローブ・ド・ヴィルジニー（Robe de Virginie）」、「ローブ・ア・ラ・ヴェルジュ（Robe à la Vierge）」と呼ばれるローブで、これらのローブには慎ましい少女が着るようなイメージのローブが多い[99]。またこのようなタイプのローブはこの時代に流行した衿開きを広くとり胸前を大きく開けたローブとは対照的な、胸元をあまり開けないローブを指してこう呼んでいたようである。ローブの色には白が多いが、ピンクなどの淡色や格子柄なども使われている。袖はパフ・スリーブでウエストには赤やピンクのリボンを巻いたものもある。素材の多

図 2-3-5 「処女風の帽子」

図 2-3-6　顔を隠す 1860 年代のヴェール

くはモスリンであるが、ペルカル（percale）と呼ばれる薄地の密織綿布も用いられている。

以上に述べた帽子とローブの形から、『ジュルナル・デ・ダーム・エ・デ・モード』誌が「処女風」と称するイメージに共通するのは、「隠す」という形状であることがわかる。一八一〇年代にあらわれる顔を覆い隠す「処女風の帽子」と、胸元を慎ましく覆い隠す「処女風のローブ」の登場は、やはり「処女」が「隠す」イメージと結びついていたことをあらわしているのだろうか。

ところが一八六〇年代に入ると、十九世紀前期にあらわれた「あらわす」ヴェールとは対照的な「顔を隠す」ヴェールが登場する。(100) 図2-3-6は一八六四年五月一五日号に掲載された衣装画で、「理髪師クロワザによる花嫁の髪型」と題されている。白絹のローブと合わせた花嫁衣裳の髪とかぶりものは、次のように解説されている。

頭の低いところで髪を束ね、それを半分の長さまでに折り、逆毛でふくらませてシニョンをつくる。そしてそのシニョンを固定して、残りの髪を二つに分け、頭の頂点にもってゆき小さな髷《まげ》をつくる。かたまりの真ん中の分け目の近くに大きな髪の束を残し、端に王冠型髪飾り《ディアデム》をつける。絹製のチュールでできたヴェールは、折り目が王冠型髪飾り《ディアデム》の後ろで固定されており、顔を覆い隠している。(101)

「チュール」とは絹や木綿の繊細な糸でできた、多角形や丸い形の網目をもつ軽くて透明な薄布のことを指す。十九世紀のヴェールにしばしば用いられた素材で、元来はフランスのチュール地方で生産されたボビン・レースをそう呼んだが、その後機械による網織物のこともそう呼ぶようになったという。(102)ヴェールの透かし越しに花嫁は外の世界をみることになる。

ところで「顔を覆い隠す」ヴェールが一八六〇年代にあらわれる要因には、胸前をしっかり覆い衿を首まで高く閉じたローブが同時期のドレスに主流の形となっていったことが、これに関わる理由のひとつにあげられるかもしれない。このような形を特徴とするローブは「ローブ・モンタン（robe montant）」と呼ばれ、その胴部は「コルサージュ・モンタン(corsage montant)」とあらわされている。『ラ・モード・イリュストレ』誌の一八六〇年五月十日号、一八六三年十月五日号、一八六四年四月十日号には、花嫁衣裳のローブの描写に「コルサージュ・モンタン」の語が登場している。(103)「コルサージュ・モンタン」の反意語は胸前を広く開けた胴部をあらわす「コルサージュ・デコルテ（corsage décolletée）」で、衿開きの広いこのようなローブは「ローブ・デコルテ（robe décolletée）」と呼ばれた。ジャン＝クロード・

ボローニュが『羞恥の歴史』のなかで、十九世紀に入って登場したこの種の衿開きの広いドレスのことを、当時の人々が「盛装《アビエ》（habillée）」といって憚らず、この種のドレスが夜会に花を咲かせていたことを述べている。[104] その一方で、高水伸子氏の論文「一八六〇年代フランスのモード雑誌に見る衣服製作について——『ラ・モード・イリュストレ』誌を中心に——」によれば、一八六〇年代には「ローブ・モンタン」や「コルサージュ・モンタン」に特徴づけられる衿を首まで高く閉じた形のドレスが、同誌の記事の主な対象ともなっているようにも見受けられる。しかも高水氏は、一八六六年十月号の『ラ・モード・イリュストレ』誌に記された「コルサージュ・モンタン」の計測と型紙調整の方法に関する記事と同内容のものが、一八六九年九月号のアメリカのファッション雑誌『ハーパース・バザー』誌にもみられることを指摘している。[105] このような事実は一八六〇年代には、胸前を深く覆うタイプのドレスが、広く欧米で主たる注目を集めていたことを明らかにする一助にもなろう。

ところで一八六四年三月六日号の『ラ・モード・イリュストレ』誌には「聖体拝領の若い女性」と題された興味深い衣装画が掲載されている。[106] 聖体拝領式に臨む数名の女性たちは白いローブにヴェールを被り花嫁さながらの装いである。「飾り気なく縁をかがった白いモスリンの大きなヴェール」を被った女性たちのなかには、ヴェールでもって顔の一部を覆い隠す女性の姿もみえる。彼女らの白いローブの衿開きが深く閉じられている様子は「コルサージュ・モンタン」とあらわされている。当時の女性たちはこの絵にみられるように、おそらく皆胸の閉じた高い衿の慎み深いローブを着て聖体拝領式に臨んでいたのだろう。一八六四年のフロマンタンの自伝小説『ドミニック』にも、「ローブ・モンタン」の記述が出てくる。主人公のドミニックが熱愛することになるマドレーヌという女性を彼が回想する場面では、彼が初めて出会ったころのマドレーヌの慎ましい身なりが次のようにあらわされている。

二人の従姉妹の中、一人はジュリーといふ少女、もう一人は我々より凡そ一年年上の娘で、マドレーヌといひ、丁度修道院から出て来たところでした。この姉はまだ修道院の風が抜けずに立居はつつましく、身振りはぎごちなく、自分の體を窮屈そうに持てあつかつてゐました。身なりも質素な修道服で、その頃からずつとしばらく地味な、きつちりした、首まで包んだ、机にすれて胸の所が光り、禮拝堂の石敷で跪くために膝がいたんだ服を取りかへ引かへ着古してゐました。色の白い人で、いかにも日が當らないところに全然感動らしいものもなく暮らしたことが思はれるような、色つやのない顔をし、眼は眠つて今しがた起きたといふやうにはつきり開かず、丈も高くもなし低くもなし、瘠形でもなし肥り肉でもなしといふ、まだ要領を得ない、これから出来上らうとする體でした。その頃から綺麗な人だといふ評判で、私は大して注意もせず、さう信じてゐたわけでもありませんが、やはり人の後についてよくさう言つてゐました。[107]

（市原豊太訳）

市原豊太訳に「首まで包んだ服」と訳された箇所は、原文では「ローブ・モンタント（robes montantes）」となっている。修道院から出てきたばかりのマドレーヌの質素な身なりは、修道院の制服さながらの地味で慎ましやかなものであった。修道服を彷彿させる彼女の装いに「ローブ・モンタン」

の語が用いられていることは興味深い。「ローブ・モンタン」や「コルサージュ・モンタン」が「顔を隠す」ヴェールの出現と関わりあっていたのなら、「覆い隠す」ヴェールと禁欲を象徴する修道女や教会のイメージがさらにこれと結んでいたということにもなる。

最後に一八二四年十一月二十日号の『ジュルナル・デ・ダーム・エ・デ・モード』誌に掲載された「結婚のミサ」という詩を引用しておこう。まさにローブとヴェールとオレンジの花からなる白い花嫁衣裳が定着しはじめたころ詠まれた詩である。

いよいよ出発だ。花嫁が聖堂に入場する。
たくさんの友たちが取り囲む祭壇が輝きを放つ。
花嫁の登場に湧き起る感嘆のざわめきよ!
皆の眼が進んでゆく美しい花嫁を追いかける。
教会に集まる人々の波が花嫁の通り道を開ける。
そして皆は間近に白いヴェールがはためいているのを目におさめる。
ヴェールの慎み深い輝きは花嫁の純潔の装い。
乙女はどぎまぎし、恥じらいのあまり青ざめ、
純真さのあふれたその顔は慎ましくうつむいている。
そして聖堂前の広いところで、無言でひざまずく。(108)

一八二四年の花嫁の描写は、ダンドレ・バルドンが古代ローマの花嫁に描いたイメージを彷彿させる。図2−3−7はバルドンが古代ローマの結婚式の様子を描いた絵である。結婚式の部屋を出た花嫁は、キジバトを携えた侍女や松明をもった連れに伴われ、深く顔を隠すようにヴェールを被り、夫の家へと向かっている。この一連の絵の最後に、花嫁が床に腰掛け、付き人に脚を洗ってもらう場面が描かれている。これは新郎と初夜の床を共にする直前の花嫁の姿である。うつむきかげんに涙を浮かべて横たわる図の花嫁の様子を、バルドンは次のようにあらわしている。(109)

図 2-3-7　古代ローマの結婚式の花嫁

その瞬間、一種の羞恥心が、彼女に、しばしば悲しみの涙を、時折当惑の涙をこぼさせる。

バルドンの描く花嫁像には、花嫁の初夜への不安と恥じらいが映し出されている。うつむきかげんの花嫁像は、「結婚のミサ」の詩にあるヴェールを被った花嫁像と同様に、彼女のもつ羞恥心とも結んでいる。さらに「結婚のミサ」の詩を続けよう。新郎と共に祈りを唱えた花嫁は次に司祭から祝別を与えられることになる。

司祭はふたりの変わらぬ愛に栄光を与えようと、
ふたりの愛情のあかしである金の指輪を祝別した。
乙女の不安もおさまった。
そして神への崇敬の念で胸がいっぱいになるのを感じている。
その愛に満ちた感動が彼女に新しい魅力をもたらす。
その感動を彼女はヴェールの下に隠そうとするが隠し切れない。
そしてその瞳からは一粒の優しい涙があふれ、
新郎がはめてくれたばかりの指輪の上にこぼれ落ちる。

「結婚のミサ」の花嫁の像はここでも「不安」と結んでいる。バルドンにとっての花嫁の不安は「処女の不安」でもあった。「結婚のミサ」にある花嫁の不安も、この後花婿に身を預けることになる花嫁の不安と関わっている。これは引いては花嫁の「処女としての不安」に結びついているとも考えられなくはない。花嫁はあふれる感動から涙を流し、その感動を「ヴェール」でもって「隠そう」とするのである。

四世紀の教父アンブロシウスは『旧約聖書』の花嫁リベカを例に出しながら、ヴェールを若い娘の恥じらいのしるしととった。十九世紀の初め花嫁のかぶりものにヴェールが採用される背景には、貞節を象徴する古代の花嫁のヴェールのイメージが結びついていたのかもしれない。現代の花嫁のヴェールに連なる近代のヴェールは、当初髪飾りとしての意味を強くもつものであったが、一八六〇年代になると「顔を隠す」ヴェールが新たにあらわれる。このようなヴェールの登場には、明らかに歴史のなかに脈々と流れる恥じらう花嫁のイメージがある。ヴェールをつけることに関わる「隠す」という行為の意味は、歴史のなかで変化をみせながらも、決して「恥じらう」花嫁の像から離れることはなかった。こうして花嫁は今日もなおヴェールを被っている。

註

1 A. Zazzo, Panoplie, in *Mariage: exposition du 16 avril au 29 août 1999; Musée Galliéra, Musée de la mode de la ville de Paris*, (Éditions Assouline, 1999), p. 44.

2 Sant' Ambrogio, *Abramo*; introduzione, traduzione, note e indici di F. Gori, (Città nuova, 1984), p. 93. Ambroise de Milan, *Abraham*, introduction par A. G. Hamman; traduciton C. Lavent, agrégés de l'université; annotation, guide thématique, index par A. G. Hamman, (Migne, 1999), p. 98.

3 Tertullian, *De virginibus velandis: Übersetzung, Einleitung, Kommentar von C. Stücklin*, (Peter Lang,1975), XI,4.

4 旧約聖書翻訳委員会訳『旧約聖書I　律法』（岩波書店、二〇〇四年）、五七頁（創二四　63—67）。

5 Tertullian, *De virginibus velandis, a. a. O.*, XI,7.

6 Valerius Maximus, *Memorable doings and sayings*; edited and translated by D. R. Shackleton, v. II, (Harvard University Press, 2000), Book VI. 3.10-12.

7 The Roman Questions, in *Plutarch's moralia*, with an English translation by F. C. Babbitt, v. IV, (Harvard University Press, 1936), p. 267.

8 エドウィン・ホール『アルノルフィーニの婚約――中世の結婚とファン・エイク作《アルノルフィーニの妻の肖像》の謎――』小佐野重利・北沢洋子・京谷啓徳訳（中央公論美術出版、二〇〇一年）、三三〜三五頁。

9 青柳正規責任編集『古代地中海とローマ』（世界美術大全集 西洋編　第５巻、小学館、一九九七年）、作品一三二、一三三。

10 註８前掲書、口絵。

11 H. Weigel, *Habitus præcipuorum populorum, tam virorum quam fœminarum Singulari arte depicti: Trachtenbuch; darin fast allerley und der fürnembsten Nationen, die heutigs tags bekandt sein, Kleidungen beyde wie es bey Manns und Weibspersonen gebreuchlich, mit allem vleiss abgerissen sein, sehr lustig und kurtzweilig zusehen* (Facsim. Originally published: Nürmberg: Hans Weigel, 1577), (W. Uhl, 1969), XLVIII, LVII, CXX.

12 J. Z. Seidel, *Textiler Hausrat. Kleidung und Haustextilien in Nürnberg von 1500-1650*, (Deutscher Kunstverlag, 1990), S. 265.

13 H. Weigel, *a. a. O.*, IX, X, XII, XXII.

14 フランソワ・ブーシェ『西洋服装史 先史から現代まで』石山彰日本語版監修（文化出版局、一九七三年）、三〇六頁。

15 『ヘアモードの時代 ルネサンスからアールデコの髪型と髪飾り』津田紀代編、駒田牧子・東野純子訳（ポーラ文化研究所、二〇〇五年）、二四〜二五頁。

16 W. Cooper, *Hair: sex, society, symbolism*, (Aldus Books, 1971), p. 123.

17 *The anatomy of the abuses, by Philip Stubbs*; introductory note by P. Davison, (Johnson Reprint Corp., 1972), Laying out of coloured haire および Capitall ornaments for heads の項目。

18 *Documents pour l'histoire du costume de Louis XV à Louis XVII*, texte par G. Schéfer, t. 3, (Originally published: Goupil,1911) (Edition Prometheus,1982), robe de noce: deuxième moitié du XVIIIe siècle.

19 坂井妙子『ウエディングドレスはなぜ白いのか』（勁草書房、一九九七年）。飯塚信雄「白いウェディング・ドレスはどこから来たか?」（『装苑アイ』第一〇号、一九九三年）、一一〜一八頁。H. K. Aurisch, Hochzeitsmode als Spiegel der sozialen Wirklichkeit, in *Die Braut: geliebt, verkauft, getauscht, geraubt: zur Rolle der Frau im Kulturvergleich: zweibändige Materialiensammulung zu einer Ausstellung des Rautenstrauch-Joest-Museums für Völkerkunde in der Josef-Hausbrich-Kunsthalle Köln vom 26. Juli bis 13. Oktober 1985*, hrsg. von G. Völger und K. v. Welck; mit einer Einführung von R. König, Bd. 1, (Rautenstrauch-Joest-Museum, 1985), S. 316-329. E. Hörandner, ‚Ganz in Weiß' - Anmerkungen zur Entwicklung des weißen Hochzeitkleides, in *a. a. O.*, Bd. 1, S. 330-335.

20 註19前掲坂井。

21　P. Cunnington & C. Lucas, *Costume for births, marriages & deaths*, (Adam & Charles Black, 1972), pp. 70-71. A. Monsarrat, *And the bride wore…: the story of the white wedding*, (Gentry Books, 1973), pp. 115-117.

22　*Journal des dames et des modes*, ([s.n.]), 10 September 1813, pl. 1338.

23　*Ibid.*, 15 Juillet 1820, pl. 1913. *Ibid.*,15 Août 1823, pl. 2173. *Ibid.*, 31 Janvier 1824, pl. 2211.

24　*Ibid.* 15 Juillet 1820, pl. 1913.

25　註19前掲坂井、四六〜四九頁。

26　Die Braut von Messina, in *Friedrich Schiller Dramen*, hrsg. von M. Luserke, Bd. IV, (Verlag Deutscher Klassiker, 1996), 818-843. シラー『メッシーナの花嫁』相良守峯訳（岩波書店、一九五〇年）、六三〜六四頁。

27　M. Dandré Bardon, *Costume des anciens peuples, à l'usage des artistes*, t. 1, (Chez Alexandre Jombert, 1784), p. 21.

28　T. Hope, *Costumes of the Greeks and Romans*, (Dover, 1962), pp. xlii-xliii.

29　J・F・アンジェロス、J・ノジャック『ドイツ古典主義』野中成夫・池部雅英訳（白水社、一九八〇年）。

30　ヨハン・ヨアヒム・ヴィンケルマン『古代美術史』中山典夫訳（中央公論美術出版、二〇〇一年）。

31　Die Braut von Messina, in *a. a. O.*, 1009-1010. 註26前掲書、七七頁。

32　P. Robert, *Dictionnaire alphabétique et analogique de la langue française*, t. IX, (Le Robert, 1985), p. 791. J. Grimm und W. Grimm, *Deutsches Wörterbuch*, (Reprint. Originally published: S. Hirzel, 1899), Bd. 15, (Deutscher Taschenbuch Verlag, 1984), S. 579.

33 ヴァリー・クレット、ペーター・アスマン『花嫁の花飾り　ブラウトシュムック百五十年の歴史』古元喜美子訳（六耀社、一九九七年）、九〜一七頁。

34 マイケル・グラント、ジョン・ヘイゼル『ギリシア・ローマ神話事典』西田実訳主幹（大修館書店、一九八八年）、一四八頁、五五〇頁。

35 林彌栄・古里和夫監修『原色世界植物大圖鑑』（北隆館、一九八六年）、三二七頁。

36 ウェルギリウス『牧歌・農耕詩』河津千代訳（未来社、一九八一年）、一三二頁。『プリニウスの博物誌』第Ⅱ巻 中野定雄・中野里美・中野美代訳（雄山閣出版、一九八五年）、五三四頁。

37 Sextus Pompeius Festus, *De la signigication des mots*; tranduit pour la première fois en français par M. A. Savagner, (C. L. F. Panckoucke, 1846), p. 107.

38 J. Malliot, *Recherches sur les costumes: les mœurs, les usages religieux, civils et militaires des anciens peuples, d'après les auteurs célebres, et monuments antiques*, t. 1, (P. Didot, 1804), p. 36. L. la Follette, The Costume of the Roman Bride, in *The World of Roman Costume*, edited by J. L. Sebesta and L. Bonfante, (The University of Wisconsin Press, 1994), p. 62.

39 註36前掲書、第Ⅱ巻、六五〇頁。

40 J. Z. Seidel, *Kleiderwechsel. Frauen-, Männer- und Kinderkleidung des 18. bis 20. Jahrhunderts*, (Verlag des Germanischen Nationalmuseums, 2002), S. 13.

41 松田治『ローマ神話の発生　ロムルスとレムスの物語』（社会思想社、一九八〇年）。

42 *Journal des dames et des modes, op. cit.*, 15 Brumaire an 11, pl. 425.

43 註14前掲書、三四一頁。

44 A. Ribeiro, *Fashion in the French Revolution*, (Batsford, 1988), pp. 126-127, p. 132.

45 *Journal des dames et des modes, op. cit.*, 25 Vendémiaire, an 11, pl. 420. *Ibid.*, 10 Vendémiaire, an 11, pl. 416.

46 *Ibid.*, 5 Pluviose, an 13, pp. 204-208.

47 *Ibid.*, 15 Pluviose, an 13, pp. 219-220.

48 *The Roman antiquities of Dionysius of Halicarnassus*, with an English translation by E. Cary; on the basis of the version of E. Spelman, (Harvard University Press, 1961), Book II, 67.

49 ヴォルフガング・フォン・ゲーテ『タウリスのイフィゲーニエ——ゲーテと古代への回帰』桂芳樹著訳（鹿島出版会、一九七九年）。

50 *Journal des dames et des modes, op. cit.*, 20 Germ., an 7, pl. 101.

51 註34前掲書、九一頁、三〇九頁。

52 *Journal des dames et des modes, op. cit.*, 15 Pluviose, an 13, p. 219.

53 D. Kuhles: *Journal des Luxus und der Moden: 1786-1827*; unter Mitarbeit von U. Standke, Bd. 1, (K. G. Saur, 2003), S. 254, S. 258.

54 J. Malliot, *op. cit.*, pp. 53-143.

55 A. Lens, *Le Costume ou Essai sur les habillements et les usages de plusieur peuples de l'antiquité, prouvé par*

les monuments, (aux dépense de l'auteur, chez J.F. Bassompierre, 1776), p. 318. Dandré Bardon, *op. cit.*, pp. 6-8, pl. 15-19.

56 J. Malliot, *op. cit.*, pp. 272-278.

57 A. Lens, *op. cit.*, p. 318.

58 オウィディウス『祭暦』高橋宏幸訳（国文社、一九九四年）、二三一頁。

59 J. Malliot, *op. cit.*, p. 272. A. Lens, *op. cit.*, p. 318.

60 Dandré Bardon, *op. cit.*, p. 6.

61 J. Braun, *Die liturgischen Paramente in Gegenwart und Vergangenheit: ein Handbuch der Paramentik*, (Herder, 1924), S. 176-178.

62 *Journal des dames et des modes*, *op. cit.*, 15 Pluviose, an 13, p. 219.

63 Dandré Bardon, *op. cit.*, p. 6. J. Malliot, *op. cit.*, p. 275.

64 Dandré Bardon, *op. cit.*, pl. 17.

65 A. Lens, *op. cit.*, p.318. J.Malliot, *op. cit.*, p. 275.

66 Sextus Pompeius Festus, *op. cit.*, p. 629.

67 J. Malliot, *op. cit.*, p. 275.

68 Sextus Pompeius Festus, *op. cit.*, p. 193.

69 L. la Follette, The Costume of the Roman Bride, in *op. cit.*, p. 58: fig. 3.1, fig. 3.2.

70 *Ibid.*, p. 57.

71 J. Malliot, *op. cit.*, pl. XCI. 7.

72 *Ibid.*, p. 277.

73 Dandré Bardon, *op. cit.*, pl. 17. A.

74 *Journal des dames et des modes, op.cit.*,15 Brumaire an 11, pl. 425.

75 *Ibid.*, 25 Vendémiaire, an 11, pl. 420.

76 *Ibid.*,10 Vendémiaire, an 11, pl. 416.

77 *Ibid.*, 25 Floréal, an 9, pl. 301.

78 *Ibid.*, 15 Juillet 1820, pl. 1913.

79 *Ibid.*,30 Avril, 1811, pl. 1140. *Ibid.*, 20 October, 1811, pl. 1180. *Ibid.*, 31 October, 1811, pl. 1182. *Ibid.*, 25 Fevrier, 1812, pl. 1209. *Ibid.*, 10 Mars, 1812, pl. 1212.

80 A. Lens, *op. cit.*, p. 44. J.Malliot, *op. cit.*, p. 36.

81 Sextus Pompeius Festus, *op. cit.*, p.153.

82 *Ibid.*, p.158.

83 *Ibid.*, p.149.

84 A. Lens, *op. cit.*, p. 326. J. Malliot, *op. cit.*, p. 36, p. 231.

85 Sextus Pompeius Festus, *op. cit.*, p. 157.

86 Pline L'ancien, *Histoire naturelle*; texte établi, traduit et commenté par J. André, Livre XXI, (Les Belles lettres, 1969), p. 42. 註36前掲書『プリニウスの博物誌』第Ⅱ巻、九一九頁。

87 Dandré Bardon, *op. cit.*, p. 25. J.Malliot, *op. cit.*, p. 232.

88 A. Lens, *op. cit.*, p.318. J.Malliot, *op. cit.*, p. 275.

89 Sextus Pompeius Festus, *op. cit.*, p. 629.

90 P. Séguy, *Histoire des modes sous l'Empire*, (Tallandier, 1988), p. 257. P. Robert, *op. cit.*, t. VI, (Le Robert, 1985), p. 616.

91 K. le Bourhis, *The age of Napoleon: costume from Revolution to Empire 1789-1815*, (Metropolitan Museum, 1989), pp. 76-77.

92 ジョルジュ・サンド『アンヂアナ　下巻』杉捷夫訳（岩波書店、一九三七年）二二五～二二六頁。

93 バルザック『ゴリオ爺さん　上』高山鉄男訳（岩波書店、一九九七年）、一二二頁。

94 タクシル・ドロール『グランヴィル　花の幻想』J・J・グランヴィル画、谷川かおる訳（八坂書房、一九九三年）、四〇～四一頁。

95 註34前掲書、四六五～四六九頁、五七〇～五七一頁。C・M・スキナー『花の神話と伝説』垂水雄二・福屋正修訳（八坂書房、一九八五年）、二三二頁。

96 春山行夫『花ことば——花の象徴とフォークロア——』（平凡社、一九八六年）、二二〇～二二二頁。

97 *Journal des dames et des modes*, *op. cit.*, 20 Octobre, 1810, pl. 1096. *Ibid.*, 30 Avril, 1811, pl. 1140. *Ibid.*, 20

Octobre, 1811, pl. 1180. *Ibid.*, 25 Octobre, 1811, pl. 1181. *Ibid.*, 31 Octobre, 1811, pl. 1182. *Ibid.*, 25 Fevrier, 1812, pl. 1209. *Ibid.*, 5 Mars, 1812, pl. 1211. *Ibid.*, 10 Mars, 1812, pl. 1212. *Ibid.*, 20 Mars, 1816, pl. 1565.

98 『ロベール仏和大事典』（小学館、一九八八年）、三五二頁、五七七頁。

99 *Journal des dames et des modes, op. cit.*,25 Avril, 1811, pl. 1139. *Ibid.*, 15 Octobre, 1812, pl. 1263. *Ibid.*, 10 Juin, 1813, pl. 1317. *Ibid.*, 20 Septembre, 1814, pl. 1425. *Ibid.*, 5 Juin, 1815, pl. 1485. *Ibid.*, 5 Juillet, 1817, pl. 1659. *Ibid.*,31 Août, 1818, pl. 1756. *Ibid.*, 15 Mai, 1820, pl. 1900. *Ibid.*, 25 Juillet, 1820, pl. 1916.

100 *La mode illustreé,* (Firmin Didot frères, fis), 13 Juillet, 1861, p. 229. *Ibid.*, 23 Mars, 1863, p. 93. *Ibid.*, 5 Octobre, 1863, p. 317.

101 *Ibid.*, 15 Mai, 1864, p. 154.

102 S. M. Levey, *Lace: a history*, (W. S. Maney, 1983), p. 57, p. 124. P.Séguy, *op. cit.*, p. 259.

103 *La mode illustreé, op. cit.*, 12 Mai, 1860, p. 153. *Ibid.*, 5 Octobre, 1863, p. 317. *Ibid.*, 10 Avril, 1864, p. 117.

104 ジャン＝クロード・ボローニュ『羞恥の歴史　人はなぜ性器を隠すのか』大矢タカヤス訳（筑摩書房、一九九四年）、八八頁。

105 高水伸子「一八六〇年代フランスのモード雑誌に見る衣服製作について――La Mode illustreéを中心に――」（『国際服飾学会誌』33号、二〇〇八年）、四～一六頁。

106 *La mode illustreé, op. cit.*, 6 Mars, 1864, p. 77.

107 E. Fromentin, *Dominique*, (Texte comforme a l'édition originale: Hachette, 1863), (Gallimard, 1933), p. 61. フロ

マンタン『ドミニック』市原豊太訳（岩波書店、一九三七年）、八八〜八九頁。

108 *Journal des dames et des modes, op. cit.*, 20 Novembre, 1824, p. 509.

109 Dandré Bardon, *op. cit.*, p. 25, pl. 80.

110 *Journal des dames et des modes, op. cit.*, 20 Novembre, 1824, p. 510.

図版出典一覧

図2-3-1　白いローブとヴェールとオレンジの花で飾った花嫁
出典：*Journal des dames et des modes*,（[s.n.]）, 15 Juillet 1820, pl. 1913（文化女子大学図書館所蔵）

図2-3-2　「ウェスタル風のヴェールとチュニック」
出典：*Journal des dames et des modes*,（[s.n.]）, 15 Brumaire, an II, pl. 425（文化女子大学図書館所蔵）

図2-3-3　バルドンがあらわした「ウェスタルのかぶりもの」
出典：Dandré Bardon, *Costume des anciens peuples, à l'usage des artistes*, t. 1, (Chez Alexandre, Jombert, 1784) pl. 17（文化女子大学図書館所蔵）

図2-3-4　「修道女風のヴェール」
出典：*Journal des dames et des modes*,（[s.n.]）, 25 Floréal, an 9, pl. 301（文化女子大学図書館所蔵）

図2-3-5　「処女風の帽子」
出典：*Journal des dames et des modes*,（[s.n.]）, 25 October, 1811, pl. 1181（文化女子大学図書館所蔵）

図2-3-6　顔を隠す一八六〇年代のヴェール
出典：*La mode illustreé*,（Firmin Didot fréres, fis), 5 Mai, 1864, p. 157（文化女子大学図書館所蔵）
図2-3-7　古代ローマの結婚式の花嫁
出典：Dandré Bardon, *Costume des anciens peuples, à l'usage des artistes*, t. 1,（Chez Alexandre, Jombert, 1784), pl. 80（文化女子大学図書館所蔵）

あとがき

日本において花嫁が綿帽子を被るようになったのは江戸時代からであり、角隠しとなると、明治以降のかぶりもので、その歴史は浅い。そもそも花嫁衣裳自体が嫁入り婚の始まった鎌倉時代以降のものであり、当初、花嫁のかぶりものは被衣であった。この被衣から綿帽子、角隠しへと花嫁のかぶりものの主流は移り変わっていったわけであるが、現在も被られ続けている綿帽子や角隠しは、平安前期以来営々と上流女性に求め続けられた顔を隠す伝統と、鎌倉期以降の仏教における女性の立場から来た女体そのもの、そしてその象徴としての髪を隠すことを求められた伝統を内包したものであった。そしてさらに、角隠しの名称には、自らの角を自覚して心を隠し、従順・温和を求められた明治時代の嫁の伝統がこめられているのである。

一方、ヨーロッパの花嫁が被り、明治以降日本の花嫁も洋装の場合は被ることがあたりまえとなったヴェールであるが、白いウェディングドレスとセットになった花嫁の白いヴェールの歴史もまた浅く、十九世紀になって登場したものである。古代ローマ時代にも花嫁のヴェールはあったが、その色は黄の色調のものであり、白ではなかったとの説も多い。十九世紀の白の衣裳とヴェールはウェスタル風の流行とその処女性からきたものとも考えられる。しかし、十九世紀初めに花嫁が被ったヴェールは、髪の大半をあらわにみせる華やかな頭部の髪飾りとして、装飾的要素を強めたものであった。ところが一八六〇年代に入ると、顔を隠すヴェールが登場する。そして、胸前をしっかり覆ったドレスと組み合わされた顔を隠すヴェールは、花嫁のはじらいの象徴となる。このはじらいの象徴としての隠すヴェールは、古代ローマの女性に求められた外出の際の顔隠しの慣わし、貞淑な妻の象徴としてのヴェールの伝統を継承したものであろう。

イスラームにおいては、その始まりが強い陽射しや砂埃から身体を守るという実用的なものであったとしても、紀元前十五世紀から十三世紀ごろのアッシリアではすでに、上流階級の女性は外出の際にヴェールを被ることが義務づけられ、また、男性の保護下にある女性のかぶりものとして位置づけられた。娼婦や奴隷がヴェールを被ることは固く禁じられている。この考え方は、コーランに取り入れられ、女性は外出の際、大事なところ・美しいところ、すなわち胸や髪や顔を隠さなければならないとされ、今日におよんでいる。

このように、日本・ヨーロッパ・西アジアといずれの国や地域をみても、女性が顔や髪等を隠すことが求められた歴史がある。その背景には、儒教や仏教、またキリスト教やイスラーム教と、宗教的なものがあることも明白であろう。しかし、その宗教的なものが明確になる以前から、中国やヨーロッパ・西アジアの女性たちは隠すことが求められていたこともまた確かである。このように女性に顔や髪を隠すことが求められていた古代にあって、日本では九世紀末から十世紀前半まで、文献上からもその他の資料からもこれらの事実がうかがいえないのは、いかなることであろうか。ここに、日本の特殊性があるといっても過言ではないであろう。かつて平塚らいてふは「原始女性は太陽であった」と言ったが、原始時代まで溯らなくても、八世紀ないし九世紀に至っても、わが国ではまだ女性が財産の所有権、そしてそれの管理・運営・売買の権利を有していた。古代中国等においては、これらの権利は女性にはまったくなく、家長がその権限を有していた。八世紀から九世紀の日本では家父長制は成立していなかったのである。支配者階級において家父長制に移行するのは十世紀前後とのことである（関口裕子『日本古代婚姻史の研究』塙書房、一九九三年）。

この家父長制が貴族社会で成立する十世紀前後こそ、本文で述べたように、女性は奥にいて、みだりに外の人に顔を見せないのを旨とする道徳が成立した時期と重なるのである。

中国のみならず古代ローマにおいても、女性が顔や髪を隠すことを求められるようになった時代には、それぞれ家父長制的家族が成立していた。従って女性は、家長の思考の規範内で暮らすこととなる。

女性を隠すということは、生産力がまだ乏しかった時代に、厳しい自然環境の中で生き抜く人間の知恵の産物であった可能性も高い。男性が女性に心を奪われずに、狩猟やその他の生産労働にいそしむためには、魅惑的な女性は隠しておく必要もあったであろうし、裏返せばそれは逆に、女性自身を悪い男から守るという意味もあったであろう。しかし、この本来の生きるための知恵が、「男社会」の中でしだいに、女性の人間性の否定に繋がるような解釈がなされ、さらにはそれが宗教のもとに増幅された結果が、本書で述べてきた女性の顔や髪を隠す歴史となっていったと考えられる。

世界中のすべての女性が男性と対等に財産所有権を持ち、それを自由に管理・運営することができるようになる時代はそう遠くはないであろう。その時には、女性を隠す歴史も、花嫁がヴェールや角隠しをつける歴史も、終わりを告げるのであろうか。それとも、ヴェールや角隠しは花嫁衣裳の一アイテムとして、ファッションのひとつとして装われ続けるのであろうか。

科学研究費の助成をいただいて二〇〇四年から始まった共同研究「かぶりものの文化誌——儀礼におけるかぶりものの意味——」であったが、ようやくここに儀礼のひとつである婚礼時における花嫁のかぶりものの意味を解き明かすことができたと考えている。多くの資料を渉猟して構築した著作であるが、それゆえに、角度を変えてみると別の読み取り方ができる可能性もある。読者の方々のご教示ご批判をいただければ幸いである。

複数の人間がそれぞれの思いで研究した成果の著述を、一冊の本として纏めるのはそれなりに大変な作業であった。各々の見解の違いを話し合い、何度ものやり取りの上、ようやくここにひとつの結論を導くことができたと思えば、感無量である。

なお本書の執筆にあたっては、文化女子大学図書館よりひとかたならぬご協力をいただいた。また本稿に記載されているイタリア語およびラテン語のカナ表記については、国際基督教大学上級准教授伊藤亜紀氏にご教示をいただいた。天理本『女訓抄』は学習院女子大学徳田和夫教授より借用した。記して御礼申し上げる。

最後に、編集の労の一端を担い、かつ適切なご助言やご教示をくださった悠書館の長岡正博氏に著者を代表して心より感謝申し上げげたい。

二〇〇九年十二月二〇日　　　　　　　　　　　　　　　　増田　美子

飾文化学会誌』5号）

諏訪原貴子（すわばら　たかこ）
千葉県出身。2000年和洋女子大学文家政学部被服学科卒業。2008年学習院女子大学大学院国際文化交流研究科国際文化交流専攻修士課程修了。現在江戸川学園取手中・高等学校専任講師。
〔主要著書等〕
「近代以降の儀礼におけるかぶりもの―婚礼を中心として―」（『かぶりものの文化誌―儀礼におけるかぶりものの意味―』平成16年度～18年度科学研究費補助金研究成果報告書）、「教材研究として、19世紀のボール・ガウンのレプリカ作成」（『服飾文化学会誌』Vol. 3　No. 1）、「北海道衣生活文化の研究――札幌市白石地区の開拓を一例として――」（『服飾文化学会誌』Vol. 4　No. 1）、「北海道アイヌを中心としたかぶりものについての研究」（『和洋女子大学紀要』第46集）

大枝近子（おおえだ　ちかこ）
東京都出身。1978 年お茶の水女子大学家政学部被服学科卒業。1981 年同大学院家政学研究科被服学専攻修士課程修了。現在目白大学社会学部教授。
〔主要著書等〕
「女性のかぶりものの起源──イスラームのヴェールについて──」（『かぶりものの文化誌──儀礼におけるかぶりもの──』平成 16 年度～ 18 年度科学研究費補助金研究成果報告書）、「19 世紀後半のイギリスにおけるセーラーブラウスの流行」(『国際服飾学会誌』30 号)、「19 世紀後半の子ども服にみられる Sailor Suit の流行」（『目白大学総合科学研究』第 2 号、「衣服のボーダレス化」（『情報を科学する』一藝社、共著）、「販売員の言葉かけが衣服の購入に与える影響」（『日本家政学会誌』Vol.60 No.9）

河島一惠（かわしま　かずえ）
東京都出身。1963 年共立女子大学家政学部被服学科卒業。元共立女子大学家政学部教授。
〔主要著書等〕
『十九世紀ヨーロッパファッションプレート』（共著）講談社、『イギリス学への招待──共立女子大学・共立女子短期大学公開講座──』（共著）明現社、「バース服飾博物館及びバース・ファッションリサーチセンター」（『FASHION　DOCUMENTATION』No.6）、「マリアノ・フォルチュニイの服飾デザイナーとしての位置づけ」（『マリアノ・フォルチュニイ研究』（共立女子大学総合文化研究所研究叢書第 24 冊）、「16・17 世紀の渡来宣教師と日本衣服との関わりについて」(『国際服飾学会誌』No.6）

黒川祐子（くろかわ　ゆうこ）
栃木県出身。1988 年上智大学文学部ドイツ文学科卒業。1996 年お茶の水女子大学大学院家政学研究科被服学専攻修士課程修了。現在大東文化大学外国語学部非常勤講師。
〔主要著書等〕
「13 世紀ドイツの宮廷服飾とミ・パルティ─メルテンスの『しるしとしてのミ・パルティ』を考察して──」（『服飾美学』31 号)、「ズボンに現れた国民性──西欧 16 世紀の男子服──」（『服飾文化学会誌』3 号）、「スリットとランツクネヒト──16 世紀ドイツの傭兵像とその服飾──」(『服飾美学』37 号)、「十字のスリットとウィリアム・テル伝説」（『服飾美学』39 号）、「ドイツ・ミンデルハイムのフルンツベルク祭り──ランツクネヒトの時代のモードの再現──」（『服

執筆者紹介

増田美子（ますだ　よしこ）
岡山県出身。1966 年お茶の水女子大学家政学部被服学科卒業。1968 年同大学院家政学研究科被服学専攻修士課程修了。現在学習院女子大学国際文化交流学部教授。
〔主要著書等〕
『日本衣服史』（編著）吉川弘文館、『古代服飾の研究』源流社、『日本喪服史　古代編』源流社、「冠位制の変遷と位冠の性格について」（『日本歴史』491 号）、「和様の成立過程──唐衣裳装束を中心に──」（『国際服飾学会誌』28 号）

梅谷知世（うめたに　ともよ）
広島県出身。1987 年お茶の水女子大学家政学部被服学科卒業。1991 年同大学院家政学研究科被服学専攻修士課程修了。現在学習院女子大学非常勤講師。
〔主要著書等〕
『日本衣服史』（共著）吉川弘文館、「近世服飾にみる舶来物の好尚──中期以降の遊客の姿──」（『服飾美学』21 号）、「洒落本にみる袋物──鼻紙袋と煙草入れ──」（『たばこと塩の博物館研究紀要』6 号）、「幕末における洋行者の服飾」（『服飾美学』32 号）、「明治期における洋装小物の受容と展開──女性の洋傘を中心に──」（『服飾美学』44 号）

内村理奈（うちむら　りな）
埼玉県出身。1991 年お茶の水女子大学家政学部被服学科卒業。1993 年同大学院家政学研究科被服学専攻修士課程修了。1996 年リュミエール・リヨン第 2 大学 DEA 課程近現代史専攻留学。1998 年お茶の水女子大学大学院人間文化研究科比較文化学専攻博士課程単位取得満期退学。現在跡見学園女子大学マネジメント学部助教。
〔主要著書等〕
『服飾を生きる──文化のコンテクスト──』（共著）化学同人、『中世衣生活誌──日常風景から想像世界まで──』（共訳）勁草書房、「アンシャン・レジーム期の帽子──礼儀作法が構築する階層社会──」（『国際服飾学会誌』29 号）、「18 世紀初期フランスの礼儀作法と部屋着モード」（『服飾文化学会誌』8 号）、「18 世紀パリ市民のポケットの中身」（『国際服飾学会誌』34 号）

花嫁はなぜ顔を隠すのか

2010年5月15日 初版発行
2011年1月31日 第2刷発行

編　者　増田美子
装　幀　高麗隆彦
図版模写　伊藤弓美
発行者　長岡正博
発行所　悠 書 館

〒113-0033　東京都文京区本郷2-35-21-302
TEL 03-3812-6504　FAX 03-3812-7504
URL　http://www.yushokan.co.jp/

印刷・製本：シナノ印刷

ISBN978-4-903487-36-6

定価はカバーに表示してあります。